文化交往论

Wenhua
Jiaowang Lun

桂 翔◎著

人 民 出 版 社

责任编辑:方国根

图书在版编目(CIP)数据

文化交往论/桂翔 著. －北京:人民出版社,2011.12
ISBN 978－7－01－010381－5

Ⅰ.①文…　Ⅱ.①桂…　Ⅲ.①文化交流-研究-世界　Ⅳ.①G115

中国版本图书馆 CIP 数据核字(2011)第 224235 号

文化交往论

WENHUA JIAOWANG LUN

桂　翔著

人民出版社 出版发行
(100706　北京朝阳门内大街 166 号)

北京市文林印务有限公司印刷　新华书店经销

2011 年 12 月第 1 版　2011 年 12 月北京第 1 次印刷
开本:710 毫米×1000 毫米 1/16　印张:17.25
字数:242 千字　印数:0,001－3,000 册

ISBN 978－7－01－010381－5　定价:38.00 元

邮购地址 100706　北京朝阳门内大街 166 号
人民东方图书销售中心　电话 (010)65250042　65289539

目　录

前　言

　　研究一种现象变化、运动及其规律的意义当然是源自于实践的需要，就像研究自然现象的运动发展规律的意义是产生于认识和改造自然的需要，研究社会发展规律的意义是来自于认识和改造社会的需要一样。毫无疑问，探索文化交往的本质和规律的意义，是为了认识和指导文化交往实践的需要。

　　文化交往在人类文化发展史上源远流长，自从人类各民族之间有了往来，各民族文化就开始了它们相互交往的历程。它后来的发展，恰如黑格尔言及哲学发展史时所喻："有如一道洪流，离开它的源头愈远，它就膨胀得愈大。"①如果说，某种文化现象随着人类社会历史的发展而能够不断地发展，那么，除了人类社会对它的需要外，没有别的存在和发展的理由。文化交往对各民族文化、对人类社会发展的意义，从它自身的发展历史本身就可以得到说明，或者说，文化交往发展的历史本身就彰显着文化交往的意义。研究文化交往本质和规律的意义不仅仅出于认识文化交往现象的理论兴趣，而且是为了更好地把握文化交往实践的意义。

一

　　首先，认识和把握文化交往，是振兴和发展中华民族文化的需要。一般来说，文化总是以民族文化的形式而存在的，但这并不意味着文化总是

————————————————

　　①　［德］黑格尔:《哲学史讲演录》第 1 卷,贺麟、王太庆译,商务印书馆 1983 年版,第8 页。

各民族人民自己的创造。今天,任何一个民族都不能说,她的文化完全是其民族人民自己劳作的结果。由于交往,每个民族的文化都包含着其他民族人民的创造,在每个民族生产实践和生活实践所用之中,都凝聚着其他民族的智慧,包括世界上那些最为偏远的民族,那些如爱斯基摩人那样恪守自己独特生活方式的民族。或许,在很久以前曾经被吸收过的其他民族的文化要素,随着历史的进步又消失在历史之中了,但是它对于后来历史的影响和意义却是永恒的,因为,文化的进一步创造与创新总是以已获得的文化为条件的。中国有过足以让今天的国人都骄傲不已的"四大发明",基于当时技术水平的火药早已被更有效、更安全的炸药所取代;原始的造纸术已被更先进的现代化的造纸技术所代替;罗盘已让位于人造卫星和电子定位仪;印刷史上的活字印刷术已发展到激光照排技术。但当时这四大先进技术传播到欧洲后在欧洲社会留下的印记是难以磨灭的,弗兰西斯·培根、马克思等都对之做了高度的评价。培根认为印刷术、火药和指南针给世界带来的影响之深刻,没有一个帝国、没有一个教派、没有一个赫赫有名的人物能出其右。马克思则从生产力的变革发展之于社会变革的根本意义角度对其价值做了历史的审视。同样道理,中国文化在其发展过程中也受惠于其他民族。简单的事实是,虽然中国是个文明古国,但如果没有与其他民族的相互交往,没有汲取其他民族的智慧,而是自己独立地发明发现一切,那么,中华民族绝不会发展到今天这个样子。通过引进生产流水线,再也不用用"锤子敲敲打打"造汽车了。中国如此,世界各民族也是如此。如同一个人的智慧不能代替集体的智慧一样,一个民族的创造力和智慧也是有限的,无法取代整个人类的智慧及其创造。

民族之间文化交往的意义不仅仅在于丰富民族文化,在技术意义上促进民族的发展,还在于通过文化交往和交流能够更新民族文化精神。一方面,任何一个民族文化的创造条件总有它的地域的和民族的局限性和狭隘性,文化条件的局限性和狭隘性必然反映在它的文化产品上,表现为文化的片面性;另一方面,历史地来看,虽然人类文化、各民族的文化总是不断朝前发展的,但每个文化都有自我"保持"倾向。人们创造了文化,文化反过来规范着人们的社会生活实践,而人们的社会生活实践又反过来"证明"着文化的合理性。在没有与其他文化交往的情况下,文化发展就容易朝着更加片面的"专化"方向推进,导致高度的自我适应性,进而导致高度的自我封闭性。马克思把火药、罗盘和印刷术看做是预告资产阶级社会到来的三项伟大发明,就是它们改变了传统的文化精神,促进了一个新时代的到来。中国传统文化的人生最高价值指向是"内圣外王",强调内在道德精神的修养修炼乃"成人(仁)"之道。倡导对崇高精神的追求无疑是合理的,但它同时舍弃并堵塞了人通过改造自然客体确立主体性的道路。片面的发展总是导致更大的片面,传统文化的人生教导发展到后来就会走向极致,也就走向了反面,导致"以理杀人"。文化既是人的主体性的证明,其发展的进程也就应当是人的主体性不断提升的过程,而"以理杀人"的儒家文化的某些方面恰恰成为压抑人的主体性的东西。所以中国传统文化没有能够发展并产生成为现代主流浪潮的民主和奠定现代民族竞争实力的科学。"西学东渐",特别是马克思主义的到来,使中国传统文化获得了新机,促进了中国百年来的巨大发展。从晚明闭关锁国到20世纪80年代的开放本身就是中国文化精神的创新,开放以来的种种全新气象及其成就已经是感性的存在了。

与之相联系,文化交往之于一个民族的意义还在于,它是培育民族文化宽容精神的必要条件。文化宽容精神不仅是承认他民族文化的价值和存在的合理性,更重要的是承认他民族创造了高于自己的东西,承认民族之间相互交往、交流、学习、借鉴的重要性。宽容是和平交往的前提,而唯有在交往中才能培育宽容。如同一个个体只有积极地参与交往,融入到社会的交往关系中去,才能提高其社会化程度,才能学会尊重、承认他人一样,一个民族文化也只有积极地参与同其他民族文化的交往,才能培育出善于交往的宽容精神。愈是封闭的文化愈是难于同其他文化交往,也就难于通过交往获得好处。文化交往和文化宽容精神是相辅相成、互为前提的。

　　然而,并非每个民族或一个民族在其任何发展时期对文化交往的意义都有清醒认识并努力实践的。近代中国和近邻日本在对待外族文化方面就迥然不同,当日本四处求索、虔心学习的时候,中国人却沉迷于天朝的尽善尽美,不屑与"狄夷蛮戎"的交往。两种态度,两种结果。中国文化历经汉唐时代的兴盛,唐宋以后的落伍;康乾时代的高亢,盛世之后的无歌长夜;列强欺侮的痛定思痛,"新文化运动"前后百潮涌动;"文革"时代的斯文扫地,改革开放之后的宏图再展。历史经验,反反复复,告诉我们一个真理:闭关锁国必然导致贫穷落后愚昧,文化交往乃文化兴盛之道。

　　中国文化百年来的变革和发展是举世共睹的,但是,这个有着5000年历史厚实积淀、拥有世界上最多文化主体的文化,在当今世界文化格局中尚处于弱势文化地位也是不争的事实。实现中华民族的振兴是时代的召唤。振兴中华民族就是振兴中华民族的文化,这是同一个任务两个不同的方面。中国共产党要代表中国先进文化的前进方向。江泽民同志指出:"全党同志必须始终坚持马克思主义为指导,努力继承和发展中华民族的一切优良的文化传统,努力学习和吸收一切外国的优秀文化成果,从而不断地创造和推进有中国特色的社会主义文化,使社会主义物质文明和精神文明协调发展,使社会主义全面进步。"①中国的先进文化必须是民族的、科学的、大众的文化,是面向现代化、面向世界、面向未来的文化。我们不难看出,建设中国的先进文化不是使中国传统文化"先进化",而是要建设一个既能够适应中国现代发展需要,适应中国特色社会主义市场经济的发展,又能够反映时代潮流,把中国推向世界、带向未来的文化。先进文化是共时性的世界文化格局中的先进性存在,而不是历时性的与中国传统文化的比较性存在。因此,中国先进文化的建设之路应当是在发扬中国传统文化优秀因素的基础上,积极参与同世界各民族的文化交往。充分汲取世界各民族先进文化的营养,充分"利用外国智力"(邓小

---

① 江泽民:《论"三个代表"》,中央文献出版社2001年版,第3页。

平语），为我所用，融合创新，是推进中国先进文化建设和实现中国文化复兴的最基本前提。

此外，振兴中华民族文化的目标不仅仅是在中华大地上弘扬光大中华民族文化，同时也是为了让中国文化走向世界，把中国优秀文化变成世界文化的宝贵资源；既让世界分享中华民族的智慧，也是中华文化借世界之舞台发扬光大、演绎再度辉煌的篇章。复兴中华民族文化并非指中国传统文化的简单恢复，而是在世界民族文化之林中，努力达到如盛唐文化那种气势恢弘之世界地位的再现。实现这一宏大目标的必由之路仍是跻身于世界各民族的文化交往。只有在文化交往过程中，才能让世界了解和认识中国文化，从而拓展中国文化的话语空间，提升中国文化软实力。

文化交往之道理易明，但文化交往之实践却艰难，"知易行难"，诚哉斯言！中国文化与世界其他民族文化时断时续的交往历史已经为之做了最好的注脚。研究文化交往规律，就是要把握文化交往的实质，把握文化交往的内在机制，通过对文化交往规律的认识，自觉地利用文化交往的环境，促进中华民族文化与世界其他各民族文化之间的交往，振兴和发展中华民族文化。

其次，认识和把握文化交往，是促进世界和平的需要在亚太经济合作组织第十七次领导人非正式会议第二阶段会议中，胡锦涛总书记倡导国际社会应努力寻求包容性，同舟共济，携手合作，合力应对挑战。这里的包容性无疑包括文化的相互包容，更重要的是，文化交往在这种相互包容精神的培育过程中扮演着极其重要的角色。文化交往既是各民族相互之间利用和分享各自的创造和各自的"智力"的过程，也是各民族人民之间相互联系的纽带，是世界和平的促进剂。世界各民族通过相互之间的文化交往，获得相互的了解、认识，达到各民族相互的理解和沟通。因此，文化交往是促进世界和平的一个不可或缺的重要方面。

然而，任何事物都是辩证的。文化交往能够带来和平，也可能引起矛盾和冲突。历史上，人类文化交往的历程并不是一帆风顺的，由于民族文化的差异性，文化交往的历史过程中总是伴随着程度不同的文化之间的摩擦、碰撞和冲突,而且这种文化之间的摩擦、碰撞和冲突还随着文化交往的发展而加剧。在如今这个全球化时代,全球化最直观的景象是各民族之间的距离的拉近,麦克卢汉的"地球村"不再是想象而是经验的存在。"从此山不再高,路不再漫长"的距离浓缩,"想象的异邦"瞬间变成了俯仰之间的邻居。全球化就是"在全球范围内运作的程序,跨越国界,以一种新的时空组合把社群和机构整合和连接到一起,使现实世界和经验世界更加衔接"。按常理,随着距离的拉近、交流和沟通的增加、相互了解和相互理解的增进,陌生感和戒备心理将逐步消解,从而相互之间的摩擦和冲突也会相应地减少。然而,事情远远没有如此简单。一方面,距离的消失,意味着相互利益的直接关联,生存空间的缩小和相互挤压,对有限且日益锐减的资源的争夺和占有,贸易的保护和反保护,全球气候治理等责任的分配与义务的分担等等,将会导致曾经是想象中童话般美丽的国度,由于距离的拉近,"美感"消失,变成了潜在的利益觊觎者甚至是面目狰狞的争夺者。另一方面,地方问题的全球化和全球问题的地方化,对面半球的风生水起不再是事不关己、可以"高高挂起"的景观,城门失火殃及池鱼不再是偶然关联,而成为必然的"链接"。诚如吉登斯指出:"全球范围的社会关系密集化,它将不同的地区联系在一起,千里之外发生的事情左右着当地的事件,或者相反。"①1997 年源自东南亚的金融风暴波及广泛、2008 年发生于美国的金融危机迅速蔓延全球,是对吉登斯之论的最好注脚。一切事件都处于紧密的相互影响和相互作用之中,以至于经常席卷全球的不再仅仅是自然界中的厄尔尼诺或拉尼娜现象,而是各种政治、经济和社会的风暴与海啸,整个世界变成了牵一发而动全身的"村落",往往由一国引发的事件总会产生全球性影响,从而导致国家之间的相互指责和敌视。总之,由国家利益诉求引起的各种矛盾和冲突,不仅没有减少,反而越来越多,而且变得更加复杂。因此,全球化实际上大大增加了各国以及世界和平所面临的各种各样的风险,摩擦和冲突无

---

① ［英］A. 吉登斯:《现代性后果》,田禾译,译林出版社 2003 年版,第 64 页。

疑将大大加剧。从文化的角度看，全球化时代也就是世界各民族文化普遍交往的时代。文化普遍交往，一方面表现为文化交往范围的扩大，全世界所有民族都被纳入文化交往之中；另一方面表现为文化交往的日益深化，从表层交往延伸到深层的交往。文化空前交往的时代同时也必然是文化冲突空前凸显的时代。现在看来，简单地批评塞缪尔·亨廷顿的"文明冲突论"夸大了文化之间冲突的严重性恐怕还为时过早，至少不能不说他确实看到了文化冲突在国际冲突中所扮演的重要角色。当今因文化而引起的大大小小的民族、地区和宗教冲突已经充分表明了这一点。所以，文化冲突影响所及不仅是文化本身的问题，由于文化与民族以及国家的同一性，文化之间的关系实际上是民族与民族、国家与国家之间的关系的一个重要的方面。因而文化之间的矛盾和冲突很容易演变为民族与民族、国家与国家之间的矛盾和冲突。更直接地说，文化冲突影响到整个世界的和平与稳定。

　　问题的产生正是针对问题研究的意义之所在。虽然不能说所有国际间冲突都是文化冲突，但它与文化有着密切的关联也是不争的事实。因为世界各民族国家都是立足于自己的文化来审视国际间各种问题的，理解的差异源自不同文化之世界观和价值观的不同。在此意义上，可以说许多国际冲突都是或多或少地伴随着文化冲突，加强文化交往也就是加强民族之间的沟通和理解。由于文化冲突在文化交往过程中发生，在文化交往发展中发展，那么一定意义上我们可以说，探索文化交往的规律也就是探索文化冲突的规律。把握文化交往规律就是要通过对文化交往规律的研究，发现文化冲突的本质和原因，探索淡化和规避文化冲突的路径，加强各民族文化之间的交流和对话，努力使文化交往成为一条通向和平之路，而不是成为阻碍世界各民族理解和沟通的一道鸿沟，成为影响世界和平的不稳定因素。

二

自 20 世纪下半叶以来,文化学似乎已经成为一门"显学",成为学界诸多领域的热门话题。究其原因,是随着全球化进程日益发展,文化交往日益密切之故,但更主要的原因是——恰如塞缪尔·亨廷顿《文明的冲突与世界秩序的重建》书名所示那样——文化冲突空前凸显引发的关切。实际上,文化交往因其悠久的历史和深远的影响很早就引起人们的关注,进入学者视野。马克思、恩格斯相关专论是马克思主义的重要组成部分。虽然自张骞出使西域以来,中国有着漫长的对外交往历史,但中国学者对文化交往的关注,严格意义上讲是自近代西方列强打开中国国门后,所谓"中体西用"、"全盘西化"、"科玄论战",皆为文化交往论。另一轮研究高潮是 20 世纪 80 年代中国实行对外开放以后,比如关于社会主义和资本主义在精神文明和物质文明上的先进与落后的讨论。虽然笔者阅览有限,尚未发现哲学层面的文化交往专论,但涉及文化交往的其他著述还是蔚为大观。从学科门类看,这些著述大致可分为四类:一是文化哲学或文化学方面的文化交往研究;二是历史学方面的文化交往历史记述;三是文化人类学方面涉及的文化交往问题;四是国际政治学方面的相关研究。全面梳理这些思想本身就是个偌大的工程,这里仅从惠及本书的角度,就其要者做一粗略概览,以表承恩蒙惠的感激。

文化哲学或曰文化学是近些年的热门研究领域,仅国内同名或不同名著作已有多部,角度侧重各有不同,共同之处是从哲学高度了解和把握文化,有别于其他领域的视野。首先应当提到的是陈筠泉、刘奔主编的《文化与哲学》一书。该书从文化的本质探索开始,论述了交往、文化交往、文化的民族性差异和时代性差异、文化交往的手段等等一系列问题。该书在许多问题上探讨之深刻尚是不多见的,从而对笔者的理论指导意义也是重大的,本书在一些问题上直接或间接地援用了他们的成果。衣俊卿的《文化哲学》、李鹏程的《当代文化哲学的沉思》是风格不同的同类著作,其独特的视野和洞见对笔者也是启迪良多。相对而言,国外这方面著述较多,必须提到的、对笔者有重要意义的两部著作是:恩斯特·卡西尔的《人论》和克利福德·格尔茨的《文化的解释》。有意思的是,这两部著作各有其妙、相辅相成:《人论》是以文化释人,提出"以人类文化为依据的人的定义";而克利福德·格尔茨的《文化的解释》却是以人诠文化,认为"对人的本质的重构一种可以理解的解释,从此构成了对文化进行科学思考的基础"。途殊景异,皆通妙处。

　　应当说,国人之中对立足于实践的文化和文化交往思考较多的,是自鸦片战争以来到五四运动前后的学者和思想家们。中西方文化的碰撞,中国文化的节节退却,使这些或者极具"为往圣继绝学"之文化使命感、或者极具"为生民立命"之民族使命感的知识分子陷入深深地思考,苦苦地探索。他们主要是立足于中西方文化的碰撞,通过对中西方文化内涵的比较,想看看问题究竟出在什么地方。由于这种比较是由实践直接推动的,是由中西方文化交往中中国文化的实际遭遇引发的,所以他们思考的是实实在在的、真正"文本"意义上的文化,与时下的许多文化比较——确切地说,是概念与概念、书本与书本的比较——相比来得更真切、更实在,观点也更富有见地。如对中西方文化交往经历了器物文化、制度文化、观念文化的三阶段过程的总结,提出文化冲突主要是价值观对立、对抗,等等。虽然这一批学者和思想家是从现实问题出发的,其视野仅仅集中在如何应对西方文化的冲击、如何"开新"这个传统文化(保守主义)和如何"启蒙"、"救亡"(激进主义)等问题上,而不是专门地进行文化交往研究,其结论和方法也极具个案特征,但这些研究仍然具有一定程度的普遍性意义,因为如同各民族的文化发展有着共通的道路一样,各民族之间的文化交往也有着相通的规律,所以他们仍然是笔者借鉴学习的重要范本。

　　在大陆以外的华人学者中,涉及文化交往研究较多的是港台的几位作者,如殷海光、许倬云、韦正通、金耀基等。这些学者的研究对象和路径基本上是五四新文化运动前后那批学人的延续。因为虽经百年来的历史变迁,但西方强势文化和中国弱势文化之间的对阵阵势没有太大的变化。不过毕竟时代不同了,他们在研究方法上有所不同。如果说,"五四"前后的学者主要忙于被动地应对,那么,这些学者则是站在另一个历史阶段,回过头去审视近百年来中西方文化交往的,特别这些学者利用了国外某些文化交往理论和人类学的成果,来冷静地看待近百年来中西方文化交往的,比以往那种稍嫌情绪化的批判或守成要理性得多。虽然其讨论仅限于中西方文化近百年来的交往历史,但同样由于中国文化和西方文化在世界文化格局中地位的典型性而具有一般意义,特殊性中包含着普遍性。

历史学方面的研究又可分为两类,一类是专门的文化交流史方面的著述,如《中西文化交流史》、《中日文化交流史》、《中印文化交流史》、《儒家思想与日本文化》、《中日文化交流的伟大使者》等等,诸如此类的同名或类名著作。虽然这些著述主要集中于中国和外民族的文化交往或交流,但其中对中外文化交往经历的接触、碰撞、吸收、融合等过程的讨论,尤其是其所提供的大量文化交往史实,这对本书的意义是不言而喻的。在众多著述中,华东师范大学裔昭印主编的《世界文化史》是一本好书。其独到之处在于,首先它是立足于人类发展史的高度总览世界各民族文化和文化交往概况的;其次它不仅仅是时间上对世界各民族文化的发展的记录,而且在空间上它把整个世界文化看做是相互交往的网络。以时间为经,以交往为纬,把世界文化看做文化整体发展史实在深刻;而在本书的视野中,世界文化发展史也就是世界各民族文化相互交往的历史,反之亦然。

另一类则是普通世界历史学著作。世界历史著作叙述框架设计各不相同,有的仅仅把世界历史看做是国别史的总汇,另有一些则是把世界历史作为整体来看待,从各民族相互联系的角度加以把握的。实际上,文化交往是一个客观的历史现象,任何世界性历史的回顾都不能回避文化交往的历史,以及文化交往对世界历史发展进程的重大影响。只是当我们欲阅读这类著述时,不得不把目光转向国外。斯宾格勒的《西方的没落》是历史学家和文化学家每文必提的,虽然斯宾格勒认为各民族历史和各民族文化都是孤立的,相互之间没有联系和影响,文化交往不在它的视野之内,但他把民族文化看做有机体的思想还是重要的,因为如何看待民族文化的内在联系与如何看待文化交往有重要关联。英国著名历史学家汤因比的多卷本《历史研究》是一部众所周知的名著。与斯宾格勒相反,汤因比主张"文明整体性理论",这就决定了他是把文化交往作为客观历史现象来研究的,他的"挑战——应战"理论不仅是其文化起源的重要理论,也是对文化交往过程中的一个重要历史现象的总结,文化交往过程实际上也是个"挑战——应战"过程,所以"挑战——应战"是文化交往过程中的一个基本规律。作为一位著名的历史学家,汤因比在文化交往及其规律方面的研究贡献是不可忽视的。美国著名历史学家斯塔夫里阿诺斯批评了那些分别叙述各国历史的所谓世界历史,他的《全球通史》就是把世界历史看做一部人类各民族交往史来叙述的。它使我们能够比较清晰地看清各民族文化交往的基本脉络,本书援引的很多史实都是依据该著的。法国历史学家阿尔德伯特等著的《欧洲史》,充分考虑了各国各民族交往的客观事实,但其间渗透着的"欧洲中心论"思想与它的优点一样的明显。

文化人类学(欧洲大陆称"民族学",英国称"社会人类学")是直接以民族文化为对象的学科。人类学的相关理论源远流长,但作为一门科学则是近代资本主义社会的产物。文化人类学诞生于19世纪60—90年代,其标志是古典进化论学派的形成。文化人类学主要研究对象是人类各民族所创造的物质文化和精神文化的起源、特点及其发展变化的规律;不同群体文化的相似性和相异性原因,如何应用人类学的理论方法研究和解决现代人类社会有关的实际问题。《简明不列颠百科全书》对文化人类学的定义是:"研究人类社会中的行为、信仰、习惯和社会组织的学科。"①《社会科学百科全书》认为:"文化人类学关心的是作为社会存在的人及其习得的行为方式,而不是遗传传递的行为方式。"②从研究实际

---

① 《简明不列颠百科全书》第8卷,中国大百科全书出版社1986年版,第260页。
② [英]亚当·库珀:《社会科学百科全书》,上海译文出版社1989年版,第161页。

对象方面来看,文化人类学有两大特点:一是文化人类学是把研究异民族文化作为主要对象,尤其是以研究没有文字的原始民族作为主要对象。二是文化人类学主要研究单个民族、文化区或文化圈文化的起源和发展,又主要是在大多没有交往情况下的原始民族文化的起源和发展,故一般很少专门触及文化交往问题。虽然有些学派也谈到这一问题,如文化传播学派,但仍然是从某个民族文化起源这个方面去讲的,大概由于资料的短缺,许多问题仅止于猜测。当然,文化人类学提出了许多重要的文化交往现象,并确定了许多概念的含义,如文化传播、文化变迁、文化借用、文化涵化、文化同化等,这对我们的研究具有重要的指导意义。读者将不难看出,我们在一些基本观点上是赞同进化论学派的,当然历史特殊论学派和功能学派的观点也得到了应有的尊重。在众多文化人类学理论中,当代著名社会学家费孝通教授"中华民族多元一体格局"的著名论断可谓精辟独到。他指出:"中华民族是包括中国境内56个民族的民族实体,并不是把56个民族加在一起的总称,因为这些加在一起的56个民族已经结合成相互依存的、统一而不能分割的整体,在这个民族实体里所有归属的成分都已具有高一层次的民族认同意识,即共休戚、共存亡、共荣辱、共命运的感情和道义。这个论点我引申为民族认同意识多层次论。多元一体格局中,56个民族是基层,中华民族是高层。"①应当说,费教授"多元一体格局"不仅是中华民族历史形成的格局,应该也是世界上多民族国家的历史形成的格局;更重要的是,它不仅让我们了解中华民族过去的历史和现实,对我们管窥世界未来文化模式无疑有着重要的指导意义。如果说,中华民族文化是多民族相互交往、共同实践的产物,那么它是否也是未来世界文化格局的缩影? 换句话说,在全球化日益推进的进程中形成的世界文化格局也将呈现为"多元一体格局",因为全球化的实质就世界各民族交往和共同实践的结果。

---

① 费孝通主编:《中华民族多元一体格局》,中央民族大学出版社 1999 年版,《代序:民族研究》第 13 页。

在一定意义上,国际政治学或国际关系学的对象就是文化交往问题,只不过视阈和出发点不同而已。如果说历史学家的著作使我们了解了文化交往的某些历史事实,那么,国际政治学家的著作则使我们看到了文化交往的一些具体过程,特别是文化的差异、文化冲突在文化交往中的意义。塞缪尔·亨廷顿的《文明的冲突与世界秩序的重建》尽管遭到许多的批评,但无法否认他提出了很多有关文化交往的重要问题,尤其是他关于全球化进程中文化将扮演的重要角色及其在国际政治关系中举足轻重的地位应该说是预之不谬。我们以为,最近热极一时的约瑟夫·奈关于软实力或软权力的几部著作及其产生的影响可以看做是为亨廷顿做了注脚的。英国学者戴维·赫尔德等著《全球大变革——全球化时代的政治、经济与文化》、日本学者星野昭吉的《全球政治学——全球化进程中的变动、冲突、治理与和平》,都是立足于全球化进程研究文化交往的,探讨了全球化进程中文化交往的历史趋势。特别是前者不是把全球化看做始之今日的历史发展阶段,而是把整个人类发展的历史都看做全球化进程,提出了全球化和“前全球化”概念,认为全球化是人类各民族在各个方面实践活动相互交往的结果;并在回顾文化交往历史的基础上,展望了文化的未来。毫无疑问,这是历史的辩证的观点,相比之下,那种认为“全球文化还不曾有过记忆”的“回忆”便显得有些形而上学了。美国学者欧文·拉兹洛编辑的《多种文化的星球——联合国教科文组织国际专家小组的报告》,阐述了文化的多样性和统一性。费德里科·马约尔在为该报告撰写的前言里说:“本著作提供了对于世界上许多种文化的有精辟见解和学术价值的分析。它的每一个章节都在提醒人们注意,文化是赋予一个社会以独特本质的那些因素的集合体。但是,当我们把这本书看做一个整体时,还可以记住,文化在人类中间的普遍性本身便是我们所共同享有的人性的一个有力象征。”①发展是通过整合来完成的,在人

---

　　① ［美］欧文·拉兹洛编:《多种文化的星球——联合国教科文组织国家专家小组的报告》,社会科学文献出版社2001年版,第4页。

类发展的任何阶段,"所共同享有的人性"便是整合的基础。

上述诸多思想,就如我们在开头所说的那样,都不是专门的理论层面关于文化交往的研究,且分属于不同学科,但于笔者而言,这恰恰是不可多得之好处,不同学科的视野和不同思想家的立场观点,为我们提供了全景式思考的基础。概言之,作为前人研究的成果,无论赞成与否,对我们的启发意义都是不可忽略的。

三

需要专述的,是对本书最具方法论指导意义的马克思和恩格斯在《德意志意识形态》和《共产党宣言》等重要的著作中所阐述的交往理论。理解交往意义对于文化交往的研究是至关重要的。探索文化交往本质和规律,毫无疑问,文化和交往是最重要的两个关键词。如果说,准确界定文化是把握在文化交往之中交往什么,那么,准确理解交往则是把握为什么交往。换言之,解决文化交往的动力在哪里。正是在这个问题上,马克思的交往理论成为我们认识源远流长的文化交往历史的一把钥匙。

交往理论是马克思主义理论体系中一个非常重要的部分,虽然以往并未给予足够的重视。顺便说一句,对马克思主义交往理论重视不够,主要是因为缺乏现实交往实践,没有对文化交往的感性认识。立足中国改革开放战略实行几十年来的成就,回过头去研读马克思的交往理论,可以发现它是多么的深刻。表面看来,马克思和恩格斯似乎没有专门研究过文化交往问题,实际上马克思和恩格斯的交往学说中就包含着深刻的文化交往理论。第一,马克思的交往理论是以人的活动为对象的,而文化作为人类社会的一个重要现象,自然包括在马克思的理论视野之中。从"大文化"即广义文化范畴来看,人类文化现象不仅等值于人类社会现象,而且包括被人改造了的自然界,因此以人的一切活动为对象的交往理论实际上就是文化交往理论。第二,在马克思的交往理论中,交往的主体包括单个的人、民族、国家、生产共同体等等,其中以民族或民族国家为主体的交往是被阐述最多的。从世界历史角度看,其强调的是交往将消灭民族和地域的狭隘性,历史转变成为世界历史。从民族自身看,民族的发展不仅取决于内部的交往,更取决于外部的交往。而民族就是文化的创造者,也是不同文化的载体,所以民族之间的交往就是民族文化之间的交往。第三,马克思也专门论述过文化交往的一些问题,如众所周知的"各民族的精神产品成了公共的财产。民族的片面性和局限性日益成为不可能,于是由许多种民族的和地方的文学形成了一种世界的文学"①等诸如此类的重要论断。

当然,更重要的不是马克思主义经典作家所给予我们的这些具体结论,而是其交往理论对我们研究文化交往及其规律的指导意义。由于马克思的交往理论是本书的重要指导思想和方法论基础,并已经贯穿在本书之中,故这里不予详述,仅指出如下几个重要的方面:(1)交往是人类实践活动的一个重要方面,人的活动是社会性活动,因而人的一切活动都是以交往为前提的。(2)交往的本质就是人们之间活动的交换,即人们彼此通过交换,利用和占有各自的生产力,以"摆脱种种民族局限和地域局限而同整个世界的生产(也同精神生产)发生实际联系,才能获得利用全球的这种全面的生产(人们的创造)的能力"②。活动或活动能力的交换是交往不竭的原动力。(3)生产力和交往形式之间的矛盾是交往发展的直接推动力。交往关系和交往形式与一定的生产力发展水平相适应,并且随着生产力的变化而变化,交往关系的扩大,交往形式的变革是生产力推动的结果。这一矛盾既是世界历史不断拓展的动力,也是一切冲突的历史根源。(4)普遍交往是共产主义得以实现的基本前提,因而也是各个个人实现全面自由发展的基本前提。(5)普遍交往的结果是世界历史的形成,世界历史是各民族相互联系、相互依赖的历史,是民族孤立状态被消灭的历史,因此由于世界历史的发展,民族片面性变得日益不

---

①　《马克思恩格斯选集》第1卷,人民出版社1995年版,第276页。
②　《马克思恩格斯选集》第1卷,人民出版社1995年版,第89页。

可能。

虽然马克思的交往理论主要是以人类的经济活动为轴心展开的,但对我们把握文化交往有着直接的指导意义。马克思主义经典作家是从最宏观的哲学层面来看待交往现象的,没有也不可能涉及具体的文化交往过程和规律,这些具体的探索正是我们今天要去做的。

四

本书是哲学层面的文化交往研究,旨在通过对文化交往历史的深层解读,以期把握文化交往的本质和规律,达到对文化交往意义更深刻的自觉认识,裨益于现实的文化交往实践。

本书共分五章。第一章论述了文化、交往和文化交往的本质。目前,数百之多文化定义大多是文化人类学方面的界定,这些定义在各自的定义域内无疑有着解释的有效性,但却无以解释源远流长的文化交往现象。本书首次提出,在交往意义上,文化乃是人类各民族在实践地改造对象世界的活动中积累和发展起来的生存和发展的智慧。文化交往本质上是生存和发展智慧的交换。文化之所以以民族文化的形式出现,根本在于文化乃是各民族改造其所遭遇的不同对象世界的实践创造。智慧的互换既是文化交往的实质也是文化交往的意义之所在。文化智慧本质的统一性是文化能够交往的必要条件,各民族智慧的差异性是文化需要交往的充分条件。

第二章致力于探索文化交往的动力,提出并力图充分论证文化交往的动力体系。首先,实践对智慧(能力)的需要是文化交往不断发展和深化的原动力,即文化交往本质上是各民族实践为了占有全面的生产能力,把他人的创造变成"为我"的活动条件。其次,生产力和交往形式的矛盾是推动文化交往发展的根本动力,由于这一矛盾的推动,交往关系不断变化,交往形式不断变革,文化交往不断深化。再次,各民族具体的交往活动是文化交往的表层动力。

　　第三章论述了几个文化交往的规律。由于文化交往的智慧交换这一本质所决定,文化交往过程中文化信息流总是呈现由高向低流动的规律,文化交往的意义正因为这一被马克思称之为"永恒的规律"的规律而凸显出来。虽然文化信息由高向低流动,但就相互交往的民族而言,文化信息是双向流动的,即参与交往的每个民族,既是优秀文化的索取者又是优秀文化的贡献者。从文化结构看,文化交往总是遵循由器物文化到制度文化再到观念文化三阶段规律深入发展的,这不仅仅是经验的感性认知,而且有着深刻的认识论根据。

　　第四章讨论了自文化交往开辟以来一直相生相伴的文化冲突的原因、实质及其意义。文化冲突本质上是生产力和交往形式之间的矛盾的反映,是文化交往有了一定发展而又交往不足的产物。文化冲突是文化交往深化的表现,又是文化交往走向进一步深化的必要条件。文化冲突因种种文化差异而致,其中以狭隘世界观为基础的文化自我中心主义情结扮演着重要的角色。

　　第五章探讨了文化普遍交往尤其是全球化条件下世界文化的走向。文化不断走向融合,一种全球化文化正在形成,这是文化交往发展的必然趋势。文化不断走向融合或全球化文化的形成,是由以下两个原因决定的:一方面,民族活动越来越多地跨越民族国家界限,交互、交叉和重叠的跨民族活动不断增多;另一方面,人类面临的全球性问题日益增多,问题的解决需要各民族采取共同一致的行动。共同的活动需要"共同语言"(世界观、价值观和思维方式),全球化文化就是这种共同活动所需要的"共同语言"。但是,文化融合并非意味着将消解民族文化的所谓"一体化",在可以预见的未来,民族文化将仍然是全球化文化的资源,各民族人民仍然是文化创造的主体。

　　认识的归宿是实践。结语部分讨论了几个如何正确认识文化交往的问题,或者说是如何正确对待文化交往实践的几个认识问题。一些惯常的思维框架形成了习惯性思维,就像过去把市场经济等同于资本主义一样,在文化上我们也附加了很多东西,这些东西往往遮蔽着我们的认识,从而阻碍着我们的实践。

最后必须提到的是,本书是立足于"大文化"或广义文化概念探讨文化交往的,像大多数研究文化的论著一样,难以逃脱以文化"说"文化的圈圈,由于文化各基本要素在不同条件下或者在讨论的不同语境中占有的地位不同,很多时候我们必须把某个文化要素突出出来,特别是占有特殊地位的通常所谓狭义文化概念,同样以文化冠之,行文中我们尽可能清楚地加以分别,相信如此不会给人以概念不清的混乱印象,读者能够依据不同的语境清楚了解作者的言说。

第一章　文化与文化交往

　　文化交往是自有民族交往以来就存在的一种社会历史现象。文化交往随着文化的发展而不断扩大和深化,文化又随着文化交往的发展得到更大的发展。因此,就文化与文化交往的关系而言,自有民族文化交往以来,一定意义上说,文化发展的历史就是文化交往的历史;反过来,文化交往的历史也就是文化发展的历史。文化交往本身就是一个重要的历史文化现象。

　　把握一个对象就是把握它的本质、特性以及运动发展的规律。任何规律都是关于事物的规律,这个事物的本质和特性规定着该事物的发展变化有着不同于其他事物的规律。探索文化交往的规律,同样必须首先把握这个规律的主体——文化交往现象——的本质与特性。而把握文化交往,又是以对文化本质和特性的认识为基础的。对文化本质规定性的把握不仅是一切文化哲学研究的出发点和基础,对于文化交往研究来说甚至更为重要,因为它决定着我们对文化交往的性质、意义的理解和对其规律的把握。因此,研究和揭示文化交往的本质,探索文化交往的规律,首先必须弄清楚的是什么是文化,亦即文化交往"交往"什么,或者说,在文化交往过程中,相互交往的民族从中获得了什么。弄清文化、交往、文化交往的概念,是我们继续讨论得以展开的基本前提,只有回答了这些问题,才能弄清楚文化交往的本质,进而才能了解它的内在动力、它的发生和发展的规律,才能解释源远流长的文化交往现象。

一、交往视野中的文化及其本质

"文化是什么?"在中外文化学和文化哲学研究中,关于文化的界定是分歧最多的问题。我们这里虽然不是一般的文化人类学或文化哲学研究,不是专门研究文化定义问题,但"文化是什么"的问题同样是回避不了的。如果说,林林总总的文化界定是出于不同的研究需要,是从不同角度对文化的揭示,那么,我们这里就需要弄清楚,在文化交往的视野中,"文化是什么",或者,"什么是文化"。

(一)"文化"的传统界定

如何界定文化,可以说是自人类关注文化现象伊始,这个作为文化研究的前提性问题,就使文化研究者感到大伤脑筋、颇费周折。文化界定的困难源于文化本身的复杂性。一位国外文化学者曾这样描述这一难题:"我被托付一项困难的工作,就是谈文化。但是,在这个世界上,没有别的东西比文化更难捉摸。我们不能分析它,因为它的成分无穷无尽,我们不能叙述它,因为它没有固定的形状。我们想用文字来范围它的意义,这正像要把空气抓在手里似的:当着我们去寻找文化时,它除了不在我们手里以外,它无所不在。"①文化就像空气一样,无时不在,无处不逢,我们无时无刻不为文化所包裹,每时每刻都"文化地"生活着,但你却怎么也抓不住它;或者当你以为抓住了,而一旦松开手,却发现什么也没有。以至于有人怀疑文化是否真实地存在,美国文化人类学家拉尔夫·林顿坦言:"文化的任何研究者立即遇到一个文化的真实性问题。文化确实存在吗? 文化是无形而不可捉摸的,如果是说它毕竟存在的话,甚至连亲自参

---

① 转引自殷海光:《中国文化的展望》,中国和平出版社 1988 年版,第 26 页。

加文化活动的个人都不能直接地认识到它。"①另一位英国学者则警告说,研究文化首先应当注意到"文化是英语词汇当中数一数二的最为复杂的字眼"。② 文化定义的困难在于,就文化是"自然的人化"、人的活动及活动的产物而言,文化现象就等于包括被人的力量改造过了自然界在内的整个社会历史现象,亦即人在改造自然和社会的实践中历史地创造的所有物质成果和历史地形成的各种精神现象。质言之,天文地理,古往今来,无物不包,无象不含。因此,一方面,要想从某一个角度、某一个方面、某一个侧面或者某一个层次去把握整个社会现象(在这里文化与社会等值),其难度是可想而知的,不是以偏赅全,便是挂一漏万。另一方面,"不识庐山真面目,只缘身在此山中"。人是文化的创造者,但人同时又为文化所塑造,是文化的产物。作为文化存在物,人不可能站在文化之外去观察认识文化,或者说,认识文化就是认识人自己,而这种认识又是从自己的文化出发的,恰如著名新进化论者怀特所言:"文化必须用文化来解释,我们已经看到,文化是一个连续的统一体。每个文化要素,或各要素的结合体,文化发展的每一阶段都产生于更早的文化环境"。③ 人不能逃脱文化,因而就无法避免以文化(确切地说是以某种文化)释解文化的循环和偏颇。而且文化内在地包含着世界观、价值观、情感和意志等主观因素,很难像自然科学家面对自然对象那样保持一个客观视距。更为重要的是,如何定义文化还涉及民族情感和民族尊严的严肃问题,稍不留神就会遭遇文化自我中心主义和种族主义的指责,文化人类学中的历史特殊论学派对文化进化论学派的批评就关乎这样的问题。所以自文化人类学创始以来,人们一直试图给文化一个界定,而人们又总能发现它有这样或那样的缺陷。克服缺陷和弥补不足的一次次努力的结果是,定义层

①　转引自[美]莱斯莉·A.怀特:《文化的科学——人和文明的研究》,曹锦清译,浙江人民出版社1988年版,第98页。

②　[英]R.威廉士:《关键词》(keywords),转引自[英]汤林森:《文化帝国主义》,冯建三译,上海人民出版社1999年版,第26页。

③　[美]莱斯莉·A.怀特:《文化的科学——人和文明的研究》,曹锦清译,浙江人民出版社1988年版,第325页。

出成为文化研究的一个显著的特征。美国著名文化人类学家克罗伯和克拉克洪著有一部专门讨论文化概念和定义的著作《文化：关于概念和定义的探讨》，两位学者在这本书中共列举了160余种文化定义。这部著作发表于20世纪50年代，如果现在来写这本书，它的篇幅恐怕要增加一倍以上，因为自那时以来，文化的"定义族"又增添了差不多一倍的"人口"。据不完全统计，迄今为止，关于文化的定义已达300多种。正如有论者指出的那样，文化定义本身就已经构成了一种文化现象，即"文化定义"现象，或者说，林林总总、众说纷纭的文化定义问题本身已经构成文化研究的对象或问题域。以至于有人说，在文化研究中所遭遇的困难，与其说是缺少文化的定义，毋宁说是定义太多了，让人眼花缭乱、莫衷一是。应当说，由于从事的学科不同、研究的范式不同、定义的角度不同，每个定义都有其科学合理之处，但换一个角度看，又都不同程度地失之偏颇。数百种定义是在文化研究的历史过程中相继提出的，每一个定义的提出都是试图修正前人的偏颇、补救前人的不足，然而文化现象的复杂性，使这些努力往往难免重蹈前人的覆辙——在克服一方面不足的同时，又留下了另一种缺憾，总是不能尽如人意。

被公认为具有经典意义文化定义的，是英国著名人类学家爱德华·泰勒给予的。在《原始文化》一书中泰勒写道："文化，就其在民族志中的广义而言，是个复合的整体，它包含知识、信仰、艺术、道德、法律、习俗和个人作为社会成员所必需的其他能力及习惯。"[1]这个定义之所以被称为经典，客观地说并非因为它的完善或者已臻科学，而是因为后来的种种文化界定都没有在根本上超越它，一个重要的原因是它差不多穷尽了所有文化现象，后人没有也很难在这个基础上再实现真正的创新。《文化：关于概念和定义的探讨》一书把泰勒以来的160余种定义归纳为六种类型：列举和描述性的、历史性的、规范性的、心理性的、结构性的、遗传性的。文化定义族后来的新成员实际上都可以归入这六种类型。这六种类型虽

---

[1]　E. B. Tylor, *The Origins of Culture*, p. 1, Harper and Brothers Publishers, New York, 1958.

然侧重有所不同,但基本上没有超出泰勒的范围,或者说,我们完全可以从这六个角度去理解和诠释泰勒定义。这就是为什么虽然自泰勒以后文化的新定义不断涌现,却始终没有动摇泰勒定义的经典性地位的缘故。实际上,如果我们较严格地按照形式逻辑关于"定义"的要求来评判,那么自泰勒以后(包括泰勒)的许多文化界定都不能算做真正的定义,因为它们并不是对文化本质的揭示,而仅仅是一种对业已存在的文化现象的描述和要素的罗列与归纳。换句话说,它们仅仅是对文化外在表现和表面特征的把握。如果把泰勒定义综合起来,实际上就是梁漱溟先生认为的"文化就是生活的样法";或胡适主张的"文化就是生活方式"。这样的定义实际上就如同"燃素说"解释燃烧现象一样,解释了一切,却又等于什么都没说。当然也有一些学者试图从文化的某个内在方面去揭示文化的本质,如美国学者 C. 恩伯和 M. 恩伯在《文化的变异》中指出的:"大多数人类学家认为,文化包含了后天获得的,作为一个特定社会或民族所特有的一切行为、观念和态度"。① 美国学者菲利普·巴格比在《文化:历史的投影》中认为,文化就是"社会成员的内在的和外在的行为规则,但是剔除那些在起始时已明显地属于遗传的行为规则。"②无疑,这样的界定要较仅对现象的描述深刻得多,但明显的不足是,这样的界定过于狭窄,文化比行为、观念和规则意味着更多的东西,更重要的是,行为、观念、态度和规则等本身就是有待揭示的文化现象。

我们在这里需要说明的是,尽管文化的定义族蔚为大观,但它们对于文化交往的研究目标却没有帮助。因为,它们不能解释各民族之间的文化交往为何发生和发展的问题。以上述定义为例,如果文化就是泰勒所列举的因素所构成的复合体,或者,如果文化就是梁漱溟先生所概括的是一种"生活的样式",那么,文化交往是如何可能的? 文化交往的必要性、

---

① ［美］C. 恩伯、M. 恩伯:《文化的变异:现代文化人类学通论》,杜杉杉译,辽宁人民出版社 1988 年版,第 29 页。

② ［美］菲利普·巴格比:《文化:历史的投影》,夏克等译,上海人民出版社 1987 年版,第100 页。

必然性是什么,进而言之,文化交往的动力何在? 如果交往就是学习、借鉴和引进的话,那么一个民族似乎没有理由必须学习借鉴别人的风俗习惯和信仰,尊奉别人的道德和法律,使用他民族的语言,尤其是,一个民族似乎没有理由必须学习他民族的生活方式,像他民族一样生活。所以,如果文化的实质仅止于此,那么文化交往就是不可能的,因为与其历史积淀的客观环境和发展状况相一致,在生活方式、风俗习惯、行为规则和信仰等方面,每个民族的文化都是自足的。而一个民族对外来文化因素的接受和采用,只有当这个民族的生产实践和生活实践提出了需要的时候才有可能。

或问:生活方式为什么不能相互交往? 问题还不仅在于各民族的文化都有与之生产和生活实践同步同构的自足性,更重要的是,文化人类学家把文化界定或强调为生活方式,强调的恰恰是文化之间的差异,强调的是生活方式的不同,直接地说,凸显的是文化的异质性。"与社会学和社会心理学这两门姐妹学科相比,新兴的人类学所解释的恰恰是文化的差异;事实上,人类学所研究的大部分对象是关于文化差异的,至少在许多情况下,人类学所注重的乃是与统一的人类自然类型相联系的文化的多样性。"①文化人类学的发端就是立足于异文化研究的,寻找不同民族之间文化之差异是其主要目标。既然各民族都过着由自己的文化所决定的生活,那么交往就是多余的了。所以这些定义共同的特征就是侧重民族文化的差异面,而不是探讨人类文化的统一性;或者说,只注重人类文化构成形式(例如"文化是一种生活方式")上的统一性,而不是力图揭示其实质上的统一性。

当然,我们只是说它们无助于我们审视文化交往问题,绝不意味着更不应当否定这些文化定义的学理意义和它们对文化研究的实践意义。实际上它们都从不同的角度真实地揭示了文化某一方面的规定性或本质,

---

① [美]莱斯莉·A.怀特:《文化的科学——人和文明的研究》,曹锦清译,浙江人民出版社1988年版,第2页。

并且为后人把这项研究推进至科学和完善奠定了基础。事实上,对于任何一个事物,来自不同视角的观察,总会发现其不同的本质或本质特征。文化研究史上各种各样的定义实际上是文化学者们立足于自己的文化研究路径,对文化不同侧面、不同层面本质的把握。换言之,这些定义在其各自研究的范围内和路径取向上都有着不同程度的有效性,文化研究方面所取得的丰硕成果已经表明了这一点。而文化定义的困难,决定了人们也只能立足于各自的研究领域、研究范围和研究方向上来规定"什么是文化"。这种困难及其带来的分歧一定意义上也恰恰是它的优点:一方面,不同的界定无疑有助于拓展文化研究的路径,扩大文化研究的视域。学者们的种种努力,实际上为我们全面准确地把握文化打开了一个个窗口,透过这些窗口,我们可以看到一个相对完整全面的"文化"面貌。另一方面,文化定义的多样性及其依据这多样性界定进行的文化研究,可能本身就是文化研究的一种存在方式或表现形式,它于文化研究是有益的而不是有害的。黑格尔在谈到哲学史上的各种分歧时指出:"哲学系统的分歧和多样性,不仅对哲学本身或哲学的可能性没有妨碍,而且对于哲学这门学科的存在,在过去和现在都是绝对必要的,并且是本质的。"①这一论断同样适用于文化现象的研究。

　　基于同样的理由,我们这里也只是立足于自己的研究对象——文化交往——探索文化的本质,如果要求一个适合多视野、多领域的文化界定,那么这样的尝试同样不能摆脱种种失之偏颇的困境。

(二)人类文化本质的统一性

　　总览目前已有的种种文化定义,我们不难发现,尽管它们视界不同,表述各异,但却有着共同的基本特征:第一,这些定义都是着眼于作为结果的、即已经获得的文化,而没有关联文化发生和发展的历史过程来看待文化的本质;第二,这些定义着重强调的是文化对人的塑造,没有突出作

---

① ［德］黑格尔:《哲学史讲演录》第1卷,贺麟等译,商务印书馆1959年版,第24页。

为文化主体的人对文化的历史建构,更忽略了文化主体在实现文化创新方面的能动作用,换句话说,只强调了人是"文化的人",而较少触及文化是"人的文化";第三,最重要的,各种定义都强调了文化对人的活动的规范和影响,而没有或较少顾及人的活动的文化意义。即只看到了文化之于实践的意义,而没有更为深刻地看到实践之于文化的意义,因而也不能真正说明文化变迁的根据和动力。怀特就反复强调:只能用文化来解释行为,而不能用行为说明文化,"我们按照人类——个体的或整体的人类——的方式所做的一切无不深深地受到我们的文化的影响,我们的饮食习惯、婚姻习俗、是非观念、审美标准、丧葬礼仪、我们的哲学和宗教。总之,我们的整个生活,都是由文化决定的"。① 一言以蔽之,"文化只能用文化来解释"。

实践才是理解文化一切秘密的钥匙。马克思指出:"全部社会生活在本质上都是实践的。凡是把理论引到神秘主义方面去的神秘的东西,都能在实践中以及对这个实践的理解中得到合理的解答。"②由于"整个历史不外是人通过人的劳动而诞生的历史"③,那么只有把人类的文化和文化交往现象与人类改造自然和社会的实践活动联系在一起,我们才能把握文化的本质是什么,从而把握文化交往是如何可能的。虽然任何人类的实践活动都是文化的,但在逻辑上,文化是滥觞于、发展于和创新于人的实践活动的。因为人不是先是"文化的"才开始他的实践活动,而是因为他的实践活动,才变成"文化的"。

现代人经常举行各种各样形态丰富的文化活动,其实,纯粹的或专门的(精神性的)文化创造活动,是人类进入文明社会才有的,因为这种活动只有在人类社会有了体力(物质)劳动和脑力(精神)劳动的分工——亦即文化发展到一定程度之后才可能产生。在人类伊始,根本没有也不

---

① 〔美〕莱斯莉·A.怀特:《文化的科学——人和文明的研究》,曹锦清译,浙江人民出版社1988年版,第76页。
② 《马克思恩格斯选集》第1卷,人民出版社1995年版,第56页。
③ 《马克思恩格斯全集》第42卷,人民出版社1979年版,第131页。

可能有独立于生产实践和生活实践的所谓文化活动,因为那时还不可能"发展不追求任何实践目的的人的能力和社会的潜力(艺术等等,科学)"。① 但是,这并不是说人类文化也是后来才开始的,而是"一当人开始生产自己的生活资料的时候……人本身就开始把自己和动物区别开来"②,就开始了文化创造。如果按照通常的标准,文明的标志是定居、城市、识字,那么文化的历史要远远早于文明的产生。文化是随着人类的生产活动的开始而发端的,文明则是人类文化发展到一定的历史阶段才出现的,所以有"旧石器文化"、"新石器文化"以及所谓"史前文化"等,而文明则是"史后"的。由此我们获得的启示是,文化的发生与人类的生存和发展实践活动有着直接的因果关系。文化是人类实践活动的创造物。

人类实践活动的根本动因和目标就是从自身的生存和发展需要出发,通过对自然规律的把握,按照人的尺度征服自然力,把自己的意志加诸自然界,把自然界置于人本身的控制之下,使之服从自己的生存和发展的需要,以创造更好的、"无愧于自己本性"的生存条件。"人生代代无穷已",每一代人都在前人的基础上,继续拓展着这样的创造。正是在努力追求和实现这一目标的过程中,人类构筑了属于自己的历史,创造并发展了自己的文化。追索文化的发生和发展过程,我们就会看出,文化不是别的,不是先于人类存在和人类活动的神秘物,它乃是人类在改造对象世界、实践地处理诸方面关系的实践活动过程中创造和积累起来的生存和发展的智慧。具体说,文化是各民族人民改造自然对象的智慧(技艺)与整合、协调生产实践和生活实践的智慧(规则)以及作为这两种智慧之结晶的物质产品和精神产品的综合体。作为一种实践智慧的文化,是各民族人民长期辛勤劳作和探索的成果,是民族本质力量的表征,是民族的历史和现实的证明。文化与民族之间的血肉相连关系的形成,民族文化成为民族的象征和标志,是历史发展的结果。

---

① 《马克思恩格斯全集》第 47 卷,人民出版社 1979 年版,第 215 页。
② 《马克思恩格斯选集》第 1 卷,人民出版社 1995 年版,第 67 页。

实践活动在本质上首先是物质生产活动。马克思指出："人们为了能够'创造历史'，必须能够生活。但是为了生活，首先就需要吃喝住穿以及其他一些东西。"①一方面，人类必须"制服"自然对人的威胁；另一方面，人必须从自然界获得自己需要的能量和营养，而原生态的自然不能直接满足人的需要，因此人首先必须处理的是自己与自然的矛盾，实现人与自然之间的物质、能量变换；人处理自身与自然之间矛盾的活动是在人与人之间发生一定交往关系的条件下才得以进行的活动，换言之，人处理自身与自然之间矛盾的活动是一种社会性活动；作为人的活动，物质生产是为了满足人的需要，也就是说人的物质生产实践是有目的、有意识的活动，因此它又是以人对自身、自然以及人与自然关系的某种认识（——无论这种认识是多么的肤浅或多么的幼稚）为前提，并且这种认识的正确与否和正确程度决定着人的生产实践成功与否和实现程度。这样，人在物质生产活动中必须且必然地处理着三重关系或三个方面的矛盾：人与自然的关系（矛盾），人与人的关系（矛盾）和人与观念的关系（矛盾）。人与自然的关系以生产工具为媒介，人与人的关系以活动为媒介，而生产工具和活动又媒介着人与观念的关系。文化，就是人类在实践地处理这三重关系或三种矛盾中获得和积累起来的智慧。由于人的活动是一种否定性创造活动，在人类历史发展的过程中，这三重关系或三种矛盾是不断变化的：人与自然关系的变化发展，表明着人改造自然的能力的提高，其标志是人驾驭自然的手段——工具、技艺和科学的发展进步；人与人关系的变化发展，体现着人驾驭自身的社会关系的能力的提高，其标志是能够确立起和人与自然关系一定发展阶段相适应的、并随着人与自然关系的发展变化而不断创新的秩序、规范和制度安排；人与观念关系的变化发展，反映着人与自然的关系和人与人的关系的发展进步的，其标志是人类逐步摆脱愚昧、野蛮，走向程度越来越高的文明，在处理人与自然和人与人的关系中越来越多地渗透着理性精神、科学精神和人本精神。如果说

---

① 《马克思恩格斯选集》第 1 卷，人民出版社 1995 年版，第 79 页。

文化是随着历史的发展进步而不断发展进步的,那么它就体现为人类实践地处理这三类关系或矛盾的历史过程中智慧的提高与进步。实践活动的能力是直接形式的智慧,实践活动所创造的物质产品和精神产品则是实践智慧的结晶。从文化角度来看,作为人类处理这三类关系的产物,形成的是三个层面的文化:物质层面的文化、制度层面的文化和观念层面的文化,即通常人们所说的器物文化、制度文化和观念文化。

实践是人的本质,是人类的存在方式,因此它必然是一刻都不会停止的、生生不息的活动。实践创造着智慧,新的实践呼唤着新的智慧。人类实践智慧的发展既表现为量的积累,又表现为质的飞跃。每一次质的飞跃,都把人类社会提升到一个新的境界。正是人类实践智慧的发展和提高,才使人类由一个时代进步到另一个时代,而时代的发展和进步就是文化的发展和进步。人类实践活动和人类历史与人类文化在本质上具有同构性。

因此,人类实践活动发展的历史也就是人类文化不断丰富的历史。人类在实践地改造自然界、把握自然力的过程中,实践活动的能力、方式和手段日益丰富,形成了多种把握自然界、社会和人类精神世界的方式:科学理性的、实践精神的、宗教的、艺术的等等,表明着人类驾驭自己的生存环境智慧的日益丰富和提高。比如对人自身的认识,早期人类都把人自身看做是与其他自然事物同根同源的,在古希腊有水或火或气是"万物的始基"之说,在中国古代则是金木水火土五大基础元素(至今仍有认为"命"中缺少某种元素会影响孩子健康成长而在名字中加上相关偏旁的习俗),今天我们关于人的认识远远超越了仅仅把人看做自然物的水平。物质生产活动是人类社会最基本的实践活动,其最直观的进步表征是生产工具变革——从刀耕火种到机械化、自动化;从改造周遭的生存环境到对外层星空的探索。人类改造自然能力的每一次提高,都会引起人的社会关系的变化,并促进人类对自然、对人本身认识的深化。比如,随着生产能力的发展,人与人之间的关系也越来越丰富、越来越复杂,"夫妻之间的关系,父母和子女之间的关系,也就是家庭。这种家庭起初是唯一的社会关系,后来,当需要的增长产生了新的社会关系而人口的增多又产生了新的需要的时候,这种家庭便成为从属的关系了"。① 随着以血缘为纽带的自然关系转变为以利益链接的社会关系,人类在驾驭自己的社会关系方面的能力、智慧也随之提高和丰富起来,表现为社会维系力量从原始宗教、原始道德发展到由道德、宗教、法律、政治等多种控制手段和规范形式构成的社会规范和社会控制体系。社会规范和控制体系的发展又意味着人类对自身的社会关系和精神本质认识的提高和深化,表现为从人的依赖关系到物的依赖关系基础上的人的独立性,再到对人的自由而全面发展的自觉追求。总之,人类实践活动的丰富发展的过程同时就是人类文化的丰富发展的过程。

从人类的实践活动出发,任何文化现象都可以得到科学合理的说明。

语言是一个民族文化中最重要也是最富民族特色的内容之一。一个民族的记忆就凝聚在她的语言以及语言所承载的话语之中。语言同样是实践活动的产物。马克思说:"语言和意识具有同样长久的历史;语言是一种实践的、既为别人存在因而也为我自身而存在的、现实的意识。语言也和意识一样,只是由于需要,由于和他人交往的迫切需要才产生的。"②没有人的实践活动,没有实践活动过程中的人与人之间的交往,就不会有语言和意识这一社会历史现象。因为"思想、观念、意识的生产最初是直接与人们的物质活动,与人们的物质交往,与现实生活的语言交织在一起的。人们的想象、思维、精神交往在这里还是人们物质行动的直接产物。表现在某一民族的政治、法律、道德、宗教、形而上学等的语言中的精神生产也是这样"。③

各民族的风俗、习俗、习惯等等这些今天看起来远离实践活动、极具民族个性的文化因素,同样可以在人类的实践活动中找到它的源头。它们实际上是由与人类早期的实践活动相联系的把握自然力、认识自身的

---

① 《马克思恩格斯选集》第1卷,人民出版社1995年版,第81页。
② 《马克思恩格斯选集》第1卷,人民出版社1995年版,第81页。
③ 《马克思恩格斯选集》第1卷,人民出版社1995年版,第72页。

方式——神话、迷信、巫术等，演变而来的。巫术以及各种神话同样印证着人的实践活动所必须处理三重关系的历史过程。首先，它们是人类早期对自然和自身的认识，是与人类早期低下的活动能力相联系的、指导人类早期实践活动的认识——虽然是一种蒙昧的认识。在早期先民的意识中，宇宙间万事万物都为神所掌握，对自然的认识就是对神的了解，如何对待自然就是如何对待神的问题。今天我们随处可见的奠基风俗无疑是远古的人们为了加力于土地而求得土地神谅解仪式的历史"遗产"。其次，它们是人类早期驾驭自然力的力量。神话思维和科学思维虽然有着本质的区别，走着不同的道路，"但是它们似乎都在寻求同样的东西——实在。在现代人类学中，这种联系已被詹姆斯·弗雷泽爵士所着重指出。他提出了这样的论点：并没有什么泾渭分明的界限把巫术艺术与我们的科学思维方式分离开来。巫术虽然就其手段而言是想象的和幻想的，然而就其目的而言也是科学的。从理论上讲，巫术就是科学；虽然从实践上讲它是一种难以理解的科学——一种伪科学"。① "巫术也应该是人类意识发展中的一个重要步骤。对巫术的信仰是人的觉醒中的自我信赖的最早最鲜明的表现之一。在这里他再也不感到自己是听凭自然力量或超自然力量的摆布了。他开始发挥自己的作用，开始成为自然场景中的一个活动者……他不必只是服从于自然的力量，而是能够凭着精神的能力去调节和控制自然力。"②再次，它们是协调社会生活的规范。人类改造自然的活动与人类处理自身关系的活动紧密联系在一起，驾驭自然力的巫术神话同样是处理人与人之间关系的规则，它通过一系列的图腾崇拜、禁忌、仪式等协调人与人之间的关系和活动，使人们的生产活动和生活活动得以进行。所以尽管在今天看来，早期人类用来指导自己生产实践和生活实践的神话、迷信和巫术是粗陋的、蒙昧的，很少凝结理性的因素，但就其与人类的生产实践和生活实践的关系来说，与人类进入文明社会以后

---

① 〔德〕恩斯特·卡西尔：《人论》，甘阳译，上海译文出版社1985年版，第96页。
② 〔德〕恩斯特·卡西尔：《人论》，甘阳译，上海译文出版社1985年版，第118—119页。

的各种科学、理论等是一致的,它们之于人类的实践活动有着同样的意义,都是关于实践活动的智慧。马克思深刻地揭示了神话的实践起源和它们随着人类实践活动的发展而发生的变迁,他指出:"任何神话都是用想象和借助想象以征服自然力,支配自然力,把自然力加以形象化,随着这些自然力实际上被支配,神话也就消失了。"①亦即随着人类文明的发展,它们就逐渐失去了指导实践活动的意义,或者消失在历史的长河里,或者演变成风俗、习俗以及纯粹的娱乐形式而流传下来。

各种艺术形式发生的源头也是实践活动,虽然我们今天已经很难看出它们与实践相关联的痕迹。歌唱源于协调劳动动作和鼓舞士气的号子,这已成为人们的常识。汉字的书法艺术似乎是脱离书写功能的纯艺术创作,而实际上,中国古代占主流的大量的汉字书写活动不是为"艺"的"艺术创作"活动,而是在各种实用目的的驱使下的"文化活动",这同人的其他社会实践活动没有根本的区别。因为"从书写活动的'产品'来看,那各种载体材料上的字体书体的书迹,承载着各种信息、知识,这些信息、知识体现着书写者的动机、目的,显示着政治的、经济的、宗教的、道德的、学术的和人们日常交往的功能"。② 书法艺术如此,其他各艺术门类无不如此。

由上述可见,人类各民族文化无论是多么的不同,也不论一些文化形式与人们的实践活动之间的关系是多么的模糊、间接、遥远,它本质上都是各民族人民在改造自己的生存环境过程中,在满足自身需要的生产实践和生活实践中创造的生存和发展的智慧。这就是人类文化——或者说,各民族文化——的本质和统一性。

(三)民族文化的差异性

只要把文化理解为人们生产实践和生活实践的智慧,我们就能够理解,为什么文化总是以民族文化的形式表现出来,或者说,为什么每个民

---

① 《马克思恩格斯选集》第 2 卷,人民出版社 1995 年版,第 29 页。
② 刘守安:《谈"书法文化"问题》,《书画世界》2008 年第 7 期。

族的文化都有区别于他民族文化的特殊性。民族文化的特殊性是由民族所处的特殊的生存环境塑造的。文化与实践的关系决定了任何文化都与创造该文化的民族所遭遇的生存环境有着密切的关系。一方面,实践是对象性活动,是针对特定对象的活动;另一方面,不同的生存环境需要不同的智慧,改造特殊的生存环境的实践创造着特殊的智慧。任何生存和发展的智慧都不是抽象的,它总是关于具体的、在人与其所处的特定的生存环境的相互作用过程中产生的。

大自然丰富多彩,千姿百态,或高山连绵,或草原广袤;或森林茂密,或沙漠无垠;或大河滔滔,海浪拍岸;或乱石嶙峋,或沃野千里;或白雪皑皑,或赤日炎炎。丰富的自然形态,为各民族的原始祖先提供了不同的、各具特色的生存环境。一个民族的生存环境包括它的地理位置、气候气象、地形地貌、土壤特质、江河水利、生物物种等等生态条件,这些自然条件之综合就是各民族原始先民的活动条件,也是其文化创造的基础。而在种种自然条件中,最重要的是从中可获得、可利用的生活和生产资料。因为人不仅需要从自然界中获取自己的生活资料,而且必须从中获取生产资料。换言之,人不仅必须从特定的自然物那里获取自己所需要的能量,实现能量变换,用来获取能量的劳动工具也是经过人改造过的特定的自然条件提供的自然物。诚如马克思所说:"整个自然界——首先作为人的直接的生活资料,其次作为人的生命活动的对象(材料)和工具——变成人的无机的身体"①,而自然环境的差异恰恰提供着不同的生活资料、生命活动的对象和工具。可利用的资源及其特性,决定一个民族的物质生产特性,即实践活动的具体对象决定着人们所使用的生产工具及其发展的方向,因为"人们用以生产自己的生活资料的方式,首先取决于他们已有的和需要再生产的生活资料本身的特性"②,进而决定着人们在生产过程中的结合方式,决定着人们的生活方式和思维方式,从而造就

---

① 《马克思恩格斯全集》第1卷,人民出版社1995年版,第45页。
② 《马克思恩格斯选集》第1卷,人民出版社1995年版,第67页。

着不同的文化。仅仅适合于游牧的地理条件,决定了游牧的生产方式,也决定以肉食为主的生活方式,创造了游牧文化或"马背文化";而适宜于定居农业的地理条件,决定了农耕的生产方式和以粮食为主的生活方式,创造了农业文化或农耕文明。欧亚大陆东北部广袤的草原成为游牧民族驰骋的乐土;古希腊濒临大海,而土地贫瘠,对外贸易和水上交通工具的发展必然迅速;黄河流域、两河流域、尼罗河流域、印度河流域丰富的水源和肥沃的土地,农业和农业生产工具必然得到长足的发展。这些地方之所以能产生伟大的文明,很大程度上就在于其得天独厚的地理条件——可以发展永久性的灌溉农业。每个民族都会自觉地充分利用环境所"提供"的便利之处。在往来通达的地方,商业的发展总是要比为高山和海洋所阻隔的地方更迅速。所以在远古的时候,就有所谓商业民族、航海民族、农业民族和游牧民族。这并不是由于生产发展导致的国际性分工,也不是由于国际性竞争驱使的各民族对自身区域优势和资源优势的发挥,而是各民族人民只能利用其所遭遇的生存环境能够"提供"的生产和生活资料,来"确定"自己的生产方式、"营造"自己的生活方式。正如人们不能脱离劳动对象劳动一样,人们也不能脱离其所依托的生存环境和资源条件创造历史,所以"任何历史记载都应当从这些自然基础以及它们在历史进程中由于人们的活动而发生的变更出发"①。春秋战国时期同居今日山东境内的齐鲁二国特色鲜明的文化,可谓为自然环境对文化影响之典型例证。齐国位于今淄博市临淄一带,北临渤海,东为半岛,为滨海半岛型环境。鲁国居于泰山之阳的汶泗流域,土地肥沃,湖河纵横,为典型的内陆河谷型环境。自然环境的不同,对二者文化形成与发展有着重要影响:经济上,"齐地负海潟卤,少五谷而人民寡"②,故"通商工之业,便鱼盐之利",以工商立国,冶铁、冶铜、制陶、制骨、纺织、漆器等手工业十分发达;鲁国有汶泗二水,灌溉便利,以农桑为主。政治上,齐国注重现

①　《马克思恩格斯选集》第 1 卷,人民出版社 1995 年版,第 67 页。
②　《汉书·地理志》。

实需要和开拓创新,奉行"政不旅旧"(管仲);鲁国注重祖宗成法和经验。风俗上,所赖不同,供奉有别:齐国得海之利,崇拜海仙;鲁国得惠于地,仰求谷神。对待原土旧俗,齐国有"大国之风",对东夷人"因其俗,简其礼";鲁国则以周礼改造旧俗,"变其俗,革其礼","尚古"、"从周",以至"周礼尽在鲁"。可见,虽统谓"齐鲁文化",其所含"齐文化"与"鲁文化"实在差异显著,因在"齐地"和"鲁地"之别。① 正是这些不同的民族立足于特定的生存环境,因地制宜地创造和积累起来的生存和发展智慧形成了各具特色的民族文化。正如马克思所说:"不同的公社在各自的自然环境中,找到不同的生产资料和不同的生活资料。因此,它们的生产方式、生活方式和产品,也就各不相同。"②如此零距离的环境,同一个民族的文化尚且特色鲜明,相距遥远的族群之间更可想而知。

英国著名历史学家汤因比把文化看做人应对自然环境挑战——应战之产物,应该说是极其深刻的。对各民族来说,无论是原居地还是迁徙地,自然条件对都具有先在性和不可选择性。就人类必须学会如何认识和利用自然条件而言,各民族的生存技能和生活智慧本质上都是对挑战的应对。劳动创造了人本身,正是在应对各种各样的挑战的实践过程中,人"创造"了人自身,创造了自己的历史。愈是不利的环境和愈是艰辛的生存条件,愈能够显现文化应对挑战的智慧本质。汤因比指出,波利尼西亚文明、爱斯基摩人的文明和游牧文明都是应付特定自然界的挑战而诞生的文明。"游牧人的生活乃是人类技能的一种胜利。他设法依靠他自己不能食用的粗草来维持生活,把粗草变成他所驯化了的动物的乳品和肉类,同时,为了在各种不同的季节里为他的畜群在荒凉而少生产的草原上的自然植物中寻觅生活资料,他自己的生活和行为就必须准确地按照时间表行动。事实上游牧生活的努力需要性格和行为上高度的严格性。"③

---

① 参见王志民:《齐文化与鲁文化》,《光明日报》1999 年 3 月 12 日。
② 《马克思恩格斯全集》第 23 卷,人民出版社 1972 年版,第 390 页。
③ [英]阿诺德·汤因比:《历史研究》上卷,郭小凌等译,上海人民出版社 2001 年版,第211 页。

"至于爱斯基摩人,他们的文化本来是北美洲印地安人生活方式的一种特殊发展,特别适应北冰洋沿岸地方的生活环境……这些爱斯基摩人的祖先曾经勇敢地对付了北冰洋上的环境而且具有想尽一切办法的本领来适应那种紧张的生活。为了证明这一点,我们只须开列一张爱斯基摩人所发明的或加工了的工具实物的名单就可以了然了:'海豹皮船,妇女用的海豹皮船,鱼叉和鸟弓,鲑鱼三头叉,有双弦的弹性特别强的弓,狗撬,雪鞋,过冬的房屋和点着鲸油灯的雪屋,平台,夏天的帐篷,最后还有皮衣服。'"①可以给汤因比应对挑战观点提供有力佐证的是藏传佛教的肉食特点。一般关于佛教的常识是,由于奉行"不杀生"教义,佛教徒是素食主义者,然而藏传佛教徒是食肉的,因为高寒地带的草原所能提供给他们的生活资料只能是牛羊等食草动物,所以这种变通当然是适应(应对)自然条件的结果。必须指出的是,在肯定汤因比先生观点的同时,应当注意到人的活动是在意识指导下的自觉活动,在一定自然环境中和一定自然条件下生活的人们,更多的是对自然赋予物自觉地、积极地利用,而不仅仅是被动地应战。实际上,人类发展的历史就是不断应对着各种各样挑战的历史,挑战总是考验着人类的智慧,创新着人类的文化。今天我们何尝不正面临着各种各样的挑战?实际上,人类今天所面临的挑战比历史上任何时候都严峻。颇具讽刺意味的是,人类苦斗了几千年改善着他们的生活环境,结果却发现这个世界已经被改造得越来越不适合人类自己的生存,环境污染、生态失衡、气候变暖等已经危及人类的生存,而且这些环境问题是人类自己的各种发明"制造"出来的,竭泽而渔式的利用已使自然的自组织能力遭受破坏,失去了自我修复的能力。毫无疑问,如此严重的挑战必将引起人类的自我反思,如何调整人类活动,协调人与自然的关系,在生产方式和生活方式方面引起又一轮新的文化创新。

自然条件不仅影响着人们的生产方式和生活方式,而且深刻地影响

---

① ［英］阿诺德·汤因比:《历史研究》上卷,郭小凌等译,上海人民出版社2001年版,第201页。

着社会制度,塑造着不同的制度文化。马克思1853年6月给写恩格斯的一封信中指出:"东方……一切现象的基础是不存在土地私有制。这甚至是了解东方天国的一把真正的钥匙。"①为什么在古代东方没有形成类似于西方古典时代的那种土地私有制呢？恩格斯分析说:"这主要是由于气候和土壤的性质,特别是由于大沙漠地带,这个地带从撒哈拉经过阿拉伯、波斯、印度和鞑靼直到亚洲高原的最高地区"这样的自然条件决定的。②马克思进一步指出:"气候和土地条件,特别是从撒哈拉经过阿拉伯、波斯、印度和鞑靼地区直至最高的亚洲高原的一片广大的沙漠地带,使利用渠道和水利工程的人工灌溉设施成了东方农业的基础。无论在埃及和印度,或是在美索不达米亚和波斯以及其他国家,都是利用河水的泛滥来肥田……因此,亚洲的一切政府都不能不执行一种经济职能,即举办公共工程的职能。"③这就是说,在各民族的古代时期,不仅生产方式和生活方式决定于自然环境和条件,经济和政治的组织形式也直接地受其影响。自然条件决定生产资料,可获得的生产资料决定生产力,生产力决定生产关系。人们能够获得的生活资料和生产资料要求着相应的人们之间的社会关系的联结方式。东方国家在奴隶制时代之所以没有发展成土地的私有制,或者说,东方国家与西方国家制度文化方面的诸多区别,与东方国家古代的地理环境和自然条件密切相关。

思想、意识和观念同样如此。实践是意识的源泉,意识总是关于实践所及的对象的意识。人们关于世界的意识是在其对象性世界中生成的,他们的"世界意识"实际上是他们的对象世界的意识。在交通和通信极其落后的历史时期,人们实践活动所及的世界,就是他的全部"世界"。实践活动作为客观物质过程,是不同的物质实体之间的相互作用,因而是以客体的固有属性和规律性为轴心而展开的,故具体的环境不同、对象不

---

① 《马克思恩格斯全集》第28卷,人民出版社1973年版,第260页。
② 《马克思恩格斯全集》第28卷,人民出版社1973年版,第260—261页。
③ 《马克思恩格斯选集》第1卷,人民出版社1995年版,第762页。

同,人们所认识的事物属性和规律也不同,从而人们关于世界的认识也就不同,文化也就不同。不难想象,早期人类各民族关于外部世界的意识,其实都是"以点代面"、"以偏赅全"的,即他们把自己活动所及的世界当做了全部的世界,把他们关于自己世界的意识当做了全部世界的意识。这种在其对象性世界中形成的关于"世界"的意识就是世界观。所以尽管人类栖身于同一个地球,但发源于地球不同地域的民族却有着完全不同的世界观。如果说世界观是一个文化的核心,那么我们就能很好地理解文化的差异了。文化的民族性实际上就是创造文化的自然"平台"和由这一"平台"决定的创造文化活动的特性。活动于不同地理环境条件下、应对着不同"世界"挑战的人们,必然有着不同的生活经历、生命过程和生命体验,这种经历、过程和体验建构了各民族不同的价值观和人生观。实践活动过程中积累起来的关于如何处理自己与对象、自己与活动、自己与他人的关系的观念,就构成人们的思维模式。换句话说,人们所处的自然环境是怎样的,必然会在他的世界观和思维模式中反映出来。封闭的地理环境,把人们的实践活动局限在狭小的"天地"之中,产生封闭的世界观;而开放的环境,如广袤的草原、无际的海洋,总是能激起人们探索的欲望;"尼罗河每年的泛滥可以预知、起势平缓,从而助长了埃及人的自信和乐观"。而"底格里斯河和幼发拉底河每年的泛滥不可预知、来势凶猛,从而促成了苏美尔人的不安全感"和悲观的世界观。① 古代神话就是人类早期各民族的世界观的基本的或重要的组成部分,从各民族的神话所蕴涵的世界图景之中,我们就可以了解其所处的地理环境和生存条件的独特性。每个民族都有自己的神话和崇拜的偶像,这种偶像的选择绝不是随意的,它们或者是对他们的生存具有重要的意义,使他们对之充满感激之情,将之奉为神圣;或者是对他们的生存构成很大的威胁,使他们对之顶礼膜拜,企求宽恕免灾。这实际上就是各民族图腾崇拜的渊

---

① 参见[美]斯塔夫里阿诺斯:《全球通史——1500 以前的世界》,吴象婴等译,上海社会科学出版社 1999 年版,第 127 页。

源。印度人禁食牛肉,是因为牛在满足他们的基本需要的生产活动方面具有重要的作用;伊斯兰教不吃猪肉,其渊源大概也是如此。生产方式和生活方式的改变也改变着人们的崇拜对象。定居农业意味着新的神——新的宗教信仰的开始,过去狩猎者所崇拜的神灵和巫术已不合时宜,农夫开始需要并设想了种种能保护其田地、牲畜和家庭的神灵,如对土地女神——大地之母的崇拜。风调雨顺定于天,五谷丰登生于地,中国传统文化中的年头岁尾对天神地神等各种神灵的供奉和膜拜,出于同样的感恩或惊恐。生存环境对观念文化的深刻影响,造成了人类各民族虽然在同一个地球上——实际上他们生存于完全不同的世界之中——生存繁衍,却有着完全不同的世界观和思维方式。这种在各不相同的"世界"中形成的种种世界观、价值观和思维模式,构成了色彩斑斓的世界文化图景,构成了全景式的相互补充的认识世界的方法,但文化的自我证明"本性"和社会性"遗传",既促使民族文化得以绵延,也为以后各民族密切交往过程中的思想意识以及价值观的矛盾和冲突埋下了伏笔。

艺术审美同样如此。"中国的岩画大致可划分为几个区域:北方和西北草原民族的游牧文化,黄河流域以粟、黍为代表的旱地农业文化和长江流域及其以南的以稻谷为代表的水田农业文化,以及东南沿海的以渔捞业为代表的海洋文化……北方系统岩画,主要分布在内蒙古、新疆、宁夏、甘肃、青海,内容以动物为主,风格较写实,技法大都是岩刻。它是中国北方草原地区的狩猎、游牧民族的作品。西南系统的岩画,主要分布在云南、广西、贵州、四川,内容以人物的活动为主,特别是宗教活动为其主要的表现内容,技法则以红色涂绘为主。东南沿海地区的岩画,分布在江苏、福建、广东、港澳台等地,大都与古代先民们的出海活动有关,内容以抽象的图案为主,都采用凿刻的技法。"[1]如果说音乐源于生活,那么它就是源于特定生存环境中的特定的人们的生活。优美婉转的曲调缠绵于江

---

① 陈兆复:《鸟瞰中国岩画》,《中国社会科学报》2010 年 7 月 20 日,《新华文摘》2010 年第 20 期。

南山水之间,苍凉无奈的"西北风"飘荡在生存艰辛的黄土高原,悠扬沉思的蒙古长调回响在"天苍苍,野茫茫"的大草原,空灵圣洁的西藏民歌徜徉于天地相连的青藏高原。

　　还应当提到的一个经常被忽略的、影响文化的重要因素是,一个民族的生存环境还应当包括它经常遭遇的各种各样的自然灾害。所谓自然灾害,本来是自然自身的自然变化,其所以成为"灾害",是就其对人的生存和活动成果的否定以及活动的限制而言的。所以自然灾害并不是外在于自然环境亦即人们生存条件以外的东西,它本身就是自然之现象,自然之一部分,从而也构成人类生存环境的一部分。自然灾害之所以对各民族文化有着重要意义,是因为它是人类经常所面临的并且必须经常应对的威胁。自然灾害不仅影响着生产和生活,而且影响着人们对世界的理解和认识——一次重大的自然灾害甚至会彻底改变人们对世界的原有认识。各民族实际生存环境的不同,所遭遇的自然灾害多种多样,在治理自然灾害和减少其影响过程中所获得智慧和所取得经验各有特色。与后来人们愈来愈多地了解了自然灾害的根源、把握了大多数自然灾害的规律,从而对其进行科学的治理不同,早期人类只能依据神话般的想象去"征服"或逃避各种自然灾害。概括地说,早期人类应对自然灾害不外是以下几种办法:其一是调整自己的生产方式和生活方式来回避自然灾害的侵害和影响,如干旱少雨的地区对耐旱作物的培育、对水的节约型利用方式以及形成的节水观念等;其二是通过各种巫术活动祈求神灵的帮助或恩赐。除了历史记载以外,这方面的情形还大量地反映在各民族的风俗、习俗和习惯之中。追溯各民族风俗、习俗和习惯的形成和演变历史,我们不难发现,其中大部分都与人们借助于想象征服自然灾害有关。比如,中国传统文化中老百姓为企求免除洪水之灾而一年一度举办的为"河神娶妇"的习俗、为解除旷日干旱之困苦而举办的各种形式和规模的"祈雨"活动,等等。当然,如果自然灾害的威胁越过了人类的抗拒力和能够忍受的限度,那就只能逃之夭夭——远走他乡了,恰如我们今天因无法预防和"制服"地震而避开地震多发区建设活动的家园一样,历史上的许多民族大迁徙都根源于自然灾害。应对、逃避和利用自然灾害是人类文化的重要源泉之一。我们甚至可以说,人类应对自然之智慧的主要部分就是应付自然灾害的产物。历史上各民族创造的许多奇迹——如中国的都江堰——让今天的人仍然叹为观止,也成为这些民族的骄傲。

地理条件和生态环境对文化特色的重要影响不仅仅体现在各民族文化形成发展的早期,事实上各民族早期的生存环境对民族文化的性格影响是深远的、长期的甚至是与民族文化共存亡的。历史地来看,主要是以下原因导致的:第一,人类各民族发展早期创造的文化,已经作为民族的记忆通过"社会遗传"深深地渗透在民族的血液里,并一代代"流淌"传承下来。犹太人历经 2000 余年的颠沛流离,分散生活于多种文化氛围,仍然没有褪去作为犹太人的浓郁文化情结。遍布世界的华侨,经历数代繁衍,始终保持着对汉语文化的认同,欢度着民族传统节日,每当祖国遭遇天难,血浓于水的同胞亲情总是恣意流淌。第二,文化的进一步创造与创新总是以已获得的文化为条件的。"历史的每一阶段都遇到一定的物质结果,一定的生产力总和,人对自然以及个人之间历史地形成的关系,都遇到前一代传给后一代的大量生产力、资金和环境,尽管一方面这些生产力、资金和环境为新的一代所改变;但另一方面,它们也预先规定新的一代本身的生活条件,使它得到一定的发展和具有特殊的性质。由此可见,这种观点表明:人创造环境,同样,环境也创造人。"①文化"基因"具有自我"复制"性。文化的发展总是在已有文化基础上的创造。民族文化一旦形成体系性"模式",民族的生存实践、民族的生存环境和民族文化之间就成为相互作用的关系。各民族人民在实践中创造了文化,又在其文化精神指导下以"文化"的方式继续着生存和发展的实践。或者说,文化导向着社会的发展,而社会的发展又反过来印证着文化,即文化印证着文化的有效性和自足性,尤其是在文化交往不足的情况下。中华民族的历史比较典型地反映了这一特征。中华文化数千年绵延不绝,并在近代以

---

① 《马克思恩格斯选集》第 1 卷,人民出版社 1995 年版,第 92 页。

降历经劫难,屡遭外来文化冲击,其文化的主导精神一直"主宰"着中国文化发展的经络,就是文化"基因"的自我"复制"使然。第三,生存环境的相对稳定性,也是决定文化绵延性的重要因素之一。虽然历史上曾有过民族大迁徙,但大多数民族总是以其发源地为中心向四周发展开拓的,生存疆域或活动领域的拓展就是文化的拓展。活动所至就是文化所及。地理环境的稳定性决定着文化的稳定性。如果说,在民族文化生发的早期,文化的个性特点是其生存环境的产物,那么,当文化成熟以后,生存环境的拓展与改造的方向和模式又成为其文化的产物。总之,"江山易改,禀性难移",虽然文化不是凝固不变的,但其在幼年时期特定的"生长环境"下形成的性格使其变革变得极其缓慢。

综上所论,我们看到,地理生态环境对各民族文化的影响不仅仅是外在的抑或仅仅是形式方面的,而主要是内容方面的;不同文化之世界观、价值观和思维模式的差异不仅是一般内容的差异,而且是文化核心的差异。但是,同样必须清楚的是,地理生态环境对文化的影响又不是决定意义的。地理生态条件只能影响文化的模式,对文化的生成和发展起最终决定作用的是实践。在文化问题上,"地理环境决定论"是错误的。有人认为,"只要多花点时间看看地图,就会看到在经济发展方面呈现着突出的地理格局",就会看到"各大洲各民族长期历史之间的显著差别,不是由于这些民族内在的不同,而是由于他们所处环境的不同",比如"几乎所有发达的民主国家都是在温带,而穷国大多是在热带。"①这种观点实际上是夸大了地理环境对文化的影响,并将其推向了极端。实际上,只要我们看看文化变迁的地图,就同样会发现这样的观点是经不起推敲的。大陆海洋的格局是自然变迁的结果,而"文化格局"却是随着人的活动变化而变化的。实践活动才是文化创造的源泉,并且是推动文化发展变迁的动力。如果没有人,如果没有人改造自然环境的实践活动,文化就根本

---

① [美]塞缪尔·亨廷顿、劳伦斯·哈里森:《文化的重要作用——价值观如何影响人类进步》,程克雄译,新华出版社 2002 年版,绪论和第 1 部分第 3 章。

不可能自发地发生。天然自然不可能生发出文化，文化只存在于人类世界，自然之成为文化物，只有在打上了人的实践烙印，纳入人类世界之后才成为文化世界的一部分。恩格斯指出："自然主义的历史观……是片面的，它认为只是自然界作用于人，只是自然条件到处在决定人的历史发展，它忘记了人也反作用于自然界，改变自然界，为自己创造新的生存条件。"①其次，地理环境对文化的影响和作用也必须通过人的实践活动才能显现出来，正是人的实践活动中介着环境与人之间的相互作用，才使地理环境的特殊性反映在文化的建构上。恩格斯指出："日耳曼人移入时期的德意志的'自然界'，现在剩下的已经微乎其微了。地球的表面、气候、植物界、动物界以及人本身都发生了无限的变化，并且这一切都是由于人的活动，而德意志的自然界在这一期间未经人的干预而发生的变化，简直微小得无法计算。"②经过"人的干预而发生的变化"就是文化。再次，也是更重要的，随着生产力的发展，生产工具的变革，生产方式的革命，人类改造自然环境能力的提高，当人类走出对"自然形成的生产工具"的依赖而主要运用"由文明创造的生产工具"的时候，人类活动也就越来越多地超越原始自然条件的限制，文化的创造就越来越多地依赖于人们自己所创造的社会条件，包括人化了的自然条件，地理环境对文化的影响和制约性就越来越小。关于文化与实践和地理环境之间的关系，我们可以这样来概括：地理生态环境对文化的影响是重要的，但只有实践才是创造文化的本体性基础。

综上可见，作为人类实践的智慧的文化是特殊性和普遍性的统一，是个性和共性的统一，是形式差异性和本质一致性的统一，统一于改造生存世界的实践活动，差异于改造不同对象世界的实践活动。民族文化的差异性并不否定文化的智慧本质；相反，民族文化的差异性恰恰证明着人类各民族文化智慧的统一性。文化统一性寓于文化差异性之中，文化差异

① 《马克思恩格斯选集》第 4 卷，人民出版社 1995 年版，第 329—330 页。
② 《马克思恩格斯选集》第 4 卷，人民出版社 1995 年版，第 329 页。

性中体现着文化统一性。正是林林总总、各具特色的民族文化,构成了丰富多彩、洋洋大观的人类文化。文化的民族文化的形式实际上也是历史的、相对的。随着人类各民族之间交往的日益广泛和深化,对象世界的扩大,改造共同对象世界的活动越来越多,人类所面临的需要共同参与解决的问题也会越来越多,共同实践活动的广度和深度相应不断增加,必然会产生既寓于民族文化之中又超越民族文化之上的世界文化。

二、文化交往的实质

把握文化交往的实质,除了必须揭示文化的本质,还必须了解交往的本质和交往的特性。对于把握文化交往的规律来说,弄清交往的本质和文化交往之本质的意义绝不亚于对文化概念的把握。反过来,弄清交往的本质和文化交往的本质也有助于我们进一步理解文化的本质。

(一)文化交往的本质

交往是人的存在方式。社会因交往而发生、因交往而存在,社会的内容是关系,而关系是交往的结果。所谓"人在本质上是社会关系的总和"同义于人是交往关系的总和。文化交往是人类基本交往关系之一。

作为人类存在方式的经验性存在,人的交往或交往关系很早就引起了思想家的注意。早在古希腊时期,亚里士多德就说过:"人是天生的政治动物"。作为"政治动物",首先是一种"社会动物",即相互之间有交往和联系的动物。荀子把"人能群"作为区别于和优于动物生存方式的本质特征。如果说,早期思想家仅仅是立足于观察描述了交往现象,那么在近代以后交往、交往关系和交往活动则是作为社会问题进入人们视野的。这是因为,随着资本主义的诞生,人与人之间的交往关系发生了根本性的变化,交往变得越来越密切和频繁,而且愈来愈复杂起来,特别是交往过程中的矛盾、冲突日益增多,如何相互理解交往、交往的有效性以及交往效率等等问题凸显出来,从而交往关系不仅作为一种社会现象,而且作为一个社会问题而被提了出来。一定意义上,人类社会的问题都是在交往中产生的,所以大凡关注社会问题的思想家,都不能忽略交往问题。近代的许多思想家如洛克、休谟、康德、费希特、费尔巴哈等都探讨过交往问题。孟德斯鸠认为,人为了物质生活需要而需共同生活,是人们建立交往关系的决定因素。18世纪法国思想家则试图把握交往的本质,以功利主义为基础来诠释人的一切交往关系,在他们那里"个人在相互交往中的一切活动,例如谈情说爱等等,都被描写成功利关系和利用关系"(马克思语)。这些思想无疑来自经验的直观,但却在一定程度上以感性的形式把握了交往的实质。如同许多杰出的思想都出自其全部理论、都洋溢着辩证法光辉的黑格尔一样,在马克思之前,在交往关系研究中取得最深刻、最优秀成果的也当首推黑格尔。黑格尔第一次把劳动与交往关系联系起来,把交往关系置于劳动的基础之上,认为劳动是人与人之间交往关系的中介,因为劳动,人与人之间有交往,发生了交往关系。他指出,劳动是个别劳动与普遍劳动的对立统一,"个别的人在他的个别的劳动中本就不自觉地或无意识地在完成一种普遍劳动,那么同样,他另外还当做他自己的有意识的对象来完成一种普遍劳动。这样整体就变成了他为其献身的事业的整体,并且恰恰由于他这样献出自身,他才从整体中复得其自身。"[①]黑格尔这段十分拗口的话的深刻意蕴在于,所谓交往关系,就是建立在劳动基础上人们之间的劳动的交换。任何个别劳动都因为以劳动为中介的交换关系而被扬弃个别性,转化为社会劳动、普遍劳动,由此,所谓交往,本质上就是劳动(成果)的交换。更重要的是,由于黑格尔把劳动看做人的本质,从而他就把这种劳动的相互交换关系看做人获得和实现其本质的条件。从而,交往不仅是人的存在形式,而且是人之本质实现的前提和基础,这样黑格尔就深刻揭示了交往之于人、之于人类的必然性,以及交往的内在动力。当然,由于黑格尔把"绝对精神"看做历史的主体,他所谓的劳动从而他论述的交往关系不仅是唯心主义的,而且是一种

① ［德］黑格尔:《精神现象学》(上),贺麟等译,商务印书馆1979年版,第234页。

抽象的劳动和抽象的交往关系。但又不能不说,黑格尔正是以这样抽象的方式把握了交往的实质。在现代,由于伴随全球化演进而来的交往的全球性,资本主义社会内部的种种矛盾以及工业文明问题日益突出,交往关系再次引起人们的注意。其中最为著名的是哈贝马斯的交往行为理论。与黑格尔不同,哈贝马斯的"交往行为"范畴是极其狭窄的。他把人的行为分为两种:一是"工具行为";二是"交往行为"。所谓"工具行为"就是改造客观对象的活动,亦即劳动;而"交往行为"则是以语言为媒介的主体之间的"相互作用",实际上就是我们通常说的精神交往。或许,现代社会以语言为媒介的主体之间交往矛盾和冲突的凸显,使哈贝马斯把这一层面的交往问题突出出来,但很显然,哈贝马斯的交往理论是片面的,其片面性不仅在于他把交往仅仅限于精神范畴,更在于他把劳动和交往行为割裂开来,恰恰把人类最重要的交往活动——以劳动为中介的交往活动排除在交往关系之外。劳动和交往活动是不可分离的:第一,离开了交往活动就没有物质生产活动,人的生产是社会性生产,许多人联合在一起的生产,即"生产本身是以个人彼此之间的交往为前提的"。换句话说,交往是生产的必要前提,没有交往就没有生产活动,就没有人的活动。实际上,生产活动过程同时就是交往活动和交往关系形成的过程,反之亦然。第二,离开了物质生产活动,交往活动就是空无内容的、无所附着的。物质生产活动是人类最基本的实践活动,是人类社会活动最主要和最基本的内容。其他的一切活动都是直接或间接地为生产实践活动服务的,都是由于生产实践的需要或者在生产实践活动的基础上发生和发展起来的,比如,专事交往的商业活动,虽然不从事直接的生产活动,却是由于生产的需要而从生产活动中分离出来的,并且是生产得以进一步发展和扩大的条件。因此物质生产活动与交往活动是不可分割的,它们实际上是同一个活动所衍生的双重过程。精神交往活动也不例外,精神交往的发生和精神交往内容的基础都是实践活动,正是对共同实践活动对象、过程、结果及其意义理解的需要,才产生了以语言为媒介的精神交往。其实,人的一切活动都有交往活动伴随其中。马克思甚至把人与自然的关系也视为交往关系。他说,在以自然形成的生产工具进行生产的情况下,"交换主要是人和自然之间的交换,即以人的劳动换取自然的产品",而在由文明创造的生产工具进行生产的情况下,交换"主要是人与人之间进行的交换"①。把人与自然的关系和人与人的关系同等地看做交换关系,就是说,交往关系包括人与自然和人与人的交往。

　　"动物不对什么东西发生'关系',而且根本就没有'关系';对于动物来说,它对他物的关系不是作为关系存在的。"②因为作为关系的存在,不仅必须有客观存在的关系,而且必须是在意识到它时,这种关系才是作为关系而存在的。因此,交往是人类所特有的行为,是人的实践活动,这已经是学术界的共识。但交往与实践之间究竟是个什么样的关系却不是十分明了的。一般认为,实践活动包括物质生产活动和交往活动,物质生产活动是处理人与自然之间关系的活动,交往活动(包括物质交往和精神交往)是处理人与人之间关系的活动。这样的界定容易使人产生交往活动是与物质生产活动相并列的、交往活动是人的全部实践活动的一部分的误解。把人的活动分为物质生产活动和交往活动本身就是一个抽象。就人是社会性存在而言,任何实践活动都是交往活动;反过来,一切交往活动也都是实践活动或者为着实践的活动。从根本上讲,实践活动是交往活动的逻辑前提,而交往活动则是伴随实践活动而产生的实践活动的条件;从活动的实现看,交往又是实践活动的逻辑前提,实践活动是交往条件下的活动。至于随着生产的发展发生的独立于物质生产活动的、只为处理人与人之间关系的交往活动,本身就是实践活动(改造社会的实践),同样遵循着实践和交往之间关系的一般规律。所以当我们说实践活动时,交往已经不言而喻地寓于其中了。因此,我们认为,仅仅把交往看做人类实践活动不可分割的一个侧面、一个方面、一个属性,或者一个规定性都是不够的。物质生产活动和交往活动是不可分割的,逻辑上和

---

　　① 《马克思恩格斯选集》第1卷,人民出版社1995年版,第103页。
　　② 《马克思恩格斯选集》第1卷,人民出版社1995年版,第81页。

实践上都是互为前提的。如同没有实践的交往活动不可思议一样，没有交往的实践活动同样不可思议。

　　我们知道，人的活动是社会性活动，人的生产是社会性生产，这种"社会性"就意味着人的活动和生产是以人与人之间一定形式的交往为前提的。人的活动或生产活动之所以必须在一定交往的前提下才能进行，这是因为，单个人的力量是有限的，无法抗衡自然力、驾驭自然界，把自然界及其规律置于自己的控制之下。各个个人的力量"只有在这些个人的交往和相互联系中才是真正的力量"①，才能形成现实的对自然界的关系。我们通常说生产力是人类改造自然界的能力，其实各个单个人所拥有的生产力还不能构成现实的生产力，各个个人的生产力只有在交往关系中才能形成现实的生产力。恰如马克思指出：所谓社会关系，就"是指许多人的共同活动……而这种共同活动方式本身就是'生产力'"。②这就是说，交往使各个个人的生产力发生了质的变化，由潜在力量变成了现实的力量。正是在这个意义上，交往本身就构成生产力。这种质的变化发生的实质就是通过活动（生产能力）的交换实现的。所谓"共同活动"，就是在共同体内部人们相互交换其活动；所谓只有在交往的前提下才有人们的生产活动，就是人们只有在相互交换其活动的条件下才有生产活动。举个通俗的例子：一块巨石横亘在了必经之路上，两个互不相识人中的任何一个都无法移开巨石继续前行，而两人一起推动，则将巨石推下山去，两人都顺利通过。在这个过程中，两人就是互换了活动，互借了力量，都达到了自己的目的。因此，交往，在其本质上，就是人们活动的互换，交往关系就是人们活动的互换关系。如果说人与动物的本质区别是人具有社会性，那么这种社会性就在于人们相互之间能够互换其活动。马克思通过对动物活动和人的活动的比照，把交往关系的交换本质说得既透彻又明白。他指出："同类而不同品种的动物的特性的天生差别比

①　《马克思恩格斯选集》第 1 卷，人民出版社 1995 年版，第 128 页。
②　《马克思恩格斯选集》第 1 卷，人民出版社 1995 年版，第 80 页。

人的禀赋和活动的差别显著得多。但是因为动物不能从事交换，所以同类而不同品种的动物所具有的不同特性，不能给任何动物个体带来任何好处。动物不能把同类的不同特性汇集起来；它们不能为同类的共同利益和方便作出任何贡献。人则不同，各种各样的才能和活动方式可以相互利用，因为人能够把各种不同的产品汇集成一个共同的资源，每个人都可以从中购买所需要的东西。"①交换就是交往的实在内容，交往的实质。

　　交往或通过交往形成的交往关系具有重要意义：首先，它是各个人彼此之间生产力的相互交换、相互占有和相互利用，以形成实现对自然界的关系所必需的联合的力量。没有这种彼此生产力的相互交换、占有和利用，就不会有对自然界的所必需的联合力量，就不可能有与自然之间的物质和能量的交换，人类也无法生存，更谈不上发展。其次，它是人实现自身的发展和发挥其本质力量的条件。对于发生交往关系的各个个人来说，活动的社会交换就是把他人的活动转化为自己的活动条件，这种活动的转化是他作为主体的发展即发展其本质的创造力所必需的。人的发展和丰富不是抽象的，而是也只能在关系中才有可能；关系越丰富，人也就越丰富，发展的程度就越高、越全面，所以马克思说，停留于交往狭隘的原始丰富性是幼稚可笑的。对于交往的这两个方面的意义，马克思有过精辟的概括。他说："各个人必须占有现有的生产力总和，这不仅是为了实现他们的自主活动，而且是为了保证自己的生存。……对这些力量的占有本身不外是同物质生产工具相适应的个人才能的发挥。仅仅因为这个缘故，对生产工具一定总和的占有，也就是个人本身的才能的一定总和的发挥。"②可见，交往关系就是人们为着自己生存和发展而实施的活动的相互交换。人类所有的社会关系都是活动的交换关系。社会活动就是活动的社会交换，没有人们之间的活动的交换，就不会有社会活动，也就不存在社会关系。

---

① 《马克思恩格斯全集》第 42 卷，人民出版社 1979 年版，第 147 页。
② 《马克思恩格斯选集》第 1 卷，人民出版社 1995 年版，第 129 页。

实践不仅在本质上是生产的,而且是一种扩大的再生产。如果说没有交往就不会有人类的生产,那么,没有扩大的交往就没有生产的扩大。交往与生产是相互促进的,生产推动交往的扩大,交往促进生产的发展。历史地来看,正是生产以及生产的发展对联合的生产力的需要,单个人的活动才扩大为世界历史性的活动;家庭关系才从唯一的社会关系变为从属的社会关系,成为部落制度的前提和基础;人的交往关系才从家庭到氏族、部落、部落联盟,再发展到更大的共同体;那些"起初都与别的不发生联系而独立地发展"的各个不同的地域、部落、民族和劳动部门才发生了相互的联系。一定的交往关系发展阶段就是与一定的生产力发展阶段相适应的交往形式。生产力发展不断推动着交往关系的变革和扩大,就表现为对交往形式的突破。人类社会的发展,世界历史的形成,就是由生产推动的交往不断扩大和交往形式不断被突破的产物。

(二)文化交往的实质和意义

文化的本质是智慧,交往的实质是交换,那么文化交往的实质就是智慧的交换。从交往方面看,交往以及交往活动和一定交往关系形成的本质和动因,都是为了获得对方的能力;从文化方面看,文化作为各民族在实践地改造世界的过程中所获得和积累的生存和发展的智慧,无论它具体表现为何种形式——活动、产品——本质上都是改造世界、实现生存和发展的能力。因此,文化的交往既是不同群体、不同民族之间实践智慧的交换或互换,也就是相互之间能力的交换或互换。就能力以活动为存在形式、文化产品是活动的结果和凝结而言,文化交往在本质上又是各民族之间的活动交换或互换。由之不难看出,民族之间文化的交往关系与民族内部不同部分之间、各个个人之间的交往关系有着同样的本质。这是我们理解文化交往的一个极其重要的基点。文化交往就是通过各民族之间相互交换、占有和利用彼此之间的活动,实现对各自实践能力的交换、占有和利用。这种交换的结果就是参与交往的民族把相互之间的活动及其创造成果及其生存环境纳入自己的对象世界,把与其他民族及其创造成果的关系转化为对象性关系,从而把其他民族及其创造"变为自己的主体活动的条件"。所以马克思指出:"凡是有某种关系存在的地方,这种关系都是为我而存在的。"①具体地说,文化交往就是用其他民族的创造性活动、能力和产品来丰富自己,扩大自己的生存环境和活动场所,丰富自己的实践方式和提高自己的实践能力。

应当提到的是,虽然一切交往都是活动的交换,但民族内部的交往关系与民族之间的交往关系还是有区别的,这是两种不同形式的活动交换。民族内部的活动交换是同一文化内部的不同主体之间的活动或活动产品的直接交换,因而不是凝聚着不同文化的活动交换也就不是文化交往;而由于民族是文化创造的主体,民族之间的区分也就是文化之间的差异,民族活动或者其产品负载着不同的文化,这种活动交换构成文化交换,所以只有民族之间活动的交换才是文化意义上的交往。

正是文化交往的本质凸显着文化交往对于人类各民族具有无可比拟的重大意义。在人类发展的历史上,无论怎样估价文化交往对各民族、对世界的意义都是不为过的。不难想象,如果没有各个民族之间的文化交往,各民族都像它的幼年那样孤立地发展自身,那么可以肯定地说,人类绝不可能发展到今天这个样子。因为没有民族之间文化的交往,各个民族就必须自己创造一切,一切发明和发现都必须从头重新开始,世界的发展、各民族的发展,无疑要被大大延缓。毫无疑问,任何一个民族的实践、活动能力及其所创造的智慧,都无法等同于或者无法企及所有民族的实践、活动能力和文化的创造力。而通过文化交往则实现了不同民族智慧和能力的共享,从而大大提升了各民族改造世界的实践能力,加速了各民族发展的步伐。在人类发展的历史地图上,我们可以清楚地看出,发展迅速的民族都是那些与其他民族之间有着便利的交往条件因而交往频繁的民族;发展迟缓的民族和地区都是那些因种种原因交往被阻碍而与外部世界较少发生联系的民族和地区,比如历史上由于撒哈拉沙漠的天然屏

---

① 《马克思恩格斯选集》第 1 卷,人民出版社 1995 年版,第 81 页。

障而与集中了人类文明发源地的欧亚大陆缺乏交往的南部非洲地区；西欧海外扩张前,由于间隔着浩瀚的大西洋和太平洋因而远离欧亚大陆文化的美洲地区。可以说,在近代以前,一个地区文化进步之大小、发展程度之高低,取决于它与欧亚大陆的交往程度,因为在这块世界最大的大陆上聚集着遥遥领先于其他大陆的四大文化圈,即中华文化圈、伊斯兰文化圈、南亚印度文化圈和基督教文化圈。而欧亚大陆之所以成为当时的世界文化中心,就是因为各文化发源地之间相对便利的交往条件。没有古埃及文化、两河流域文明等东方文化的营养,就不会孕育出古希腊文化；同样,没有东方文化、古希腊文化的基础,也很难想象古罗马文化的繁荣。而正是集中了整个欧亚大陆优秀文化因素的古希腊文化和古罗马文化摇篮,孕育出了工业文明的西方文化。中国的四大发明对西方文化的丰富和西方社会发展的促进作用是难以估量的；反过来,没有近代以来西方文化的东传,中国的发展可能要大大延缓,特别是如果没有马克思主义在东方的传播,中国的社会制度或许要在半封建半殖民地状态停留更长时间。通过对外文化交往实现自身发展最突出的莫过于被普遍认为善于借用的日本了。著名文化人类学家本尼迪克特说:"在世界历史上,很难在什么地方找到另一个自主的民族如此成功地有计划地汲取外国文明。"①日本历史上两次社会大改革都为汲取外国文化创造了条件。"大化改新"前后主要吸收中国隋唐文化,"明治维新"时期转向对以科学技术为主要内容的西方"实学"的吸收。正是诸多文化的营养,成就了今天的日本。

马克思曾经提出"世界历史"这一辨证历史范畴,用以表述世界各民族、国家由于交往而形成的全面的相互依赖、相互影响、相互制约的发展过程。马克思认为,资本主义"首次开创了世界历史,因为它使每个文明国家以及这些国家中的每一个人的需要的满足都依赖于整个世界,因为

---

① ［美］本尼迪克特:《菊与刀——日本文化的类型》,吕万和等译,商务印书馆1990年版,第41页。

它消灭了以往各国自然形成的闭关自守状态"。① 马克思高度评价"世界历史"形成的意义,他说:"资产阶级,由于开拓了世界市场,使一切国家的生产和消费都成为世界性的了。使反动派大为惋惜的是,资产阶级挖掉了工业脚下的民族基础。古老的民族工业被消灭了,并且每天都还在被消灭。……过去那种地方的和民族的自给自足和闭关自守状态,被各民族的各方面的互相往来和各方面的互相依赖所代替了。物质的生产是如此,精神的生产也是如此。各民族的精神产品成了公共的财产。民族的片面性和局限性日益成为不可能,于是由许多种民族的和地方的文学形成了一种世界的文学。……资产阶级,由于一切生产工具的迅速改进,由于交通的极其便利,把一切民族甚至最野蛮的民族都卷到文明中来了。……资产阶级使农村屈服于城市的统治。它创立了巨大的城市,使城市人口比农村人口大大增加起来,因而使很大一部分居民脱离了农村生活的愚昧状态。正像它使农村从属于城市一样,它使未开化和半开化的国家从属于文明的国家,使农民的民族从属于资产阶级的民族,使东方从属于西方。"②"世界历史"就是许多民族由野蛮走向文明的历史、由愚昧走向开化的历史、由落后走向先进的历史,也就是推动世界历史的车轮滚滚向前的历史,是人类各民族的发展模式在发生质的变化的基础上进步发展的历史。

　　马克思这里讲的是真正世界范围意义上的世界历史,即全世界所有国家、民族都相互依赖的历史,这一历史产生于大工业的建立、美洲的发现以及东印度和中国市场的发现,产生于世界市场的形成。实际上,正如"罗马不是一天建成的"一样,世界历史并非是突然形成的,也不是各民族、国家一起走到共同舞台上的,而是经历了一个漫长的——从"区域历史"到世界历史的发展过程。即先有处于同一区域或相邻区域的民族和国家之间交往关系的建立,然后才有区域与区域之间交往关系的建立,最

---

① 《马克思恩格斯选集》第 1 卷,人民出版社 1995 年版,第 114 页。
② 《马克思恩格斯选集》第 1 卷,人民出版社 1995 年版,第 276 页。

终形成世界范围内的世界历史。

　　人类社会的发展,既是生产力的发展,又是建立在生产力发展基础上的交往关系的发展;人类社会的历史,既是生产力发展的历史,又是交往关系发展的历史。从"鸡犬之声相闻,老死不相往来"的小国寡民的孤居一隅,到今天如麦克卢汉说的"地球村"的形成,从只有偶然交往和微弱联系的孤居,到纷纷涌入或被裹挟进全球化的滚滚洪流,都是交往的结果。世界历史的形成就是文化交往的产物,是各民族实践活动、活动能力和产品互换的结果。所以,一部世界历史就是文化交往的历史。开放成为自20世纪上半叶以来的流行语,成为许多发展中国家和欠发达国家的基本对外策略,这无疑说明了越来越多的民族或国家认识到,交往对于本民族发展具有重要的现实意义和深远的历史意义。

三、文化交往的特殊规定性

　　交往作为人类的基本实践活动,是个极其复杂的现象;文化交往则是极其复杂的文化历史现象,依据不同的角度,可以作出不同的区分,划分出不同的类别。从文化存在形式上看,交往可以分为物质交往、精神交往和活动交往;从内容上看,交往又可以分为经济交往、政治交往、学术交往、艺术交往、军事交往、社会交往;从交往主体上看,交往可分为个人与个人之间的交往、团体与团体之间的交往、阶级与阶级之间的交往、民族与民族之间的交往、国家与国家之间的交往、区域与区域之间的交往、洲际之间的交往;从交往主体性质上看,交往可分为民间交往和官方交往;从交往的手段上看,有商品贸易、民族或人员迁徙和流动、战争和征服、互派留学人员、学术讨论会、跨国活动等;从交往的方式上看,又有平等交往和不平等交往、公平交往和不公平交往、和平的交往和非和平的交往等等。这些不同性质、不同内容、不同形式、不同方式和不同主体的交往相互重叠、相互交织在一起,构成了人类社会的交往之网,任何个人、国家、民族、团体都存在于这一多重复杂的立体之网中。面对如此复杂的情形,我们必须对文化交往的若干方面进行界定,既是为了下文的展开,也是为了进一步丰富关于文化交往本质的论述。

文化交往是交往之一种。毫无疑问,一方面,文化交往具有交往的一般本质和一般特征;另一方面,作为一种具体的交往,文化交往又必然具有不同于一般交往活动的自身的特殊性。这里我们主要对文化交往的主体、内容和方式做一般的界定。

(一)文化交往主体的特殊性

文化交往的特殊性首先表现在交往的主体上。文化交往有不同于其他的交往活动的特殊主体。一般说来,交往的主体可以是个体、团体、集团、阶级、阶层、民族、国家等等,因为交往关系可以表现在多重主体之间,其间关系非常复杂。但是,文化交往的主体只能是民族。视民族为文化交往主体的原因是:首先,民族乃是文化主体,所以成为文化交往的主体;其次,因为只有以民族作为文化交往的主体,才能把不同性质、不同层次的交往主体涵盖其中,除此以外,任何一种形式的主体都难免有疏漏。

第一,把民族作为文化交往的主体,最基本的理由是民族是文化的主体。民族是一个文化的创造者,因而也是一个文化或文化类型的载体,文化总是以民族文化的形式而存在或者表现出来的。文化不是个人或少数人所拥有的东西,只有当它对它的创造者以及可能范围内的一切人都有意义的时候,才能称之为文化。换言之,只有为一定的群体所掌握或者所共享的文化因素——更确切地说,只有被群体所掌握了的那些文化因素才能称之为文化。文化是一个民族所以称之为民族的东西,是民族存在的依据和标志,是一个民族全部历史的凝结。一个民族之所以拥有区别于其他民族的独特性,就在于其内部所拥有的共同的历史、语言、风俗、习惯、宗教、信仰和共同的生活方式,享有共同的世界观、价值观、思维模式和行为模式等等。一个民族就是她的文化,反之亦然。这一点是所有文化学者的共识,文化人类学与民族学联系在一起不是偶然的,文化人类学家不能忽视创造该文化的民族去研究文化,就像民族学家无法离开文化去审视某个民族一样。文化就是一个民族共享的东西。克拉克洪指出：文化是"历史上所创造的生存方式的系统，既包括显型方式又包括隐型方式；它具有为整个群体所共享的倾向，或是在一定时期中为群体的特定部分所共享。"①一个民族就是一个文化群体，国家是制度复合体，民族则是跨阶级的文化复合体，虽然这个复合体中有阶级、阶层、集团、地域和族群等等的不同，但他们都从属于或者共享着同一个文化。所以，无论是从历史的角度还是从现实的角度来看，文化都是以民族文化为其存在形式的。只要民族没有被完全同化，其相对独立的文化就存在；反过来，只要文化存在，就表征着民族的独立存在，虽然许多民族文化的边界由于交往已经不甚清晰。所以文化交往的主体就是民族，文化交往就是民族与民族之间的交往。在这个意义上，只要分属于不同的民族，任何阶层的、集团的、官方的、民间的甚至个体之间的文化交往，都是民族文化的交往，即其所负载的都是民族文化，这些交往主体是民族文化主体的具体化。因此，一切民族之间的交往都是文化交往；反过来，文化交往就是也只能是民族之间的交往。

第二，把民族看做文化交往的主体，可以解决民族和国家以及文化之间的错综复杂的关系。在人类文化发展的历史上，在民族国家形成以前的相当长的一个历史时期内，一个民族就是一个文化单位，换句话说，民族的界限(——甚或地域的界限)与文化的界限是重合的：单一的民族，单一的文化。但是随着民族实践领域的拓展，民族活动疆域的扩大，一方面，由于文化的交往和融合；另一方面，也由于国家对民族的整合以及国家和民族之间的分分合合，文化的主体变得模糊不清了。从今天的民族和文化格局来看，像日本这样的单民族国家是极少的，大多数国家都是多民族国家。所以我们通常所谓"民族国家"并非指由一个民族单独构成的国家，实际上大多是由多民族融合形式的国家。几个民族的统一通常是由于外部的需要、共同的意识形态承诺、最有实力的民族占主导地位或

---

① ［美］克拉克洪等：《文化与个人》，高佳等译，浙江人民出版社 1986 年版，第 6 页。

者其中几个因素相加而形成的。在多民族国家中,一方面,同一国家内部虽然存在相互影响、相互同化,但各民族文化的界限仍然存在,边缘清楚;另一方面,共同的生活实践和生活经历加上统一多民族国家的客观需要,又形成了超越各民族之上的"统一"文化(——尽管这种统一的文化可能是以这个国家中最具实力的或占主导地位的民族文化为主要成分)。这种复杂的文化间关系使得文化交往也复杂起来:一方面,国际间的文化交往行为都是以国家为行为主体,如对外文化交往和交流、文化保护主义行为、文化霸权主义行为以及反文化霸权主义行为,即使民间的对外文化交往,在交往的内容和方式上往往也要受到国家意识形态和对外政策的约束。另一方面,在多民族国家内部,由于民族文化的多样性和差异性的存在,自然也存在着相互之间持续的文化交往。因此,如果以国家作为文化交往的主体,就不能涵盖国家内部各民族之间的文化交往。而以民族为文化交往主体,既包括了以国家形式出现的文化交往,又包括了多民族国家内部民族之间的文化交往。换句话说,只有以民族为文化交往的主体,我们的文化交往研究才能既适用于国家之间的文化交往,也适用于国家内部各民族之间的文化交往。

第三,人类各民族文化很早就开始了交往和融合的进程。在西方,进入中世纪以后,大规模的民族文化交往开始成为一种独特的文化现象;而在东方,这种交往融合过程开始得更早。随着人类各民族文化的发展,各民族文化的交往、融合,形成了一些跨民族、跨区域的文化区或文化圈。究竟有多少文化圈,学者们依据的标准不一,划分不同,如汤因比认为有20个或23个主要文明;斯宾格勒认为有8个文化;梅尔利主张有12个文化,其中7个已不存在,仅存的5个是:中华文明、日本文明、印度文明、伊斯兰文明、西方文明;亨廷顿则在其基础上加上了拉丁美洲文明和"可能存在的非洲文明";中国学者主张存在四大文化圈,它们是东亚儒家文化圈、阿拉伯—伊斯兰教文化圈、南亚印度文化圈、基督教文化圈。这些不同的划分除了标准不同外,还表明两点:(1)文化之间的关系是极其复杂的,圈内含圈,圈外有圈,很难用单一的标准划分出明确的界限;(2)文化区或文化圈范围在历史上是不断变化的,有交往而来的融合,也有因交往产生的分化。但是有一点却是肯定的,那就是文化区或文化圈是客观存在的文化现象。文化圈之间自然存在着文化交往现象,但是文化圈却不能被看做是文化交往的主体,构成文化交往主体的仍然是文化圈内的各民族(国家)。首先,同一文化圈由不同的民族、不同的文化所组成,这些不同的民族之所以构成一个文化圈,是因为它们在不同的层面上享有共同的文化,但各民族之间仍有各自不同的、相互区别的文化,换言之,同一个文化圈内有着不同层次的亚文化。如东亚文化圈包含着多个亚文化,而其中的中华文化又是由多民族文化凝聚而成的;其次,普遍性寓于特殊性之中。换句话说,文化圈的普遍性文化特征是包容于民族文化之中的、通过民族文化形式表现出来的普遍性,即民族文化化了的普遍性。如同样是基督教文化圈或西方文化圈,法国、德国、美国文化各具特色,东欧东正教文化又有很大的不同,更不要说传统基督教圈以外信仰基督教的民族文化了。同一文化圈内各民族与其他文化圈内各民族之间文化的交往就包含着不同文化圈之间的文化交往,而单纯的文化圈之间的文化交往却不能涵盖民族文化之间的交往。所以把民族作为文化交往的主体是恰当的,因为它可以把文化圈之间、国家之间和民族之间的文化交往包容于其中。

第四,宗教与文化之间有着更为错综复杂的情况。宗教是文化的最重要的内容之一,绝大部分文化都与宗教有着很深的渊源关系,一些文化生成之根正是宗教,以宗教区分文化类型本身就表明宗教在界别文化方面的标志性意义,而宗教确是一些文化之间比较清晰的界限。如按照"四大文化圈"论,除了东亚儒家文化圈外,世界上主要的文化圈基本上都是宗教文化圈,而一些学者特别是西方学者倾向于把儒家文化称之为"儒教文化"。每一宗教文化圈都包容诸多民族文化于其中,而同一个文化往往又有不同宗教的分野,宗教文化圈与民族文化圈重叠交错的现象可见一斑。宗教往往是跨民族、跨国家、跨地区、跨文化区的,与许多不同的文化交叉并存。同一宗教区域内部往往都存在着特征明显的多民族文化,如基督教文化圈内的各民族文化。宗教与民族文化之间关系的复杂性还在于,宗教内部又有着派别的分野(基督教文化圈有天主教、东正教和新教的区别,伊斯兰教有逊尼派和什叶派的不同,佛教有小乘和大乘的差异),这些内部的分别与不同文化的交往融合又呈现出不同的特征。宗教超越文化、文化跨越宗教的现象是人类文化的一大景观。所以宗教与文化之间的关系也是一个极其复杂的文化现象。很显然,不能把宗教作为文化交往的主体,因为如果把宗教作为文化交往的主体,就容易忽略宗教区域内部的不同民族文化、不同宗教派别之间的交往,而以民族为文化交往主体,则既包含了不同文化之间的交往,又包含了宗教和宗教派别之间的交往。

总之,只有以民族为文化交往的主体,才能在民族、国家、宗教、文化区或文化圈之间相互交叉重叠的复杂情况下,把握文化交往的基本特征和基本规律。

(二)文化交往内容的特殊性

文化交往,顾名思义,其内容当然是文化,但问题往往又不是如此简单,由于对于什么是文化尚无统一的认识,所以这个问题仍有讨论厘清的必要。不同的文化界定会有不同的结论,比如在前文中虽然引述了泰勒等人的文化定义,但文化交往本身就是让人难以理解的,它无法说明文化交往的必要性和必然性。关于什么是文化,我们在前面已经做了分析,文化就是各民族人民在改造自身的生存和发展环境(包括自然环境和社会环境)的过程中创造和积累的智慧,具体说就是各民族人民的实践活动、能力及其创造的产品。文化交往就是实践智慧的交往和互换,是民族之间活动、能力和产品的交往和互换。就文化是活动的成果,以及通过交换,一个民族的活动转变为另一个民族的活动而言,文化交往就是活动的交往和交换。所以,大凡人类实践的创造物,包括有形的、无形的(能力、精神、理念等),以及创造活动本身,都在文化交往和交换之列,都是文化交往的内容。

在日常生活中,以及在非文化学或文化哲学领域,当人们谈到文化时,主要指人类的精神产品,如科学技术、文学艺术、社会科学理论等文化现象,因此其所谈论的文化交往也仅限于科学技术、文学艺术、社会科学理论等意识层面的交往,这即是所谓的狭义文化范畴,甚至也有学者仅仅把更狭义的态度、价值观和信念等隐性的文化因素叫做文化。我们这里所说的文化交往则是包括人类实践活动在内的所有人类活动的创造物,亦即人们通常所说的"大文化范畴"。我们认为,在讨论文化交往时采用"大文化范畴"是必要的,也是符合文化交往实际的。首先,一个民族的文化就是一个民族的全部创造物,这些民族创造物就是这个民族历史和本质力量的证明,是这个民族智慧的结晶和表征,所以各种内容和形式的民族之间的交往都是文化交往,或者说都具有文化交往的意义。其次,虽然真正的、具有实质意义的文化交往是各民族对相互之间的文化精神的把握和理解,但一个文化的内在精神并不是抽象的、无所附着的,而是体现和渗透在民族的一切创造活动和创造物之中,一切创造活动和创造物都是文化内在精神的载体。"一月普现一切水,一切水月一月摄",文学艺术、科学理论是文化,生产工具、日用器具也是文化。再次,从民族文化交往的实现过程来看,文化并不是直接"写"出来就能让人理解和把握的,因为一个民族在理解和把握另一个民族的文化时总是立足于自身的文化立场的,对异文化的解读也总是立足于自己的文化语境的。东西方文化典籍相互翻译传播已经有很长的历史,但东西方文化的相互理解问题仍然是困扰东西方世界的难题。萨伊德的"东方主义"批判,就认为所谓"东方"完全是西方人立足于西方文化立场的想象和虚构。实际上那些直接表达民族文化精神的文学艺术、社会科学理论等文化产品,未必就能比民族创造的生产工具、日常生活用品更容易地让他民族理解和把握。相反,一个民族通过自己创造的物质产品和创造活动,往往更为直观地展现自己的文化,考古学家正是通过对几千年前的古文物的研究、鉴赏,去把握创造这一文物的古代民族的发展水平、生活方式、文化精神、价值观念和审美理念的。一个民族的文化总是多层次和多侧面的,其文化精神就体现在这个多层次和多侧面的创造活动和创造物之中。正是在此意义上,我们认为,一切民族之间的创造活动和创造物都是文化交往的内容。与前述文化交往主体相一致,民族之间的一切交往都是文化交往,或者说,民族文化之间的交往就是民族之间的交往。

（三）文化交往方式的特殊性

当我们把民族之间的一切交往都视为文化交往的时候,结论自然是一切民族之间的交往形式都是文化交往的方式和途径。换句话说,一切民族之间的交往内容和交往形式都具有文化交往的意义,都能达到文化交往的目的和效果。商品贸易、人口迁徙、战争征服、文学艺术交流、学术会议、外交谈判、跨国家活动,等等,都是文化交往的方式和途径。文化交往的方式和途径是随着历史的发展而不断变化的。这种变化的总趋势是:第一,文化交往的方式随着文化的发展而不断发展。文化交往方式决定于文化交往的内容,不同的文化需要不同的交往方式和交往媒介。因此随着人类文化内容的日益丰富,文化交往方式也随之发展起来。交往的途径和渠道越来越多,交往的方式越来越丰富,交往的范围越来越大;第二,文化交往方式随着历史的发展而变化。在历史的发展过程中,一些交往方式产生了,一些交往方式消失了,另有一些交往方式则失去了文化交往的功能;第三,间接的文化交往越来越趋向于直接的文化交往。由于文化与民族和身份认同有着直接的联系,随着文化交往的扩大和深化,文化之间的摩擦和冲突必然出现和增多,为了消除文化的隔阂,减少或淡化文化的摩擦和冲突,直接的文化交流和沟通的重要性越来越凸显出来,于是,如文化对话这种直接的交往形式成为文化交往的重要方式。关于文化交往的方式和途径,我们将在第二章予以详细地探讨。

我们在这里只对文化传播、文化交流、文化对话和文化交往这几个概念做一辨析,因为这几个概念在学术研究和日常语言中既被明确区别又经常被作为同义语使用,所以有着界定的必要。与其他三个范畴不同,文化传播是指文化从一个民族传播或传递到另一个民族,因此,就其某一具体传播过程而言,文化传播是单向的,仅仅指某一文化要素由一地传播到另一地。文化人类学有一个传播学派,主要从文化或文化要素起源上论述文化传播现象,认为文化采借多于文化发明,相同或相似的文化要素必定同根同源。极端传播论者甚至认为全部文化开始于一个或多个特殊区域,然后向世界各地传播,即全球文化有一个共同的起源。极端传播论者肯定文化传播是文化交往史上的客观现象,肯定文化传播的意义,这无疑是合理的;但主张文化全部源自传播却失之武断和偏颇。历史地看待文化传播现象,绝对的单向文化传播是不存在的,各民族都对人类文化作出了贡献,各有长人所不长的方面。实际的情况是,由于各民族文化本身的特性、文化发展状况的差异,历史上各民族之间的文化交往中的文化传播并不具有共时性,一个民族在某一历史时期只是文化的播出者,而另一个时期则可能成为单纯的文化接受者,所以从相当长的历史时期来看,这种文化传播仍然是相互的、双向的。历史上的大多数文化交往实际上都是通过一个个这样的文化传播过程实现的。而文化交流、文化交往(communication)和文化对话(dialogue)在其直接性上就是双向的。文化交流、文化交往和文化对话包含文化传播于其中,交往、交流和对话目的都在于传播各自的文化,所以从目的和目的实现的角度看,文化交流、文化交往和文化对话实际上也是一种文化传播。

　　文化交流、文化对话和文化交往是三个意义相关的概念,在文化学上并没有明确的界定,我们只能从日常的使用中来确定它们的含义。文化交流有时候被作为文化交往的同义语使用,特别是在有关文化交往历史的著作中,一般都叫做"某某文化交流史";在日常语境中,文化交流更多地或者说主要是指狭义的文化交往活动,即观念和精神层面文化的交往,如学术会议、理论和文学作品的译介、民族音乐的跨民族演出、历史文物的异域展览(文物在文化交流中已经不是作为有用物,而仅仅是一种文化符号)、留学人员互派、学者互访等等。这种意义的文化交流,目的就是通过这些精神文化产品来展示一个民族的文化,并通过这种文化展示来促进民族之间精神(主要是价值观)的相互了解和理解。

　　广义的文化对话是一个非常宽泛的概念,一切文化交往都具有文化对话的意义,大多数文化对话的意义都是在文化交往过程中自发地实现的。狭义的文化对话,仅指为增进异文化之间的相互理解、相互沟通,而有意识地进行的学术文化交流活动,如现在越来越时兴的"文化对谈"。文化对话同时还包括官方依据自身的政治、经济和文化立场阐述的对世界事务的观点和看法。文化对话是一种文化精神的直接对话,是文化交往或交流的一种最为直接的形式。文化对话一般发生在文化差异较大的文化之间,特别是由于文化交往的频繁,文化摩擦和文化冲突的加剧,并因此而影响到民族、国家之间的关系的时候。文化对话的目的是求得不同文化之间的求同存异、和平共处,不因为文化的差异而影响民族和国家之间的其他方面的关系。在当今世界,由于普遍交往,文化在国际之间交往中的地位越来越重要,甚至成为非常重要的组成部分。而作为文化交往最直接、最平和和最有效方式的文化对话同样变得越来越重要,甚至成为当代文化交往的主要形式。从一系列国际组织到富有远见的社会活动家、著名学者,都在呼吁加强文化对话的重要性。加强文化对话,增进文化之间的相互理解,有助于消除文化隔阂,消除文化交往的障碍,不仅有利于文化自身的繁荣与发展,而且对民族之间的其他方面的交往有着重要的意义。可以看出,文化对话是文化交流之一种形式,或者说文化对话就是一种文化交流。

　　文化交往与文化交流和文化对话不同。从概念的外延方面看,文化交往的外延最大,交往,至少就中文字面含义而言,包含了一切形式和一切方式的"往来"关系。文化交往与文化交流和文化对话的区别在于:第一,文化交往涉及民族之间包括物质文化、制度文化和观念文化在内的一切文化"往来",包括自觉的和非自觉的文化往来,而文化交流和文化对话,特别是文化对话,一般主要指有意识的自觉的文化交往行为;第二,文化交流和文化对话一般指文化主体之间和平、平等的文化交往,而文化交往则包括了非和平和不平等的文化交往,如战争、征服甚至殖民活动等形式;第三,文化交往包含文化交流和文化对话,文化交流和文化对话是文化交往的具体形式。换句话说,文化交流和文化对话是文化交往的一种形式。

据以上简要分析,文化传播、文化交流、文化对话、文化交往这四个范畴的关系是:文化交往、文化交流、文化对话三者的外延依次越来越小,而内容越来越具体,每个下一级范畴都是上一级范畴的一种具体形式。三种形式都是文化传播,或者说都实现着文化的相互传播。

四、文化交往历史的简要回顾

作为生存和发展智慧的交换或互换,人类各民族之间文化交往的历史起自什么时候,是难以说清的。英国著名历史学家汤因比认为,15—16世纪以前,各文明都是独立发展的,各文明之间没有相互联系,当然也就没有相互影响。如果这不是在特定语境和特定意义下的判断,那么这无疑是这位著名历史学家的非历史观点,是不符合历史事实的。相比之下,著有《全球大变革》的戴维·赫尔德认为,虽然"形象与符号的剧烈运动以及思维模式与交流模式的广泛传播是20世纪晚期和新千禧年的独有特征",但"3000年前社会之间的文化互动已经非常复杂"的观点更符合历史真实。因为文化交往并不是突然发生的,而是经历了一个由点到面、由少到多、由微而著、由小到大的发展过程。虽然我们不知道文化交往发生的确切时期,但可以肯定的是,各民族文化交往现象应当是自从各民族之间有了接触以后就发生了。由于民族之间的交往就是民族文化之间的交往,因此民族之间的交往与民族之间的文化交往是同步发生的。如同文化本身的发展有一个漫长的由简单到复杂、由贫乏到丰富的过程一样,文化交往活动也经历了一个从偶然到频繁、从断续到经常的一个发展过程。这主要是由文化交往的条件和文化交往的需要程度决定的。人类文化发展的不同历史阶段为文化交往提供着不同的条件,同时决定了对文化交往的不同需要。因此在人类历史的不同阶段,文化交往有着不同的阶段性特征。

（一）关于文化交往的历史分期

人类文化交往经历了一个漫长的过程，在这个历史过程中，无疑存在着特征不同的若干发展阶段，把握各个历史阶段的特点是文化交往研究所不能回避的。文化交往历史如何分期，是一个值得研究的问题。过程性是事物发展变化的根本特征。历史之为历史，就在于它是一个运动、变化、发展的过程，而这一过程本身又是由一系列过程构成的，这一个个有着不同特征的过程之间的区别和联系就是历史分期的根据。历史叙述依据主题的不同，对历史阶段划分的标准也不同，历史也就呈现出以该主题为主线的既相互区别又相互联系的过程性或阶段性特征。由于文化交往决定于各民族文化本身的发展程度，因此文化交往历史阶段性划分就不能依据于其他的标准，如社会形态的发展和变更——尽管两者有着一定的联系，因为各民族发展程度的不平衡，从一个社会形态进入另一个社会形态的时间是不一致的。实际上，现行以社会形态为标志的世界历史分期，都是以一个或几个先行的民族或国家所达到的发展高度作为人类历史的里程碑或划时代标志的。西方学者把历史发展进程依次划分为古代时期、古典时期、中世纪时期和近代以来时期这样几个大的发展阶段，这几个阶段当然是以西方文化发展水平为依据的，反映了文化发展的阶段，也就大体上反映了文化交往发展的阶段。但这毕竟是西方文化发展及其交往的历史，在时间和内容的对应关系上，不能涵盖东方文化、非洲文化、南美洲文化以及其他地区文化发展的实际状况，所以不能笼统地说这四大阶段就是人类文化发展及其交往的历史阶段。

文化交往历史的分期应当以文化交往自身的历史为根据。我们以为，区分文化交往历史发展阶段应该有两个依据：一是文化发展的丰富程度和所达到的水平；二是文化交往的频度、密度和深度。前者是后者的前提，后者是前者的结果。历史地看，各民族发展程度不同，特定历史阶段参与交往的广度、深度和强度参差不齐，差别很大，相互交往的文化性质对参与交往的各个文化的影响大小不等，因此通常的历史分期以及依据这种分期概括出的文化交往性质和特征就难免以偏赅全了。我们认为，应该以马克思意义上的"世界历史"的形成作为文化交往历史分期的重要标志。理由如是:第一,"世界历史"范畴表征的是世界各民族相互依赖、相互影响的过程,随着"世界历史"的肇始,人类各民族文化交往的频度、密度和深度都发生了空前的质的变化,那就是世界性交往网络的形成,开创了一个人类各民族文化全面深度交往的新时代。马克思指出:"资产阶级,由于开拓了世界市场,使一切国家的生产和消费都成为世界性的了。……资产阶级,由于一切生产工具的迅速改进,由于交通的极其便利,把一切民族甚至最野蛮的民族都卷到文明中来了。"①在世界历史得以开辟之前,各民族的文化交往只限于相邻之间和区域之间,没有形成世界性的交往。只是随着地理大发现,全世界各民族才被纳入全球性交往之网中。第二,世界历史是历史发展的产物,但也是资本主义奔走于世界各地,"到处落户,到处创业,到处建立联系"的结果。"它迫使一切民族——如果它们不想灭亡的话——采用资产阶级的生产方式;它迫使它们在自己那里推行所谓的文明,即变成资产者。一句话,它按照自己的面貌为自己创造出一个世界。"②对于大多数民族来说,这种交往是强制性的、被迫的,但客观上它们被纳入或被裹挟进了世界历史进程,对自己的文化以及对整个人类文化都产生了深刻的影响。可见这是一个文化交往在"量"的方面和"质"的方面都发生革命性变化的时代,前后有着显著不同的特征,而马克思强调"世界历史"之于世界历史发展的意义正在于此。据此,人类文化交往就分为前"世界历史"阶段和"世界历史"阶段这两大阶段。方兴未艾的全球化阶段实际上是世界历史阶段的延续和深化,但又具有全新的特点,所以构成一个崭新的历史过程。当然这样分界还是过于笼统和简单,因为这两大阶段本身又有一个渐次展开和不断深化的过程,并且呈现出不同的阶段性特征,比如,前"世界历史"阶段就有一个从无到有,从零星的、偶然的、间断的交往到经常的、连续的、稳定的

① 《马克思恩格斯选集》第 1 卷,人民出版社 1995 年版,第 276 页。
② 《马克思恩格斯选集》第 1 卷,人民出版社 1995 年版,第 276 页。

交往过程,以及从少数几个民族之间交往到区域交往、再到全球性交往的过程,但是,除非以某一民族为主体或为圆心或为轴线来描述它的交往历史,否则任何历史划界在技术上都是困难的,都容易把少数几个民族的文化交往等同于世界各民族文化的交往。我们这里不是从事人类文化交往史的研究,所以只能粗略地勾勒出文化交往历史的轮廓。

(二)前"世界历史"阶段的文化交往

人类与其文化是一起诞生的。马克思指出:"一当人开始生产自己的生活资料的时候,这一步是由他们的肉体组织所决定的,人本身就开始把自己和动物区别开来。人们生产自己的生活资料,同时间接地生产着自己的物质生活本身。"[①]虽然文化和人类同时诞生,但文化交往却是后来的事情。人类伊始,各族群均处于不同程度的彼此隔离状态之中,交通条件和工具的限制使各民族之间都是相互隔绝的。今天"千里之远"、"万里之遥"仅仅是个距离言说,已不再含有"遥远"、"艰难"之意,但在今天看来,再近的距离对于古时先民来说也是极其遥远的,庄子"适百里者宿舂粮,适千里者三月聚粮"的描述,可以说是对当时交通状况的一个生动写照,而这仅仅是舟舆所能及之地的艰难程度,更远的异乡只能靠想象去"征服"了,至于被高山和海洋分割开来的民族之间甚至不知道山的那边、洋的那端是否有我同类。阿尔君·阿帕杜莱指出:"直到过去的几个世纪之前,跨越巨大的空间获取资源受到一系列因素的限制,如时间、距离、有限的技术等等,所以在社会以及空间上彼此隔绝的群体之间的文化交往通常是代价高昂的,只有付出极大的努力才能持续一定的时间。"[②]在人类及其文化尚处于婴儿时代,亦即所谓史前时代,人类生产主要是采集和渔猎,生产资料和生活资料都是大自然提供的天然物。落后

---

① 《马克思恩格斯选集》第 1 卷,人民出版社 1995 年版,第 67 页。
② 阿尔君·阿帕杜莱:《全球文化经济中的断裂与差异》,参见汪晖、陈燕谷主编:《文化与公共性》,三联书店 1998 年版,第 521—522 页。

的生产工具和低下的生产能力,决定了他们的活动只能限于非常狭小的范围之内。食物采集者的活动范围只能局限在进行狩猎活动的方圆数公里内;原始耕作者的活动范围只能局限在自己所在的村落及周围的田野和牧场上。因此,史前时代人类各群体的活动都是相互隔绝、相互孤立的。人类各群体的交往大约是新石器时代发生的,但这一时期最主要的文化交往是以部落迁徙的方式进行的。新石器时代的迁徙浪潮是由农业革命引起的。农业革命使人类生产和生活发生了巨大变革,定居式的农业生产和生活方式,对尚处于游牧时代的民族来说,有着巨大的吸引力,于是大约从公元前 2000 年中叶起,游牧世界的各部落开始掀起了对农耕世界历时长久的迁徙浪潮。就欧亚大陆而言,进入农耕世界的主要是来自西北方的印欧人。他们进入东至印度河、西至爱琴海、中部至两河流域和小亚细亚的文明区域内。闪米特人也进入两河流域和埃及。这些游牧民族一进入农耕世界,便很快接受了农业生产和生活方式。游牧民族与农业民族的交往,加快了游牧民族向文明迈进的步伐。

　　除了游牧民族远途迁徙外,低劣的生存条件和落后生存手段决定了古代各文化发源地之间的文化交往主要限于力之所及的相互临近地区之间。古代文化交往主要是以美索不达米亚为中心的周边地区之间文化的相互交往。农业文明的最早发源地一般认为就是两河流域的美索不达米亚,尼罗河文明、印度河文明以及克里特文明都受惠于美索不达米亚文明,是在其推动下发展起来的。考古证明,美索不达米亚文化不仅深刻地影响过西方的古埃及文化和东方的印度河谷的民族文化,同时还影响了伊朗和希伯来人。爱琴海周边的迈锡尼文化吸取了米诺斯文化的许多因素。各民族之间一旦有往来,文化之间的影响就是相互的。古印度文化也传播到了美索不达米亚,考古学家在美索不达米亚地区就发现了印度形制的印章。古埃及文化虽然受惠于美索不达米亚文化,但它对地中海各地文化的贡献也是不可忽视的。古埃及象形文字成为腓尼基字母的基础,腓尼基字母又成为东西方多种字母之源。据考证,古希腊神话中可以看到古埃及神话的影子,基督教圣母玛利亚怀抱耶稣的形象就渊源于伊西斯女神怀抱荷鲁斯的刻绘。这种文化之间历史性影响的传承本身就反映了当时文化的相互交往情况。

当然，历史地看来，古代各文化发源地之间的文化交往是极其偶然的，除了地中海东部周围几个文化之间有少量交往外，其他地区的古文化都处于独立的发展进程之中。如前所述，文化交往受制于文化本身的发展程度，文化的发展程度一方面提供了交往的条件；另一方面提出了交往的需要，而古代文化由于受到这两个方面的自我限制，决定了经常的、大范围的文化交往尚不可能。

真正意义上的前"世界历史"阶段大致相当于西方学者所指的古典时期和中世纪时期。这个时期既是人类文化大发展的时期，也是文化交往开始广泛展开的时期。在公元前1000年至公元500年的1500年左右的时间内，人类社会先后出现几个光辉灿烂的文化，它们是：希腊古典文化、罗马古典文化、中华古典文化和印度古典文化。这个时期，也是人类文化交往的大发展时期，各民族文化之间和各文化区之间发生了广泛的文化交往。

古典时期之所以出现人类文化交往的第一次高潮，得益于以下两个条件：

首先是商业交通的开辟和商业贸易的发展。生产的发展产生了对外贸易的需要，促进了交通的发展。在这个时期，地区之间的文化交往主要是通过商业的往来而实现的。商业通道有两条：一是欧亚大陆的陆上通道，如著名的"丝绸之路"；二是环绕欧亚大陆的海上通道，即"海上丝绸之路"，古埃及与古印度之间的交往主要取道海路。从事商业贸易的商人不仅是商品流通的促进者，也是文化交往的使者。印度文化在东南亚的传播很大程度上是印度商人的功绩。

其次，这个时期对文化交往有着重大意义的是几个大帝国的建立。先是亚历山大帝国，而后是古罗马帝国、汉帝国和贵霜帝国。这些帝国疆域辽阔，特别是亚历山大帝国和古罗马帝国更是横跨欧亚非三大洲。帝国既是文化汇聚交错的中心，又是文化向四周撒播辐射的中心。帝国都是征服的结果,征服者带来了自己的文化,同时又被殖民地文化所征服,从而出现了各种文化的交往、交流与融合。就对文化交往世界的意义而言,亚历山大帝国和古罗马帝国在人类文化交往史上的地位尤为突出。

肇始东西方文化大规模交往的是希腊化时期。希腊化时期开始于公元前336年。这个时期的希腊文化走出希腊本土,传播到东方各地;与此同时,东方文化也通过征服者回播到西方。换句话说,希腊化时期不仅是希腊文化"化"东方的时期,同时也是东方文化"化"西方的时期。因此,希腊化时期之于文化交往的意义是,它打破了历史上形成的东西方各自独立的文化模式,促进了它们的相互交往和相互融合,从而形成联结东西方文化的、高度发达的文化区。

古罗马帝国是一个比亚历山大帝国版图更加广泛的大帝国,罗马人的足迹不仅踏遍整个希腊化世界,而且向西推进到西班牙、高卢(今法国)以及不列颠。亚历山大把希腊文化散布到东方,古罗马帝国则把希腊文化和希腊化时期的文化传播到西方。这个时期,古罗马帝国与东方的大帝国汉帝国之间的文化交往也开始了,交往的形式多种多样,或官方或民间、或直接或间接,汉朝著名文化使者张骞两次出使西域,古罗马也派使节出使中国。东西方文化的交往从此连绵不断。这种交往的结果就是从西欧到中国的纵贯欧亚大陆的文化交往带的形成。

历史上任何一个跨文化帝国的建立都促进了多民族文化的交流与融合,帝国凭借其强大的政治、经济和文化辐射力,又能使其文化传播至更远的地方。帝国的生命是短暂的,兴兴衰衰,潮起潮落,但它在其所及的地方播下的文化种子、它所打通的文化交往传播渠道、它所带来的文化交往现象本身却历史地延续下来了。亚历山大时期的希腊化文化本身就是多种文化的融合,而古罗马文化则是罗马自己的文化和古希腊文化、希腊化文化的糅合,它传播到西方的就是这种糅合了"两希文化"的古罗马文化。帝国已变成了历史的陈迹,但文化却没有因此而中断;相反,它生生不息地融汇到历史的长河之中。

中世纪继承的古典时期的文化遗产就是以帝国为绕轴的几大文化中

心,这些文化中心随着中世纪各民族文化的进一步交往和融合,形成几个大的文化圈,它们是:东亚儒家文化圈、南亚印度文化圈、阿拉伯—伊斯兰文化圈和基督教文化圈。文化圈本身就是文化交往的产物。文化圈就是某种文化在其周边交往传播过程中形成的以之为主导的多文化区域。

东亚儒家文化圈就是中国儒家文化在朝鲜、日本以及东南亚等周边民族或国家之中传播而形成的、以儒家文化为主流文化的文化区域。南亚印度文化圈是由文化辐射力极强的印度文化在南亚次大陆和东南亚的诸民族之中传播和影响而形成的。阿拉伯—伊斯兰文化圈既是历史上各个时代文化的融合,又是多民族文化的融会贯通。从时间上看,在阿拉伯这片古老的土地上,两大古老文化在此发源,古希腊文化和古罗马文化曾在此汇聚,成为传统文化的有机组成部分;从空间上看,阿拉伯帝国不仅包括阿拉伯世界,还远及北非、西南欧,东部到达印度北部,跨越了多个文化区。基督教文化圈有两个文化区组成——拉丁基督教文化区和东正教文化区。中世纪西方文化是罗马天主教、古希腊文化与古罗马文化和日耳曼文化之间经过相互冲突和融合而逐渐形成的一种新的文化类型。东正教文化除了拥有古希腊和古罗马文化、基督教文化的渊源外,由于其处于东西方文化的交汇点上,所以还受到了大量的东方文化的影响。

几个文化圈之间的相互交往也是这个时期人类文化交往的一大景观。其中最值得一提的是这个时期两次大的翻译运动。第一次是在阿拉伯帝国全盛时代,兴起了"百年翻译运动"(约公元750—850年)。"百年翻译运动"大量翻译了波斯典籍、古希腊典籍和古印度典籍,内容涉及文化的各个方面。这次大规模的翻译运动,不仅促进了阿拉伯文化的发展,而且促进了各文化圈之间的文化交往。第二次是在11世纪末至13世纪末,拉丁西方也掀起了一场规模庞大的翻译运动。在这次翻译运动中,古希腊和阿拉伯的重要的科学和哲学著作几乎全部被翻译成西方文字,有力地促进了西方文化的复兴。此外,在这个时期文化交往的发展中,宗教的传播功不可没,基督教、伊斯兰教、佛教的传播同时带动了其他文化的交往,中国的四大发明就是在这个时期传入欧亚大陆各地的。

社会经济的发展带来的交通的发达,使各民族、各文化圈之间的文化交往渠道更加畅达,方式更加多样。阿拉伯帝国和印度成为连接东西方文化和实现东西方交往的桥梁和中继站。实际上,在整个欧亚大陆上,各文化圈的边缘相互衔接、相互交错,从而形成了一个多层次的文化交往网络。

(三)"世界历史"开辟以后的文化交往

15—16 世纪的地理大发现,不仅把世界联系在了一起,而且开始了世界各地之间的相互影响,从而肇始了世界历史。世界历史的开辟是个划时代的历史进程,成为传统历史学意义上近代与古代的分水岭。在英语中,西方的近代和现代同是用 modern 一词表达,说明在他们看来近代以来的历史是个连续体,这也正好契合世界历史的含义。在近代以前,经常的、密切的文化交往主要发生在欧亚大陆上,欧亚大陆与其他地区的文化交往是偶然的、断续的。这一现象在近代以后发生了巨大改变。前面已经说过,文化交往的发生和发展依赖于文化本身的发展和发展程度,即文化交往的发展首先必须是提出了交往的需要,其次是提供了能够交往的条件。所谓文化的发展程度,主要是生产力的发展水平。一方面,文化交往的需要在本质上是生产力发展的需要,生产力的发展要求突破民族性和地域狭隘性的限制,要求利用全面的生产能力;另一方面,生产力的发展使人类能够克服自然条件的阻碍,实现跨文化的交往。自然条件对人的限制以及限制的程度是与人类的能力,即克服自然屏障的能力成反比的。近代以后,由于生产力的巨大发展,以及资本主义生产方式的产生,人类能够跨越任何地理条件的限制,实现世界范围内的文化交往。

近代文化交往比之于过去有四个全新的特点:第一,近代文化交往突破了传统文化交往的区域,把整个世界各民族文化都纳入交往过程中了,从而形成了世界文化的全面联系和全面交往。首先是西方的海外扩张活动连接起了以往与欧亚大陆联系不多的南部非洲、澳洲和美洲大陆,世界自此不再是个区域的"世界",而是真正具有世界性时空的世界;其次是四通八达的通商要道的开辟,频繁快速的商品流通,构筑了世界性的联系和交往网络。第二,与近代以前文化交往相比,近代以后民族文化之间的交往程度大大加深。换句话说,不仅仅是停留于表层的文化交往,而是触及深层的文化交往。尽管这种深层文化交往在不同的文化之间实现的程度不一样。与此同时,文化冲突现象也空前凸显出来,文化冲突证明着文化交往的深化程度。第三,如果说,在近代以前,文化交往主要是通过贸易、迁徙、战争等间接的方式和途径进行的话,那么,在近代以后,直接形式的文化交往则逐渐增多起来。这主要是由于各民族联系的加强,以及文化冲突相应地增多,民族之间的相互了解变得愈来愈重要;而对一个民族的了解,也就是了解和理解它的文化。文化人类学的肇始以及许多相关课题的研究,实际上并非是学者对异文化了解的渴望和冲动,而是政府行为,是政府外部策略的一部分,这特别表现在西方海外扩张时期。① 第四,专门用于文化交往的媒介空前发展起来。过去,专门用于文化交往的媒介只有书籍,书籍在人类文化的传承和传播方面起了极其重要的作用,但随着文化交往的发展以及对文化交往需要的增加,书籍已经不能满足文化传播的及时性要求了。于是,电话、电报、报纸、杂志等一系列传播方式和交往渠道发展起来,大大加快了文化交往的速度。

关于近代以后的文化交往情况及其发展趋势,马克思做了精辟的概括,虽然他主要是从生产方式和经济发展的角度来阐述的,但这完全适用于文化交往的情况。马克思指出:"资产阶级,由于一切生产工具的迅速改进,由于交通的极其便利,把一切民族甚至最野蛮的民族都卷入到文明中来了。""资产阶级,由于开拓了世界市场,使一切国家的生产和消费都成为世界性的了……古老的民族工业被消灭了,并且每天都还在被消灭。它们被新的工业排挤掉了,新的工业的建立已经成为一切文明民族的生命攸关的问题;这些工业所加工的,已经不是本地的原料,而是来自极其遥远的地区的原料;它们的产品不仅供本国消费,而且同时供世界各地消

---

① 本尼迪克特的名著《菊与刀》就是第二次世界大战时期美国政府下达的研究项目。

费。旧的、靠本国产品来满足的需要,被新的、要靠极其遥远的国家和地带的产品来满足的需要所代替了。过去那种地方的和民族的自给自足和闭关自守状态,被各民族的各方面的互相往来和各方面的互相依赖所代替了。物质的生产是如此,精神的生产也是如此。各民族的精神产品成了公共的财产。民族的片面性和局限性日益成为不可能,于是由许多种民族的和地方的文学形成了一种世界的文学。"①马克思这里讲的就是自资本主义诞生以来各民族之间普遍联系条件下产生的文化交往结果。

当代是正在行进中的全球化时代。全球化时代既是近代的继续和发展,又是一个刚刚开始的全新时代,也是一个一切发展趋势尚模糊不清的时代。确切地说,对于全球化时代文化交往的认识并不是对历史的回顾,而是对未来的预测和展望,因为它还不是历史,而是正在展开的过程。尽管如此,对于全球化过程对世界文化格局将会产生怎样的影响,已经成为学术界的热门话题,学者们有着种种不同的观点和看法。但无须探讨预测即可肯定的是,全球化时代是一个各民族文化普遍联系和普遍交往的时代。各民族生产实践活动和生活实践活动联系的日益深化,必将带来各民族文化交往的日益深化。具体地探索全球化进程对文化以及文化交往的影响问题,必须首先弄清全球化本身的问题,这些问题是,全球化的本质究竟是什么,全球化的动力是什么,经济全球化与文化交往之间究竟是什么关系,等等。不弄清这些问题以及其他相关的问题,任何主张都是不得要领的。对于全球化时代的文化交往的特征和结果的把握,只有在厘清了文化交往的历史,明了了文化交往的基本规律之后,才有可能。所以本书将在最后一章详细探讨这个问题。

---

① 《马克思恩格斯选集》第 1 卷,人民出版社 1995 年版,第 276 页。

第二章 文化交往与交往实践

把握文化交往,不仅要了解文化交往"交往什么",还必须揭示文化交往是如何实现的,即文化交往的发生特别是其不断扩大和深化的内在动力是什么。人类文化交往的历史表明,文化交往总是与文化摩擦和文化冲突相伴随,那么,文化交往克服种种阻碍持续深入发展的力量是什么。揭示文化实践智慧的本质,仅仅是了解了文化交往的可能性,还不等于已经把握文化交往之必然性和现实性。这个问题就是揭示源远流长的文化交往的动力或动力机制。

矛盾是一切事物运动、变化和发展的动力,文化交往也不例外。文化交往的动力是一个由多层次矛盾构成的动力体系。实践活动及其内在的矛盾是文化交往的深层动力;生产力和交往形式之间的矛盾是实践动力的内在机制;各民族之间具体的交往活动则是这些动力的具体表现形式和实现文化交往的基本途径。

一、实践:文化交往的原动力

如同文化的发生与发展是实践活动及其结果一样,文化交往的动力,我们也需要到人类实践活动中去寻找。前面已经提到,文化交往本身就是人类社会历史的一个文化现象,换句话说,文化交往并不是外在于文化的,就文化交往是文化创新发展的一个重要基础和动力而言,它和文化的本质及其发展的动力是相同的,那就是人类的实践活动。实践是创造和推动文化发展的根据,也是推动文化交往的原动力。

（一）实践与文化交往的基本条件

任何事物的发生和发展都是建立在一定条件之上的，文化交往也不例外。文化交往的发生与发展一般地说是建立在两个基本条件之上的。

文化交往的第一个基本条件是文化的传播条件，包括文化能够接触的地理条件和工具条件——即交通条件和文化传输的媒介条件。对于远古的民族来说，地理条件是最重要的条件，因为这时候各民族之间的文化交往主要是以物质产品为主要内容或媒介进行的，相距遥远或高山海洋阻隔的民族之间的文化交往比较困难；比邻而居或无高山海洋等自然屏障阻隔的民族则易于发生交往。如欧亚大陆的各民族文化之间相互交往频繁，而直到通往美洲大陆的航线开辟以前，美洲大陆文化与其他大陆文化的交往就很少，甚至没有。在欧亚大陆内部，地中海东部沿岸各民族文化交往频繁；受浩瀚的戈壁沙漠、干旱草原、西伯利亚森林屏障的华夏文化与其他大陆文化的交往就晚近和疏落一些。文化交往是随着人类各民族克服自然障碍能力的提高和扩大而增多和扩大的。

文化交往的第二个基本条件是文化本身具有超越性。文化交往作为一种活动、能力和产品的交换，只有当一个民族的文化引起另一个民族的需要的时候，才有可能发生。马克思指出："一种东西要成为交换对象，具有交换价值，就必须是每个人不通过交换就不能得到的，必须不是以这种最初的形式即作为共同财富的形式而出现的。稀有性就这一点来说是交换价值的要素。"①马克思这里讲的是商品的交换，但对于文化交往有着同样的意义（商品本身就是文化或文化载体）。一个民族的文化能够成为交换的对象，首先是它必须能够超越民族和地域的狭隘性，具有一定程度的普适性，能够作为"共同财富的形式而出现"；其次是它必须对另一个民族具有补缺和改进的替代性，否则文化交往不可能发生。比如，马车的速度、负荷以及活动半径大大高于人的肩挑背驮，机械动力运输工具的速度和负载量相对于自然力——人力、马力、风力（帆船）等——又具

---

① 《马克思恩格斯全集》第46卷（上册），人民出版社1979年版，第124页。

有革命性进步,越来越先进的交通工具既具有提高速度和效率的功能 (补缺和改进),又具有超越发明创造者所在环境和条件的普遍适用性 (飞机可以飞越高山海洋),所以能够也必然会传播到世界各地;其他如 生活方式、风尚民俗(简约易行)、宗教信仰(心灵抚慰能力)等无不如此, 而仅仅适合于特定环境的创造物则难于通过交换而获得传播。

毫无疑问,文化交往的这两个条件本身又是以文化发展到一定程度 为条件的。克服交往屏障的能力(理论的、技术的)和文化对民族与地域 的超越性,既是一种文化所达到的水平,又是文化发展程度的标志。换言 之,文化交往的发生与发展有赖于文化本身的发展和发展状况。在此意 义上,文化交往的发生不是从来就有的,而是人类文化发展到一定阶段的 产物。各民族文化的发展既为它们之间的交往创造了条件,又提出了交 往的需要;反过来,文化交往又带来各民族文化的更大发展,创造着更好 的交往条件,提出了更大和更多的交往需要。

实践是文化的源泉,文化交往的文化条件同样是实践创造的。文化 交往以有着不同文化的民族的接触为前提。民族与民族之间、文化与文 化之间发生联系,有赖于各民族生存和发展的实践拓展。实践之于文化 交往的本体论意义首先在于,各民族实践活动不仅创造了可以与他民族 相互交换的文化,更重要的是,实践创造了民族或民族文化之间的相互接 触和相互联系的条件,使各民族文化的交往成为可能。

茫茫宇宙,浩瀚无垠。自从有了人类,有了人类的活动,这无始无终 的宇宙就被二重化,一个是自在的自然世界,另一个就是作为人的活动产 物的属人世界,亦即文化世界。自在世界是独立于人的活动或尚未被纳 入人的活动范围内的自然界,在这个世界中,一切事物都按照事物之间以 及自身各要素之间的相互作用而体现的自然规律进行着运动变化。人类 世界和人的活动不可分离,它是人的活动"创造"的世界,是人的对象世 界、对象化世界。通过自己的活动,人把自己的目的性因素注入自然界的 因果关系中去,使自然界的因果链条按同样客观的"人类本性"发生运 转。或者说,人把自己的内在尺度(价值尺度和审美尺度)运用到物质对象上去,按人的方式来规范物质转换活动的方向和过程,改变物质的自在存在形式。正是在人的实践活动中,天然自然这个"自在之物"日益转化为体现了人的目的并能满足人的需要的"为我之物"。这一过程就是自然的"人化"过程,其结果是从天然自然中分化出人化自然。"自然的人化"是"自然界对人说来的生成过程"①,是自然界在人的实践过程中不断获得属人的性质。对自然而言,这个过程是自然界不断地被改造为人的生存和发展的条件的过程;对人而言则是人的本质力量的确证和展现过程,亦即人的价值实现过程。"人化自然""是人的现实的自然界",是"人类学的自然界"。② 这个体现了人的需要、目的、意志和本质力量的世界就是文化世界,也就是被纳入了人类历史发展进程的世界。在本源上,文化世界是人的活动的产物;从结果上看,它是人的活动的产品;从本质上看,它是人的能力的体现和确证。

　　人类文化世界是随着人类实践活动的发展而不断发展、扩大的。人类文化世界一开始仅仅是分布于广袤地球上几个孤立的发源地。如果说,当人类足迹已经踏遍整个地球,乃至把整个地球都变成了文化世界,地球上已经不存在自在世界和文化世界的界限的时候,人类文化世界尚且是无限延伸的宇宙中偏安于太阳系的一隅之地,那么,人类早期的栖息地——文化世界则只不过是地球上被涂抹了人类痕迹的几个小小的"点"。人类文化的历史首先在几个古老的民族那里取得相对独立的起源。这些古老的民族一开始在各自的生活环境中获得各自的生存方式,创造了各自的文化。由于自然条件和人自身实践能力的限制,人类各大文化发源地在相当长的时间内处于相互隔离的状态,没有也不可能有联系和交往,犹如飘荡在广袤海洋上的几叶孤舟,即便空间距离很近的各人类群体也是"比邻若天涯",各自固守着小国寡民式的"独立王国"。所谓自然条件的限制,实际上是人的实践能力的自我限制,自然条件限制是与

---

① 《马克思恩格斯全集》第 42 卷,人民出版社 1979 年版,第 131 页。
② 《马克思恩格斯全集》第 42 卷,人民出版社 1979 年版,第 128 页。

实践活动能力成反比的,自然环境对人的束缚越大,表明人的实践能力越小越弱;而实践能力越高,自然条件对他的约束和限制就越小。马克思精辟地指出:"人们对自然界的狭隘的关系决定着他们之间的狭隘的关系,而他们之间的狭隘的关系又决定着他们对自然界的狭隘的关系。这正是因为自然界几乎还没有被历史的进程所改变。"①人对自然条件的关系实际上就是生产条件对自然条件的关系。而生产条件的发展水平就是人类文化所达到的程度。文化与实践活动、实践手段、实践方式及其活动的世界具有同构性。人的丰富性程度(实际上也就是文化的丰富性)表现为人与自然关系的丰富性程度和人的社会关系(人与人的关系)的丰富性程度。人与自然关系的狭隘性首先是人类改造自然界的广度和深度,表现为"自然界几乎还没有被历史的进程所改变"。人们之间的狭隘性既表现为共同体内部关系的狭隘性,更表现为共同体之间的疏离甚至敌对的关系。换句话说,人们只能在很小的范围内、在感性的层面上把自然界和社会关系纳入自己实践活动的范围,尚不能在更大的范围和更深的程度上与世界建立起对象性关系,把更大范围的世界变成自己活动的条件。所以,一方面是各民族的实践能力尚不能够克服自然障碍,使文化能够相互接触;另一方面,与之相适应,人类早期的文化尚不能摆脱与当下生存环境的直接统一性,亦即人们创造的生存和发展智慧尚不具有适应不同环境的普遍性(——这种普遍性,我们姑且称之为"文化的可交往性")。这两个方面是相辅相成、互为条件的,实际上是同一个问题的两个方面,它们都统一于人的实践活动和实践活动的水平。换句话说,文化与文化之间的交往及交往水平和人类建立在实践活动基础上的、与自然之间的交往水平和交往状况是一致的。然而实践是一种革命性力量,它将通过自身的发展克服和摆脱这种双重的狭隘性,从而也使文化走出自身的双重局限性。

　　文化交往的发生首先是人类实践活动"领地"不断拓展和扩大的结

---

① 《马克思恩格斯选集》第 1 卷,人民出版社 1995 年版,第 82 页下面的注释①。

果。实践所要解决的矛盾是主体与客体之间的矛盾和对象化与非对象化之间的矛盾,前者是认识意义上的矛盾,后者是实践意义上的矛盾。这两对矛盾的实质是人作为主体同外界环境的矛盾——人的需要与自然界环境之间的外在性矛盾。为了解决这个矛盾,人必须利用自己的活动,克服客体或非对象化世界的异己状态,实现客体的主体化或非对象化世界的对象化。具体地说就是引起自然界的变化,以在更大范围内实现同自然界更深刻的物质变换。实践活动既是满足需要的活动,也是创造新需要的活动,"满足第一个需要的活动和工具又引起新的需要"(马克思语)。人只有不断地改造自然环境,才能创造不断提高着的有利于自身生存和发展的环境与条件。所以作为主体的人与自然环境的矛盾始终是实践发展的动力和源泉,同时也是文化交往实现和发展的动力和源泉。实践本质上是一种否定性活动。实践的否定性特点体现在两个方面:一方面是对现有世界在自在状态程度上的否定,不断地否定、改变着自然环境的现有状态,在越来越深入的程度上实现自然的人化;另一方面是对现有生存环境在空间上的否定,在更大范围上建立起与自然界的对象性关系,把更大范围的世界纳入自己的活动范围。实践活动的这一"本性",使实践永远也不会停留于"现实的世界",而总是不断扩大着与周围世界的对象性关系,把更大范围的自然世界纳入自己的活动过程,在更大的范围上和更高的程度上建立起属人的世界。因此,人类对自身环境(自然环境、社会环境)的改造将永远表现为一个过程,这个过程既是人类社会发展的过程,也是文化不断发展的过程和文化世界不断扩大的过程。随着人类最早的几个文化世界的不断扩大,各文化世界之间实现了相互的接触,从而实现了文化与文化之间的联系与交往。

　　人类历史上最早出现的几大文化发源地,分布在非洲和欧亚大陆的两河流域(底格里斯河、幼发拉底河)、尼罗河流域、恒河流域、黄河流域。这些文化发源地孕育出了巴比伦文化、古埃及文化、古印度文化和华夏文化。这些文化一开始都是独立发展着的。华夏文化、古印度文化和巴比伦文化虽然都在亚洲而且"近在咫尺",但由于地理上的因素使相互之间的空间距离仍是相当遥远,恒河流域与黄河流域为险峻的喜马拉雅山脉所阻断,黄河流域与两河流域则为西亚广袤的高原沙漠所分隔。而在遥远的南太平洋孤岛上的澳大利亚土著居民的文明,为太平洋和大西洋裹挟的美洲印第安人创造的阿兹台克人文明、印加人文明、玛雅文明,更是与其他文明长期处于隔绝状态。这种文化之间的隔绝状态是与人类实践活动能力联系在一起的,同时它也将随着人类实践活动能力的提高而逐渐得到克服。"人的活动范围一直取决于它的技术水平。在人类处于食物采集阶段时,人类各群体的活动范围仅限于它的狩猎场所;当人类学会农业、冶金术和造船技术时,人类的活动范围扩大了;到了古典时代,技术有了进一步发展,使农业和文明的扩展大大超越过去,因而,有了地区性的帝国,这些帝国继续扩大自己的疆域,彼此邻接起来,横贯欧亚大陆。"[①]今天,距离已不再是人类的问题,因遥远带来的神秘想象已成为远古的记忆,"天涯若比邻"成为人类实实在在可感受的经验现实。正是人类实践创造了文化,也正是实践扩大了文化世界,把各种文化联系在一起,使人类从地球上几个孤立的"点"出发,跨过辽阔的海洋,越过险峻的高山,趟过无际的草原,把整个地球都变成了自己实践活动"场",变成自己的生活世界。如今人类已经突破星际界限,开始探索遥远的星球,在地球的外层空间留下了足迹。就民族文化之间相互联系、相互交往来看,从人类早期的分布于地球几个孤立的文明发源地,到相邻的地方性联系的建立,到世界性历史的形成,再到今天的全球化时代的"地球村",都是人类实践活动不断发展、实践活动领域不断扩大的结果。

(二)文化交往与交往实践

　　实践对扩大的活动条件的渴望是文化交往持续深入发展不竭的动力。各民族生存和发展实践对文化交往的需要是交往实践不断发展和深

---

① 　[美]斯塔夫里阿诺斯:《全球通史——1500年以前的世界》,吴象婴等译,上海社会科学出版社1999年版,第121页。

化的根本原因。文化交往与人类的实践活动之间存在着相互作用和相互推动的关系,实践活动推动着文化交往的深入发展,文化交往为实践活动提供更广阔的舞台和更丰富的资源。前面已经揭示了文化交往就是民族之间智慧或活动的互换,从实践的角度来看,民族之间文化交往的实质就是参与交往的民族把相互之间的生存环境纳入自己的对象世界,把与其他民族及其创造的生存条件之间的关系转化成对象性关系,从而把其他民族及其创造变成自己的活动条件。正是文化交往之于实践的意义,各民族相互之间的文化交往实现了由自发到自觉的转变,虽然历史上不乏被动的交往,但主动自觉的交往行为成为世界各民族文化交往的历史趋势,并推动着文化交往的不断发展。可资证明这一点的历史事实是,文化交往的发展道路并不是一帆风顺的,而是充满了矛盾、碰撞、摩擦、冲突,甚至引发战争,但文化交往不仅没有因此而停止它的发展步伐;相反,各民族之间的交往关系不断变革,交往形式不断被突破,交往的范围和交往的领域不断扩大,交往的程度不断加深。文化交往这种充满"坎坷"但却生生不息的发展历史,除了各民族发展的实践对它的需要,没有任何别的理由。正是文化交往的民族实践意义,形成了文化交往具有自我促进的"本性"。

　　感性经验是,任何一个民族的智慧都不可能等同于人类各民族的智慧,任何一个民族的创造都不能比肩于人类各民族的创造。交往之于各民族的最大好处在于避免了各民族一切从零开始,而是可以把其他民族的创造直接转变成为自己的活动条件。恰如邓小平之精辟妙喻:由于直接引进国外先进技术和装备,现在我们造汽车再也不用锤子敲敲打打了。尺有所短,寸有所长。各民族文化的地域性特点往往既是地域性劣势又是其地域性优势,某个民族的创造对另一个民族来说,或者缺乏创造的基本条件,不通过交换就不可能获得;或者本土创造各种成本过高,直接借用更为低廉和便捷;或者具有直接的先进性和替代性,直接跨越某个阶段,达到更高的水平。中国汽车制造业从原始的"用锤子敲敲打打"到自动化的流水线生产,就是把别人的创造直接变成自己的活动条件。在文化交往的实践中,由于各民族智慧和创造之间的相互补益性的日益彰显,各民族越来越自觉地认识到文化交往对自身发展的好处,认识到广泛的文化交往可以直接利用其他民族的创造促进自身的发展。一个善于利用他民族创造的民族,不仅能够加快自身的发展速度,而且能够实现跨越式的发展。不仅具体的生产和生活的技术技艺如此,生产方式甚至社会革命无不如此。一个国家的社会革命"不一定非要等到这种(即生产力和交往形式之间——引者加)矛盾在某一国家发展到极端尖锐的地步,才导致这个国家内发生冲突。由广泛的国际交往所引起的同工业比较发达的国家的竞争,就足以使工业比较不发达的国家内产生类似的矛盾"。①这就是工业化国家的创造直接成了比较不发达国家的活动条件。公元前2000年开始的游牧民族对农耕文明的征战和迁徙,使他们由游牧生产方式直接转变为农业生产方式,加快了游牧民族向文明的迈进;日耳曼人对古罗马的入侵和对古罗马文化的接受,使之从原始社会直接跨进封建社会的发展阶段;十五六世纪,尚是欧亚大陆落后地区的西欧的海外扩张,充分利用了几乎是全世界人民的创造,西欧后来能够率先开辟现代化时代与此是有密切关系的;被世界公认为最善于吸收和借取其他民族文化的日本,仅用西欧各国四分之一的时间就完成了现代化的转型,并跻身于世界最发达国家的行列。文化交往促进各民族发展的历史事实深刻地证明了马克思的伟大论断:"各民族之间的相互关系取决于每一个民族的生产力、分工和内部交往的发展程度。这个原理是公认的。然而不仅一个民族与其他民族的关系,而且这个民族本身的整个内部结构也取决于自己的生产以及自己内部和外部的交往的发展程度。"②各民族对外文化交往的实践,既有对文化交往的自觉认识和主动接受,也有迫于外部压力的被动吸纳,如果不对外开放,不与其他民族加强文化交往,不积极利用各民族人民的创造,那么这个民族就将在世界文明的发展进程中落得更

---

① 《马克思恩格斯选集》第1卷,人民出版社1995年版,第115页。
② 《马克思恩格斯选集》第1卷,人民出版社1995年版,第116页。

远。美国历史学家斯塔夫里阿诺斯指出:"如果其他地理因素相同,那么人类取得进步的关键就在于各民族之间的可接近性。最有机会与其他民族相互影响的那些民族,最有可能得到突飞猛进地发展。实际上,环境也迫使它们非迅速发展不可,因为它们面临的不仅是发展的机会,还有被淘汰的压力。如果不能很好地利用相互影响的机会求得发展,这种可接近性就常会带来被同化或被消灭的危险。相反,那些处于闭塞状态下的民族,既得不到外来的促进,也没有外来的威胁,因而被淘汰的压力对它们来说是不存在的,他们可以按原来的状况过上几千年而不危及其生存。"①实际上,由于世界历史的发展,各民族相互依赖关系的形成,交往本身就构成一个民族的活动条件和活动世界,民族的发展、发展道路的选择不仅仅取决于该民族本身,而且同时取决于它所处的交往关系,任何意欲孤立于民族交往之外,"按原来的状况过上几千年"的企图已经不再可能,一个民族要想获得发展,就必须参与到与其他民族的交往中来。

对外开放,是当今世界性潮流,驱动这一潮流的深层动力正是各国发展的实践。开放本质上就是通过开放扩大与其他民族的文化交往,当今世界这种开放的要求和实践大多来自长期闭关锁国的经验和教训。中国开放前后的鲜明比照,可以说是文化交往实践意义的最好注脚。邓小平在中国社会主义建设的关键时刻作出对外开放的伟大决策,其深刻的历史根据正在于把握了文化交往的本质,他用最明了平实的语言道出了开放策略的目的、实质和重要意义。他说,中国的发展离不开世界,扩大对外开放,就是为了利用国外智力,学习世界先进科学技术;中国"要实现四个现代化,就要善于学习,大量取得国际上的帮助。要引进国际上的先进技术、先进装备,作为我们发展的起点。"②而这样的认识则来自长期闭关锁国导致中华民族积贫积弱的切肤之痛:三百多年的闭关锁国……搞

①　[美]斯塔夫里阿诺斯:《全球通史——1500 年以前的世界》,吴象婴等译,上海社会科学出版社 1999 年版,第 57 页。

②　《邓小平文选》第二卷,人民出版社 1983 年版,第 132—133 页。

得中国贫穷落后,愚昧无知。绝缘于世界性文化交往,就是对世界各民族智慧的抛弃,就是拒绝先进,就会严重阻碍一个国家或一个民族内部各领域实践的发展。

当然,我们说文化交往是实践活动的需要,是就人类实践的总体和趋势而言的。对文化交往的实际需要,不仅取决于各民族对文化交往意义的认识,还取决于各民族的实践或文化发展水平。历史上许多民族的对外文化交往并不都是自觉主动的,特别是自地理大发现以来,西欧殖民主义者在世界范围内的侵略活动,向世界各地异民族推广他们的文化,强行改变他们的生活和生产方式,对于那些殖民地民族来说是被动的。但是,西欧资本主义工业化生产方式的扩张,毕竟使那些尚处于前工业社会甚至更早发展阶段的许多民族被迫参与到交往中来。一方面,侵略者带来了新的生产工具、新的生产方式、新观念、新思想,不同程度地促进了当地的发展;另一方面,在被动参与的过程中,这些民族深刻地认识到文化交往的重要性,认识到落后就要挨打,而通过相互交往,把发达民族的创造直接变成自己发展的条件,开辟了提升自己、缩小差距最重要最便捷的途径,从而由被动地接受转而成为主动地交往。中国自明代以来的对外交往是这种转变的典型缩影。中国近代以来与西方的文化交往一开始就处于被动地位,交往的大门是被西方的坚船利炮强行打开的:一方面,工业化的物质文明和精神文明随着列强入侵涌进国门,让两眼向内的中国人第一次"睁眼"看到了另一个曾经为自己所不屑却竟然如此先进的世界,从而开启了中国近代化的序幕;另一方面,一系列抵抗侵略战争的败绩,一系列割地赔款的不平等条约的签订,使中国人开始认识到落后就要挨打的道理,逐渐认识到非采用世界先进文化("师夷之长技")不能摆脱落后被动之局面("以制夷")。国人痛定思痛,于是由封闭转而开放,由被动转而自觉,于是有了"洋务运动"、有了"戊戌变法"、有了"新文化运动"这些对西方物质文化、制度文化和观念文化的主动交往诉求,尽管这时的认识还是极其有限的,实践上还是小心翼翼的,尽管有过"体用之争"、有过"科玄论战",但毕竟开始了转变,确立了正确的方向。中国真正主动自觉地对外交往开始于20世纪80年代,数十年改革开放所取得的举世瞩目的成就,已经确证了直接利用其他民族之创造为自己活动提供条件的历史性意义。历史证明,实践对文化交往的诉求虽然会受到种种阻碍,但终究会冲破各种羁绊,争取到更大作为的广阔天地。

(三)交往实践的发展与文化交往的深化

正如人类实践不会停下它的脚步一样,实践对文化交往的诉求也不会停留于某个发展阶段。实践作为文化交往的动力,不仅表现为拓展了实践活动的领域,实现了文化之间的接触,扩大了文化交往的范围,加大了文化交往的密度,而且还表现在推动文化交往不断地深化。交往实践的发展和文化交往的深化表现在以下几个方面:

首先,文化交往关系的扩大,越来越多的民族文化或主动或被动地参与到相互交往中。如前文所述,人类各民族从相互独立的文化发源地出发,从最初与相邻民族之间的文化交往,发展到与周边民族的多边交往,再拓展为区域之间的交往,进而发展到全世界各民族相互依赖的"世界历史"的形成,再到今天的全球化——所有民族文化都被纳入文化交往之中,"甚至最野蛮的民族都卷到文明中来了",都是交往实践拓展的结果和文化交往深化的表征。

其次,文化交往深化表现为文化交往的品类越来越丰富。从物质产品交往到精神产品交往,从生产技术、生活方式、风尚民俗到制度设计,从伦理道德、法律制度到宗教信仰,从作为结果的文化产品的交往到活动的直接交往等等,文化交往的内容越来越丰富全面。文化交往之所以取得广泛性发展,除了因为各民族的文化在各个方面都具有相互补益或补遗的特性外,还是由文化自身的本性所决定的。作为自足的有机体系,各民族文化的各要素之间都是相互联系的,其中任何一个文化要素都以其他要素为条件,由之决定;任何一个层次的文化交往都会产生进一步交往的需要,提出推进到更深层次交往的要求,从而促进文化交往由点到面、由表层到深层的不断深化。就如同物质文化产品的交往必然会提出使用和创造产品的技术交往一样,生产力(生产工具、生产技艺)的交往必然发展到生产方式的交往、制度的交往,因为不同的生产力水平总是要求与之相适应的生产方式和制度安排。手推磨与封建自然经济相联系,蒸汽磨则只能在资本主义生产方式下才能运转。"定居下来的征服者所采纳的共同体形式,应当适应于他们面临的生产力发展水平,如果起初情况不是这样,那么共同体形式就应当按照生产力来改变。"①而任何一个生产方式或生产活动的运行体制及其规范规则又是一个体系,这个体系的各个方面又是相互制约、互为条件的,离开了其他因素,任何一个孤立的要素都不能保证实践活动的正常进行。因此,实践活动的交往必然要求推进生产方式以及其他一系列方面的全面交往。②

再次,文化交往的深化表现为文化交往从表层逐步推进到深层。从文化交往具体过程看,文化交往总是从活动产品的交往发展到活动的直接交往,而活动产品的交往又经历了一个从物质文化产品到精神文化产品的深化。文化交往必然要经历一个从物质文化到制度文化、再到观念文化这样一个由浅入深、由表及里的逐步深化过程,是有深刻的认识论和实践运行机理根据的。文化交往之所以是一个不断深化的过程,除了文化之间的相互了解、认识和理解是一个逐步深入的过程外,任何民族文化之间的交往总是开始于满足生产和生活需要的物质文化产品的交往或交换,物质文化产品交往发展到一定程度,必然会提出精神文化产品——科学、艺术、宗教,以及蕴涵于物质产品和精神产品之中的观念——交往需要。文化交往这种纵向深化的更深刻根据在于,实践作为改造世界的活动,不仅是以一定物质手段为媒介的物质性活动,而且是以人与环境以及人与人之间的意识关系或者说观念关系为媒介的活动。实践活动这一本

---

① 《马克思恩格斯选集》第1卷,人民出版社1995年版,第126页。
② 多年前,曾经有人指出,从外国引进的东西一到中国就变形,如"优化组合"机制的引进是为了解决"大锅饭"现象,提高企业效率,但到了中国的一些地方就往往演变成了"任人唯亲",不是优胜劣汰,而是"劣胜优汰",就是因为这种制度本身必须以另外的制度——相应的规范制度、监督制度等——为条件的。

质特征在文化交往中也得到鲜明体现。文化各要素的有机联系决定了在文化交往过程中,任何技术层面和制度层面的交往都必然推进和延伸到观念层面。中国传统封建制度需要儒家伦理观念维系,社会主义制度则必须以社会主义核心价值体系为精神指导。一个文化的意识或观念构成该文化的核心层面内容,文化的其他要素都直接或间接地反映和体现着这一核心内容,只有把握了一个文化的内在精神,才是对这个文化体系或这个文化要素的真正把握。"洋务运动"为中国近代引进工业化生产方式的最初尝试,实践证明,这种生产方式首先需要一定的与之相适应的制度为直接保证,而这种制度的真正实现又需要相应的思想理念的维系。中西方文化交往就这样一环接一环地步步深入下来,并构成了近代以来中西方文化交往的历史进程。另外,随着生产力的发展,各民族的生产活动越来越多地越出民族和国家的界限,直接把其他民族和国家作为自己活动的条件的活动交往越来越多;而随着社会发展,人类面临的共同的、需要集中各民族智慧和能力才能解决的问题越来越多,活动的交往必然快速深入地发展起来,毫无疑问,任何共同的活动都必须以某种层面的价值观为前提,而价值观恰恰是一个文化的最核心的内容。活动的交往是文化交往的最高形式,其中包含物质文化产品交往和精神文化产品交往,它是迄今为止人类文化交往最丰富的形式。

总之,实践活动的推动,交往实践的拓展,是人类各民族文化交往不断发展深化的最根本原因。

二、交往形式与生产力的矛盾: 文化交往的根本动力

以上是我们一般地论述了文化交往的实践动力,这里将具体讨论文化交往得以发生和发展的内在动力机制。具体说,实践究竟是如何推动文化交往的发生和发展的。任何事物的发展都是由该事物内部的基本矛盾运动所推动的。文化交往是实践的需要,包含在交往实践中的基本矛

盾就是生产力和交往形式之间的矛盾。实践的发展需要占有全面的生产力,而一定时期的交往形式总是阻碍着实践对全面生产力的占有,于是生产力的发展突破交往形式的羁绊,推动着交往不断扩大。马克思和恩格斯指出:"一切历史冲突都根源于生产力和交往形式之间的矛盾。"①马克思和恩格斯这一论断的明确意义是:一切交往的发展或各民族相互依赖之"世界历史"形成的根源或动力,都是生产力和交往形式之间的矛盾之产物,因为没有交往和联系就无所谓冲突,冲突本身就是交往或者交往之形式。推动文化交往发展的基本矛盾就是生产力和交往形式之间的矛盾。换句话说,民族文化交往的历史,就是生产力的发展不断突破制约文化交往的交往形式而不断扩大和深化的历史。

(一)交往形式及其本质

生产力是众所周知的马克思主义历史唯物主义的基本概念,把握生产力和交往形式矛盾的重点在于把握交往形式。所谓交往形式就是一定历史发展阶段上交往关系的实际表现形态、交往方式的表现形式或实际状态。我们这里的交往关系主要是指区别于民族共同体内部交往关系的各民族之间相互的交往关系,因此交往形式也就是指民族之间交往关系在一定发展阶段上所达到的实际状态和所形成的交往方式。理解"一切历史冲突都根源于生产力和交往形式之间的矛盾"是文化交往的动力之关键,在于正确把握民族之间的交往形式何以与生产力构成一对矛盾。众所周知,在马克思那里,交往是生产得以进行的前提条件,但马克思在谈到生产的条件时,往往使用不同的概念,如交往、交往关系、交往形式、生产关系等等,特别是马克思常常把交往关系与生产关系、交往形式和生产方式并用。以往学术界多认为,交往关系和交往形式概念是马克思历史唯物主义理论尚不成熟的用法,当历史唯物主义理论成熟以后,马克思就不再使用交往关系和交往形式了,而是用更为科学的生产关系取而代

---

① 《马克思恩格斯全集》第 1 卷,人民出版社 1995 年版,第 115 页。

之。同样,人类社会发展的动力也就由更为科学的"生产力和生产关系的矛盾"取代"生产力与交往形式的矛盾"了。我们认为,这种诠释是不符合马克思本意的。其实在马克思那里,交往关系、交往形式虽然与生产关系、生产方式在内涵和外延上有些微小差异,但却是本质一致的一对范畴,区别只在于用于不同的语境而已。

　　首先,生产关系就是交往关系。"生产本身又是以个人彼此之间的交往为前提的。这种交往的形式又是由生产决定的。"①马克思指出:"他们只有以一定的方式共同活动和互相交换其活动,才能进行生产。为了进行生产,人们相互之间便发生一定的联系和关系;只有在这些社会联系和社会关系的范围内,才会有他们对自然界的影响,才会有生产。"②个人彼此之间形成一定的交往关系是生产的前提,很显然,所谓交往关系就是在生产过程中形成的生产关系,反之亦然。如果说两者有区别的话,那是侧重点不同以及后来在使用上形成习惯性指称通例。相较而言,交往关系侧重关系的属人性,即关系的主体性,生产关系侧重这种关系发生的基础,即在生产活动中形成或者为着生产而形成的关系故为生产关系;其次,生产关系作为结果,相对于生产活动而言,具有从属性、被决定性,而交往关系强调其之于生产的前提性——当然是逻辑前提——即之于生产活动的条件性;最后,交往关系强调人之于关系的主体性,而生产关系更强调关系对人及其活动的制约性。本质上,二者都形成并存在于生产活动之中,随生产活动的变化而变化,随生产活动的消亡而消亡(就其与特定生产活动相应的关系形式而言)。

　　我们再来看通常意义上的生产关系——即生产共同体内部的生产关系,这也是历史唯物主义教科书所论述的生产关系——与民族之间交往关系的关系。第一,任何关系——从根本上看,或直接或间接——都是为着人们满足需要的生产活动而形成并发展起来的,即一切关系都是"为

---

① 《马克思恩格斯选集》第 1 卷,人民出版社 1995 年版,第 68 页。
② 《马克思恩格斯选集》第 1 卷,人民出版社 1995 年版,第 344 页。

我"的关系。历史地看来,人类伊始,人们丝毫没有结成一个社会的意图,总想独立地发展自己,但正是他们的所作所为使社会发展起来。生产关系是如此,民族交往关系也如此。第二,任何为着生产活动发生并发展起来的关系本质上或其基本内容都是"以一定的方式共同活动和互换其活动"。生产关系是生产共同体内部活动的互换,交往关系是民族之间活动的交换。或者说,生产关系是在生产共同体内部把他人活动转变为自己活动的条件,交往关系则是把生产共同体外部的他族活动及其创造转变为自己活动的条件。可见,交往关系与生产共同体内部之生产关系具有本质的一致性。由此观之,交往关系实际上就是随着生产力的发展,实践活动领域的拓展,活动的条件越出了民族国家之外,是生产关系在生产共同体外部的延伸和扩大,这也就是马克思说的随着"世界历史"的逐步形成而产生的"生产的国际关系。国际分工。国际交换",即国际性或国际化的生产关系、分工和交换。如果说,这种国际性分工和国际性生产关系在"世界历史"形成之前尚不明晰的话,那么随着地理大发现,各民族世界性相互依赖关系的形成,特别是在以跨越国界的经济活动为标志的、不断深化着的全球化进程中,获得了淋漓尽致的体现。历史证明,一个民族交往越广泛,它活动的舞台就越广阔,它可利用的资源就越丰厚,它发展的速度就越快。但是通常,人们把生产关系——无论理论上还是实践上——仅仅看做民族或生产共同体内部的关系,仅仅把民族内部的活动的交换看做生产得以进行的条件,理论上这种观念过于狭隘,实践上大大限制了我们的视野,把本可以成为自己活动条件的世界性资源排除在实践领域之外,大大滞后了我们的发展,这在中国是有深刻教训的。邓小平所说自明朝中叶以后的闭关锁国,搞得我们贫穷落后、愚昧无知,实在精辟之至。特别是在新中国成立以后,我们过分强调自力更生,不能不说与意识深处对生产关系概念的片面认识有关。实际上,构成一个民族生产关系的不仅是其内部的交往关系,还包括与外部民族之间的交往关系。这就是马克思一再强调的一个民族的发展不仅取决于内部交往发展的程度,同时取决于与外部各民族之间交往的发展程度的根本意义。特别是随着民族之间的社会分工取代民族之间的自然分工之后，这种外部的交往关系对于民族内部的生产和生产力的发展越来越重要，它避免了各民族一切创造都必须"单独进行"、一切都必须"从头开始"的孤立发展状况。民族外部交往的每一发展变化都会给民族生产力和生产关系带来发展变化，如"随着美洲和通往东印度的航线的发现，交往扩大了，工场手工业和整个生产运动有了巨大的发展。从那里输入的新产品，特别是进入流通的大量金银完全改变了阶级之间的相互关系，并且沉重地打击了封建土地所有制和劳动者。"①因此，各民族之间的交往关系与和民族内部的生产关系是本质上同一的关系，就是以实践活动为基础和媒介而形成的活动、能力及其成果的交换关系，它们一同构成民族生产和生产力发展的生产关系或条件。

当然在现有的生产关系概念下，特别是在民族国家仍然是国际关系中的主体的条件下，生产关系与民族之间的交往关系无论是在内涵上还是在外延方面还是有区别的。概言之，交往关系的外延大于生产关系，而生产关系的内涵丰富于交往关系。第一，生产关系是基于直接的共同生产活动（特别是物质生活资料和生产资料的生产活动）而形成的交往关系，处于同一生产关系中的人们有着紧密的经济利益联系。而交往关系除了民族内部基于共同的生产实践形成的生产关系外，还包括直接建立在交往实践活动基础上的交往关系，如民族、国家、区域共同体之间的交往，相互之间并不一定有紧密的、经常的经济联系。第二，生产关系主要指生产过程中活动的交换关系，而交往关系除了生产过程中的交往关系外，还包括政治、法律、宗教、艺术、军事等等其他方面的文化交往关系。第三，生产关系侧重于生产过程中活动的交换，而且这个范畴着重强调生产过程中人们之间直接的经济关系（如生产资料所有制、分配方式或者生产、交换、分配和消费）和政治关系（人们的社会地位等）；交往关系则侧重于直接智慧的交流和活动产品的交换。当然同一生产关系内部产品

---

① 《马克思恩格斯选集》第1卷，人民出版社1995年版，第110页。

交换越来越多,而交往关系中的活动直接交换也愈来愈多地发展起来,比如跨国公司和国际合作等。第四,虽然生产关系和交往关系都决定于生产力的发展水平,但生产关系直接决定于生产共同体内部的生产力发展水平,交往关系决定于参与交往的不同共同体的不同生产力发展水平。第五,生产关系与一国政治制度和意识形态紧密联系,它是构成一国政治制度和意识形态的经济基础,而交往关系则可以发生于不同经济基础之上的不同政治制度和意识形态之间。因此,生产关系一般只发生在处于同一生产力发展水平上的人们之间,而交往关系却可以在不同的生产力发展水平上发生,即处于不同历史发展阶段上的人们可以存在交往关系。但当我们把不管是生产关系还是交往关系仅仅看做活动的条件,或看做活动或活动产品的交换或互换时,生产关系和交往关系就有着本质的一致性,我们这里主要强调不同视野下民族活动条件的意义。我们可以这样来界定二者的关系:生产关系是民族或生产共同体内部的交往关系,而民族之间的交往关系则是生产关系在外部的延伸。

(二)生产力与交往形式的矛盾和文化交往

一切交往形式或交往关系的变革,归根结底是为着生产发展的需要。生产力推动生产关系的本质在于,生产关系就是人们之间的活动和能力的交换关系,作为生产得以进行的条件,这种交换关系是建立在一定生产力发展水平上的。随着生产力的发展,反映这种活动和能力交换关系的交往形式就不适应生产力发展的需要了,需要有适应新的生产力发展水平的更为合理、更为有效的交往形式,于是旧的交往形式被突破,新的交往形式应运而生。相比之下,在以农耕生产方式为基础的自然经济条件下,各经济体之间的交往和联系是偶然的、微弱的,而工业文明则需要广泛的、高频率的世界性联系。如果说,人类社会的发展就表现为生产关系的不断被突破,那么,它也就是使人们之间的活动和能力的交换关系不断趋于合理化,使人们能够更充分、更合理地占有、利用相互之间的活动和能力。每一种形态的交往形式都是人们活动的条件,"这些不同的条件,起初是自主活动的条件,后来却变成了它的桎梏,它们在整个历史发展过程中构成一个有联系的交往形式的序列,交往形式的联系就在于:已成为桎梏的旧交往形式被适应于比较发达的生产力,因而也适应于进步的个人自主活动方式的新交往形式所代替。"①

由民族之间文化交往形式的不断变革与民族生产共同体内部的生产关系变革本质的一致性所决定,各民族之间文化交往关系和交往形式的变革,同样是为了获得更为合理的文化交往关系,以充分地占有和利用各自的活动、能力和创造,更大程度地把其他民族的活动、能力和创造纳入自己的对象世界,变为自己的活动条件。所以民族之间文化交往关系的发展和变更,同样是生产力发展推动的结果。生产力的发展要求"摆脱种种民族局限和地域局限而同整个世界的生产(也同精神的生产)发生实际联系,才能获得利用全球的这种全面的生产(人们的创造)的能力"。② 马克思这一精辟论断不仅深刻地揭示了文化交往的实质,而且深刻地揭示了文化交往的内在动力。如同生产力与生产关系构成一对矛盾,并推动着生产关系的变革、促进着社会的进步一样,生产力和交往形式也是一对矛盾体,生产力的发展要求并推动着交往关系的变革,促进着交往的扩大和深入。同生产关系既可能是生产力发展的条件也可能是它进一步发展的桎梏一样,一定形式的交往形式(交往关系)既可能推动生产力的发展,也可能成为它进一步发展的阻碍;而生产力的发展必然要冲破各种阻碍,促进交往形式的变革,实现交往关系更广泛、更深入地发展。具体说,生产力的发展,一方面,必然会摆脱各民族文化中地域的和民族的局限性,打破各民族相互之间的封闭状态,在各民族之间形成一个相互交换活动、能力及其创造的文化交往体系;另一方面,必然推动着各民族之间文化交往关系的不断扩大,在越来越大的范围实现文化的交往,克服由于民族文化之间的差异造成的种种文化交往的障碍,促进交往程度的

---

① 《马克思恩格斯选集》第 1 卷,人民出版社 1995 年版,第 123 页。
② 《马克思恩格斯选集》第 1 卷,人民出版社 1995 年版,第 89 页。

不断深化,在越来越深入的层次上实现文化的交往。这样一个过程就是文化交往关系不断被突破、文化交往形式不断实现变革的过程。

人类历史上,当各民族在其发源地独立地发展着的时候,生产力和交往关系的矛盾只在民族内部发生和运行,各民族相互之间没有或只有仅限于相互毗邻地区的偶然的交往,这时这种外部交往对于各民族国家内部的生产和社会的发展还不具有根本性意义。每个民族独立创造、发展着自己的文化。各民族"在历史发展的最初阶段,每天都在重新发明,而且每个地域都是独立进行的",所以形成了各具特色的民族文化。随着生产力的发展,民族之间交往关系的发生和扩展,民族之间的封闭状况被打破了,生产力和交往关系超越了民族界限而与其他民族相互联系在一起。生产力在其发展的每一阶段上,都要求一定的交往形式或交往关系与之相适应;而在生产力的进一步发展后,这种交往关系或交往形式就不适应其发展的要求了,于是这种交往形式就要被突破,形成新的交往形式。交往形式的每一次突破,都表现为交往关系的深化和交往范围的扩大。文化交往正是在生产力和交往关系矛盾的推动下不断为自己开辟道路的。

人类各民族之间的文化交往随着交往形式的不断变革而逐步扩大的过程,也就是世界历史的形成过程。由于普遍交往,世界各民族相继走出各自孤立状态——或主动融入或被动裹挟——都被纳入世界历史进程,形成相互联系、相互依赖的历史发展过程。换言之,随着相互依赖关系的形成,每个民族国家都无法撇开其他民族乃至整个世界独立地书写自己的历史。世界历史作为各民族之间关系的发展史,实际上就是各民族之间文化交往的发展史,是以生产力为根本动力,在各民族相互之间文化交往的需要推动下形成的普遍文化交往史。在世界历史与文化交往发展史的关系上,与其说是世界历史形成和发展带来了广泛的文化交往,毋宁说正是文化交往才形成并促进了世界历史的发展。

世界历史的形成和发展是生产力和交往形式之间的矛盾推动的产物。马克思指出:大工业"首次开创了世界历史,因为它使每个文明国家以及这些国家中的每一个人的需要的满足都依赖于整个世界,因为它消灭了各国以往自然形成的闭关自守的状态。"①"需要"的相互依赖就是文化的相互依赖。这种文化的普遍相互交往和相互依赖是逐步发展起来的。一方面,历史真正转变成世界性的历史是资本主义生产方式产生以后的产物;但另一方面,"世界历史"本身是个历史范畴,"作为世界史的历史是结果",世界性的相互联系、相互依赖是在区域性的相互联系和相互依赖基础上发展起来的。"大工业便把世界各国人民互相联系起来,把所有地方性的小市场联合成为一个世界市场,到处为文明和进步作好了准备,使各文明国家里发生的一切必然影响到其余各国。"②可见,作为世界历史标志的世界市场是由许多地方性小市场联合发展起来的,而地方性小市场又是由更小的地方性小市场发展起来的。世界历史就是世界性交往,同样,这种交往关系也是从小到大发展起来的,马克思就是从单个人之间的交往开始追索世界历史形成和发展过程的,它表现为由单个人到家庭、部落、氏族,再到更大的共同体。今天的民族国家,特别是多民族国家的形成,就是交往关系不断扩大的产物。从文化交往来看,人类这种交往的历史就是文化交往的历史,就是人类各民族在越来越大范围上相互交换活动、能力和创造的历史。

三、文化交往的实现形式

实践活动是推动文化交往的根本动力,生产力与交往形式的矛盾运动是推动文化交往发展的深层动力机制。文化交往还有其表层动力,主要是一系列具体的文化交往的实践活动。生产力和交往形式的矛盾推动文化交往的发展,实际上是通过一系列具体的文化交往活动实现的。

---

① 《马克思恩格斯选集》第1卷,人民出版社1995年版,第114页。
② 《马克思恩格斯选集》第1卷,人民出版社1995年版,第234页。

（一）文化交往方式的历史发展

文化交往的具体实践活动是一个历史的发展过程,每一个历史发展阶段的文化交往实践不仅取决于文化交往的需要,而且受制于文化发展本身所提供的文化交往的手段、途径和文化交往媒介等条件。因此文化交往的具体实践活动是与文化本身的发展历史相一致的。不同历史阶段所获得的交往手段、途径、媒体、媒介等条件,决定着不同历史阶段不同的文化交往方式和交往程度。历史地看来,文化交往方式既是一个历史发展过程,又是一个不断丰富的过程。

关于文化交往的具体实践活动首先涉及很多相关概念的界定问题,如交往的手段、方式、途径、媒体、媒介等等。日常使用时对这几个概念方面没有作出明确的界定,经常是交叉互用、通用、混用。如广播电视,既被称为文化交往手段,又被称为交往方式,既是交往媒体,又是交往媒介。为了后文叙述的方便,我们这里将对这几个概念做并非严谨的简单说明,故不能视为辞典意义的界定。

文化交往媒介。所谓文化交往媒介,我们认为就是文化或文化传播的载体,即凡是直接负载着文化信息、表达着一定文化内容的事物都可称之为文化媒介。媒体,在我们看来则是传输和运载文化媒介的载体,具体说,商品是媒介,而运输商品的工具是媒体;电视是媒体,而电视运载和传播的新闻等各种形式的电视节目则是文化媒介。应当注意到的是,这样的划分是相对的,在一个场合是媒介的物品,在另一个条件下又成为媒体。比如商品,就其本身是文化物来看是媒介,就其是一个文化的内在精神的载体来看,它又是媒体。再比如书籍,一般在使用"书"或"书籍"一词时,主要指其所承载的内容或信息,但它同时又指称以纸张为材料并有着一定形式的文化载体,是纸质媒介时代的主要文化传播媒体。所以某个物品或事物或事件究竟是媒介还是媒体,是以其所处的条件和关系为转移的。

文化交往手段。文化交往手段就是文化交往媒体和媒介的统一。也可以说,一定文化内容和一定交往形式的统一,就是文化交往手段。文化交往的媒介和媒体是紧密联系在一起的,或者说,特定的文化媒介总是与特定的媒体相联系。如影片与电影这种形式的媒体联系在一起构成一种文化交往手段。文化交往手段是随着生产力和科学技术的发展不断发展变化的。

文化交往方式。文化交往方式既是对文化交往手段的统称,又是对文化交往手段的分类,换句话说,不同的文化交往手段构成不同的文化交往方式;反过来,文化交往方式又具体表现为一个个文化交往手段。文化交往手段有一个历史的发展丰富过程,这个过程首先表现为交往手段多样化、多元化,又表现为其表达文化精神和传达文化意蕴愈来愈精确明了、文化信息的衰减度愈来愈小以及交往效率不断提高的过程。与文化交往手段一样,文化交往方式也是随历史的发展而不断发展变化的,建立在一定生产力和科学技术水平上的不同文化交往手段构成了与其历史发展阶段相应的文化交往方式。文化交往方式有时是指某一类具有共同特征的文化交往手段,如电子传媒就包括了以电子传输为基本手段的多样文化传播媒体和媒介。

文化交往途径。文化交往途径是一个统称,它包括了文化交往的媒体、媒介、手段和方式。大凡具有文化交往意义的一切手段、方式、形式、渠道统称为文化交往途径。

依据以上的界定,当我们讨论文化交往的媒体和媒介时,实际上就已经把其手段、方式和途径包含在内了。由于媒体和媒介并无截然分明的具体界限,以下我们总称之为文化交往方式。

文化交往方式是随着历史的发展而不断丰富发展的,也是随着文化的发展而丰富发展的。文化交往方式不仅本身就是文化物,而且其发展本身就是一个文化历史现象。首先,文化交往方式是适应文化交往的需要不断地发展创新的,文化交往的需要推动着文化交往方式不断地变革和多元化。文化交往的需要就是实践活动的需要。文化交往历史表明,一旦实践提出了需要,就会带来文化交往方式的巨大发展和变革。一方面,文化交往方式的发展历程也就是实践推动着文化交往方式不断变革的历程,例如文化传播媒介从口头传播到印刷文字传送、从电话电报到今天因特网的日新月异的变化,都是在文化交往迫切需要的驱动下实现的;另一方面,在文化交往的实现过程中,文化交往方式绝不是被动的,文化交往方式承担着文化交往的具体实践,是文化交往得以实现的桥梁。没有一定的文化交往方式,文化之间无以相互联结,文化交往也不可能发生。其次,不同文化交往方式所实现的文化交往效果不同:一是不同文化交往方式所携带的文化信息量以及在文化交往过程中产生的文化信息的衰减度不同,因而文化交往的实际效果不同;二是不同的文化交往方式影响着文化信息的接受者对某种文化的解读,甚至影响着接受者对某种文化的好恶态度,比如文化霸权主义的文化推销政策,总会在不同程度上引起抵制,即便这种文化是先进合理的。最后,文化交往方式的发展和革命性变革有力地推动了文化交往的发展,文化交往方式发生的每一次重大变革都带来文化交往范围的扩大,交往领域的增多,交往频率的提高,交往关系的深化。文化交往正是随着文化交往方式的不断丰富而日益丰富起来的。马克思在评价18世纪以来工业革命在实现交往手段的革命时说道:"交通工具的增加和改良,……建立了精神与贸易的发展所必需的交往。"[①]历史上,相互毗邻的民族文化交往频繁,而在另外一些地区则只有零星的交往,甚至没有任何交往,这正是交往途径的不畅,交往手段的缺乏导致的。

我们说生产力的发展推动着交往关系的扩大和文化交往的发展,一方面是生产力的发展对文化交往的迫切需要;另一方面是指生产力的发展提供了越来越丰富的文化交往媒介和交往手段。生产力的发展程度对文化交往的手段和方式有着直接的意义。如同生产力有个逐步发展提高的过程一样,文化交往方式也经历了一个从简单到丰富的过程。文化交往最首要的条件是交通的开辟,包括交通的渠道和交通工具。人类的交通经历了这样几个发展阶段:首先是借助自然力的交通阶段,如借助于风

---

① 《马克思恩格斯全集》第47卷,人民出版社1979年版,第584页。

力的舟船,借助于人力和畜力的车舆等;然后是借助于机器力的交通阶段,如铁路、轮船,这一阶段是人类交通史上的革命阶段,蒸汽机的发明大大拓展了人类的实践活动范围,增强了人类的交通能力。"由于加利福尼亚的发展,必须建立全新的世界交通线,通往太平洋(太平洋实际上只是现在才被打开并将成为世界上最重要的大洋)的主要贸易路线今后是经过巴拿马地峡。随着开辟经过地峡的通道,海洋航运业也迫不及待地需要迅速发展。而亚洲、澳洲和美国之间的频繁交往要求开辟从巴拿马和圣弗朗西斯科至广州、新加坡、悉尼、新西兰和太平洋的最重要停泊地……自从有了这种全世界海洋航行的必要的时候起,地球才开始成为圆的。"①人类社会是乘着自己所创造的不断提速的交通工具加速前进的,进入现代,世界变得越来越小了,真正成了"地球村",人类营造出四通八达、立体高效的交通条件,"从此山不再高,路不再漫长",为文化的普遍交往创造了广阔空间,实现了如马克思所说的"以时间消灭空间"的交往时空。

　　文化交往条件除了需要提供克服自然空间阻碍的物理交通工具外,还需要满足文化信息传输的特殊条件,这就是交往媒体的不断发展和丰富。作为专事文化传播的交往工具,文化交往媒体或媒介是适应文化交往的需要而不断发展的。随着造纸术和印刷术的诞生,出现了书籍、报纸、杂志等纸质文化传播媒介;随着科学技术的发展,更加快捷的电报、电话、电视发展起来;与现代信息技术相联系,电子网络通讯迅速兴起,"新闻迅即成旧事"是当今传播通讯状况的真实写照。文化交往媒体或媒介发展的基本历史趋势是:交往速度不断加快、交往信息量不断增大、交往质量不断提高。

　　交通条件仅仅是文化交往借以实现的渠道,我们这里主要研究的是负载着文化信息的文化载体及其在文化交往过程中的意义。在文化交往的历史上,文化交往的手段异常丰富,几乎民族之间相互联系的每一个方

<hr />

① 《马克思恩格斯全集》第 10 卷,人民出版社 1998 年版,第 590 页。

面都具有文化交往意义,并因而都可以被视为文化交往的手段。一般地说,实践活动成果的交往是最早的交往内容(特别是物质成果),然后是实践活动、能力的交往。这是一个既符合文化交往发展的客观历史过程,也符合人类认识过程的交往规律。与之相适应,文化交往的途径、手段也经历了一个与其交往客体相一致的发展变化过程。不同的手段和途径携带和传达的文化信息量不同,有些手段和途径是间接的文化交往,有些手段和途径是直接的文化交往;有些手段和途径在历史上的文化交往过程中曾起过非常重要的作用,甚至是一定历史时期主要的文化传播手段和途径;有些手段和途径虽然在历史上对民族文化交往起过作用,但随着历史的发展渐渐地失去了文化传播的意义。从历史看来,文化交往手段和途径的发展的规律是,直接的文化交往手段和途径越来越多地发展起来。

(二)主要文化交往方式的历史考察

　　产品交换对外贸易传播文明。物质产品交换或商品贸易应当是人类最早的文化交往形式,或者说,是人类最早的活动交换形式。马克思说:"贸易——它终究不过是不同个人和不同国家的产品交换"。① 从现代考古学的资料来看,人类在很早的时候就有了产品的交换。产品交换的前提是各交换主体之间存在产品的差异。由于各民族生存环境和条件不同,在远古的时候,就出现专事农业、畜牧、贸易、渔猎、海洋运输等不同生存方式,形成所谓商业民族、航海民族、农业民族、游牧民族的不同,这是自然条件下各民族因地制宜地经营生活的方式而形成的真正纯自然决定的"分工",正是这种自然"分工"成为原始民族之间发展交往关系的前提,产生了相互交往的必要性和必然性。"贸易是双方面的,互通有无。农区在耕种及运输上需要大量的畜力,军队里需要马匹,这些绝不能由农区自给。同时农民也需牛羊肉食和皮毛原料。在农区对牧区的供应中,丝织物和茶常常是重要项目。因而后来把农牧区之间的贸易简称为'马

---

① 《马克思恩格斯选集》第1卷,人民出版社1995年版,第87页。

绢互市'和'茶马互市'。"①但物质产品的交流和交换受制于交通条件和一个民族对另一个民族产品的需求状况。在早期，由于交通条件的限制，产品交换在各民族发源地的相邻地区之间才有可能，"这样就产生了同邻近地区以外的地区建立贸易联系的可能性，这种可能性之变为现实，取决于现有的交通工具的情况，取决于政治关系所决定的沿途社会治安状况（大家知道，整个中世纪，商人都是结成武装商队行动的）以及取决于交往所及地区为相应的文化水平所决定的比较粗陋或比较发达的需求"②。产品交换是随着生产力的进步，交通条件的改善，以及民族产品的普适性程度的增加而逐渐发展起来的。随着交往关系的扩大，自然障碍的被克服，物质产品开始走向四面八方。直到今天，几乎在全球的每一个地方都能看到世界另外一个地方的产品。

产品交换的文化意义在于：首先，物质产品是各民族人民劳动创造的成果，是其实践能力的体现和智慧的结晶；其次，工业化之前的物质产品，特别是各民族早期创造的产品，充分表现了民族的特色，带着浓厚的民族实践活动的个性特征，凝聚着民族的世界观、价值观、审美观和思维方式。而且越往前追溯历史，各民族产品之间各方面的差距越大，民族性特征越丰富突出。因此用于交换的产品既是一种商品，更是一个民族的文化符号；既是民族之间相互联系的中介，又是民族文化交往的媒介。早期各民族之间的相互了解和相互认识，就是从各自的产品获得之时开始的。

产品的交换在人类历史上相当长的时间内都是文化交往的一种重要形式，直到近代以后，一些落后的以及相对封闭的民族和其他民族之间仍然是通过产品来相互认知的。但是，随着生产力的发展，特别是工业化以后，由于工厂式机器化的生产，产品的生产制作过程、方式，产品的功能、规格甚至包装，都实行标准化、程式化、统一化，除了那些尚保留民族个性特色的创造外，相当一部分人类活动的产品失去了民族个性和民族文化

---

① 费孝通主编：《中华民族多元一体格局》，中央民族大学出版社 1999 年版，第 13 页。
② 《马克思恩格斯选集》第 1 卷，人民出版社 1995 年版，第 107 页。

特色,"特产"不"特",从而其文化交往意义随着它作为文化符号功能的淡化而逐渐消失。当然,就其仍然是各民族人民活动的产品的交换、是各民族人民智慧的互换而言,它仍然是一种文化交往形式,只是这种文化交往意义已经在产品及其交换过程之外了。不过有意思的是,另有一些民族化产品本来是基本的生活和生产用品,其使用价值虽然已被更加实用的现代工业品取代,但产品本身却保留了下来,演变成了纯粹的文化符号,被赋予了纯粹文化交往的意义,如我们现在称之为工艺品的大多数物件。

民族迁徙　民族迁徙是民族文化交往的方式之一,并且在相当长的一个历史时期都是重要的文化交往方式。许多文化人类学家甚至把民族迁徙看做文化传播的主要途径。德国历史传播学派的先驱弗里德里希·拉策尔在解释不同地区文化的相似性时,反对古典进化学派的"心理一致说"和"独立发明说",认为迁徙是造成各地文化相似性的主要原因,文化要素是伴随民族迁徙而扩散开去的。当一个民族进行迁徙时,就是与一个民族相互联系的整个文化财富的移植。传播学派的文化传播理论的是非暂且不论,民族迁徙在文化交往的历史上曾经扮演过极其重要的角色却是不争的事实。因为人是文化的创造者,也是文化的载体,当然也是最重要的文化传播媒介。历史上比较重要的文化融合基本上都是随着民族迁徙和移居实现的。

在人类历史上,大规模的民族迁徙曾多次发生过。发生民族迁徙的原因很多,自然环境的变化,使民族的发源地或栖息地失去了生存条件而发生的迁徙;或因为战争而被迫发生的迁徙;或者主动出击侵城掠地;或为了保卫疆域和巩固政权,如汉武帝为了加强对西部的控制,在甘肃西部设置河西四郡:敦煌、酒泉、武威、张掖,移入以汉族为主体的28万居民,等等。游牧民族本身就是处于迁徙中的民族,他们在辽阔的草原上相互征战;当他们深入农业区时,有时会定居下来,慢慢地改变传统的生活和生产方式,和定居地民族融合到一起。民族迁徙是文化交往最深刻的形式之一,各民族人民是其文化的创造者,也是民族文化的直接载体,随着民族从一个地方移居到另一个民族聚居的地方,一方面迁徙民族带来了自己的文化;另一方面又受到迁徙地民族文化的浸润,从而产生了两个不同民族文化的融合。日耳曼民族征服古罗马帝国之后,被征服民族的生产力与征服者原来的生产关系产生交互作用,结果使日耳曼民族超越了奴隶制而直接进入封建制。马克思指出:"封建制度决不是现成地从德国搬去的。它起源于征服者在进行征服时军队的战时组织,而且这种组织只是在征服之后,由于在被征服国家内遇到的生产力的影响才发展为真正的封建制度的。"①

作为一种文化交往方式,通过民族迁徙传播文化的形式也随着历史的发展而逐渐消失在历史长河中了。因由也许很多,但以下两个方面是主要的:一方面,随着生产力的发展,科学技术的进步,生产方式的变革,人类适应和改造环境的能力大大增强,长距离迁徙既无必要,而且代价高昂,民族迁徙现象逐步减少;另一方面,随着交往过程中民族意识、主权意识、文化意识和领土主权意识的自觉和增强,大规模的民族迁徙已成为不可能。虽然历史上移民现象一直不断,但其传播文化的作用逐渐丧失,一方面是由于移民一般数量较小;另一方面是由于移民的方向大都是处于弱势文化的民族向强势文化的民族迁移,不仅不能影响强势文化,反而很快会被强势文化所同化,即使能够保持自身文化的独立性,那也是仅止于迁徙者聚居的范围内部。

宗教传播　宗教传播是人类文化交往历史上一种极其重要的文化交往实践,对各民族间的文化交往曾起过极其重要的历史作用。首先,宗教的文化传播意义在于宗教本身遍布世界的广泛性。"虽然基督教和犹太教的信徒已经遍布世界的大部分角落,但在每一块大陆或每一个地区,没有一种传统的世界宗教——基督敦、伊斯兰教、儒教、印度教和佛教——拥有绝对多数的信徒,印度教、佛教和儒教都在它们的所在地区有牢固的堡垒——南亚、东亚和中国。伊斯兰教占据中间位置,在东非和北非中部

---

①　《马克思恩格斯选集》第 1 卷,人民出版社 1995 年版,第 126 页。

非常强大,在非洲其他地方和东亚也有大量信徒。当然,所有这些宗教在意想不到的地方也拥有一定数量的信徒或散落的教众。在巴西有 100 多万个日本神道教徒;在基督教欧洲的中心有 400 万土耳其—德国穆斯林;果阿(Goan)天主教徒分布在印度西海岸。因此,从这个意义上说,这就是世界宗教的定义。通常,一旦某种宗教信仰的空间范围已经大大超过了它的起源地和创始地,它们就会号称是'全球性的'宗教信仰。"①教徒所到之处,也就是宗教文化传播之地。其次,宗教传播的不仅仅是宗教,而且包括以宗教为附着体的各种文化。宗教本身即是一种重要的文化形式,是人类把握世界的一种方式,融宇宙观、历史观、价值观和人生观阐释于一体,构成一个完整独特的文化体系。但宗教传播的又不止于宗教本身,还包括许多世俗文化。一般说,文化孕育了宗教,而后这种文化就为宗教所浸润,成为宗教文化,一些文化区就是某种宗教影响区,一些文化类型就是宗教类型,如中世纪以后的西方文明等同于基督教文明,伊斯兰教则代表着伊斯兰—阿拉伯文化。所以宗教传播实际上是一种广泛的文化传播和文化交往活动。尽管伴随宗教传播的其他非宗教方面的文化内容可能在宗教意义上被阐释;或者,伴随宗教传播的其他方面的文化传播可能是宗教借以传播自身的工具,但客观上它带来了文化的广泛交往。阿拉伯文化的支柱是阿拉伯语,"伊斯兰教作为一种宗教和一种生活方式,是促使阿拉伯语从它的发源地阿拉伯半岛一直向西传播到非洲的大西洋沿岸、向东传播到波斯边境、向北传播到安纳托利亚高原和库尔德斯坦高原附近、向南传播到塞内加尔河和赤道非洲的主要原动力"。② 伴随佛教传入中国的还有印度的医学和音韵学,后者对汉字的拼音化过程起了推动作用。随着伊斯兰教东传,阿拉伯大量的科学技术也随之传入中国,如医术、医药、天文历法,特别是阿拉伯的代数、几何、历算知识传入中

① ［英］戴维·赫尔德等:《全球大变革——全球化时代的政治、经济与文化》,杨雪冬等译,社会科学文献出版社 2001 年版,第 463 页。
② ［美］欧文·拉兹洛编辑:《多种文化的星球——联合国教科文组织国际专家小组的报告》,戴侃等译,社会科学文献出版社 2001 年版,第 66 页。

国。被誉为"日本文化的恩人"的鉴真和尚东渡日本,带去了中华文化,对日本文化产生了深刻的影响。这方面较为典型的历史事例,是近代以来在西方传教士来华传播基督教的过程中实现的西方文化在中国的传播(西学东渐)。传教士们为了顺利传播基督教,通过兴办学校、创办报刊等途径,大量翻译介绍西方的科学技术、社会科学思潮。特别是社会科学思潮的传播与介绍,对 19 世纪 60—70 年代维新思潮的传播和维新运动的开展起了很大的推动作用。

　　宗教传播及其带来的文化传播并不是单向的,实际上,宗教传播架起了一座文化交往的桥梁,成为文化交往的渠道。伴随阿拉伯帝国的扩展,伊斯兰教沟通了欧亚非三大洲的文化交往,实现了各文化的相互传播;伊斯兰教东传不仅给中国带来了阿拉伯文化,中国的科学技术也传入阿拉伯,其中最著名的四大发明传入阿拉伯,并通过阿拉伯传入欧洲。同样通过伊斯兰教传播架起的桥梁,古希腊著名数学家欧几里德《几何原理》的阿拉伯文本被翻译成汉语,使中国人第一次接触到了古希腊数学知识。基督教传教士在传播基督教和西方文化的同时,也把中国文化介绍给了世界各国,他们翻译中国文化典籍,撰写有关中国历史、文化诸方面的著作,使中国古老的文化特别是科学技术成就被世界各地广泛了解,促进了中国文化和世界各民族文化之间的交往。因此,"鉴于世界宗教产生的影响,说它们是人类最重要的文化革新之一几乎毋庸置疑。世界宗教已经培育了具有巨大权力和资源的宗教精英和政治精英,他们有能力动员军队和人民,能够形成跨文化的认同感和效忠感,或者能够提供根深蒂固的神学基础和合法的社会基础。在这些方面,世界宗教毫无疑问构成了前现代时期最强有力的和最重要的文化全球化形式,而且无论何时,的确都是如此"。①

　　宗教仍然是一种重要的文化存在或者文化表达形式,宗教传播仍然

---

　　① ［英］戴维·赫尔德等:《全球大变革——全球化时代的政治、经济与文化》,杨雪冬等译,社会科学文献出版社 2001 年版,第 465 页。

是文化传播的一种重要方式。但与以往不同的是,在西方自文艺复兴以来一直经历着文化世俗化的过程,文化交往方式日益多元化,特别是科学技术的发展对人类社会生活和精神生活产生了重大影响,许多世俗文化已与宗教文化剥离开来,宗教文化传播的内容往往仅仅限于宗教世界观、价值观和人生观等方面。当然,宗教文化与世俗文化的渊源关系以及对世俗文化的影响,仍然是一个有待进一步阐释的课题。

　　战争和征服　"战争本身还是一种通常的交往形式"(马克思语)。历史上战争和征服是文化交往的方式之一,虽然它是以激烈甚至残酷的、实际上是非交往的(就交往的本然意义而言)、以一方强加于另一方的方式而实现的客观上的文化交往作用。战争和征服可能是最早、最原始的文化交往方式,早在氏族和部落联盟之间相互征战时期就开始了。战争和征服在三个方面的意义上带来和促进着文化交往:第一,战争开辟了不同文化之间的交通和联系渠道。扩张或侵略性战争的动机形形色色,但是不管出于何种目的——财富掠夺、领土侵占、市场开辟或者文化推销,客观上它们都起到了联结不同文化之间的纽带的作用,把本无关联或相距遥远、"素昧平生"的民族和民族文化联系起来,为往后真正意义上的文化交往奠定了基础。蒙古人西征和十字军东征就建立了一个联结西方和东方的文化通道,使欧洲和东方的文化交往有了突破性发展,把东西方文化交往推进到了一个新时代。从汉武帝元光二年至汉元帝竟宁元年,汉王朝和匈奴长期处于战争状态;自从汉元帝竟宁元年和平使者昭君出塞,汉匈之间实现了半个世纪的和平交往,"三世无犬吠之警,黎庶无干戈之役,人民炽盛,牛马布野"。如果没有连年战争,就没有昭君出塞之传世之举,也就没有汉匈文化的交往和融合。实际上,古代中原汉民族与周边民族的交往与融合大多肇始于战争和征服,所谓"不打不相识",于民族之关系亦然。第二,战争直接带来文化传播。这方面的历史事例很多,特别是在地理大发现之前、各民族之间缺乏交往和缺乏了解的情况下。"在文化处于顶峰的那个世纪的很长一个时期内,希腊人在从事征战,有些时候是打内战。在欧洲战争连绵不断的互相厮杀的历史中,自从罗马军队第一次让人们意识到欧洲大陆是一个整体之后,到底有多少种文明生活、思想和艺术在从一个国家传播到另一个国家?罗马的法律和建筑、基督教的寺院制度和哥特式拱门、单旋律圣歌和多声部乐曲、抒情短诗和十四行诗、透视法和现实主义、印刷术和小说、数学和科学方面的发明、资本主义的制造业和商业、工业技术和议会政体……这张单子给人的印象是够深刻的了。"①最为著名的十字军东征在促进东西方文化交流方面就发挥了很大的作用。比如,它对甘蔗种植和制糖业的传播就起了巨大的促进作用,不仅影响了西方人的饮食结构,也影响了他们的饮食习惯。古代中国中原汉族与北方各少数民族的战争,对促进双方的交往也起了巨大的作用。第三,战争作为文化交往的一种形式,是通过遭遇战争失败的刺激,产生加强与他民族文化交往、借鉴学习其他民族文化的欲望,以实现自己文化的创新发展。晚清时期西方列强对中国的侵略战争深深地刺激了中国人,虽然大清王朝仍然固守着自己的文化祖宗的成法,但屡战屡败的结局也使之强烈感受到必须学习西方的"奇技淫巧",认识到非"师夷长技"不能"制夷",非学习西方不足以与西方列强相抗衡。在此意义上说,"洋务运动"、"戊戌变法"、"新文化运动"这一系列富国强兵的探索和社会变革运动,都是在战争的刺激下发生的。

当然战争毕竟是战争,是一种消极的文化交往形式。战争总是以征服为目的,它在带来文化交往的同时,也伴随对文化的巨大破坏,历史上许多古老民族文化的失传都与战争有关,特别是在交往狭隘的情况下。马克思就说过,腓尼基人"由于它被亚历山大征服以及继之而来的衰落,腓尼基人的大部分发明都长期失传了。甚至是通常的战争,都足以使一个具有发达生产力和有高度需求的国家处于一切都必须从头开始的境地。"②另一方面,战争也并非总是带来文化交往,由于其不良的动机,它

---

① [美]欧文·拉兹洛:《多种文化的星球——联合国教科文组织国际专家小组的报告》,戴侃等译,社会科学文献出版社 2001 年版,第 28 页。

② 《马克思恩格斯选集》第 1 卷,人民出版社 1995 年版,第 107 页。

还会使被侵略的民族文化遭到毁灭性的厄运,其结果是迫使许多民族把自己封闭起来,断绝与其他民族的交往,阻塞文化交往通道,导致文化交往中断。愈是文化落后的民族,其对自身文化能否延续的焦虑愈强烈,中国近百年的闭关锁国在此意义上讲,也是一种保护自身文化的策略。随着人类文明的进步,战争越来越遭到爱好和平、追求平等交往人们的唾弃,所以,承认战争在客观上有过传播文化的功能,在历史上起过文化交往的作用,不等于对战争的认同,文化交往仅仅是战争的副产品。

殖民活动　与战争和征服联系在一起的是殖民活动。一般地说,战争和征服所起的文化交往作用,特别是持久深入的作用,大多数是通过殖民活动实现的。在战争和征服中,殖民地人民总是要经受经济、政治和文化的多重侵略。任何殖民活动总是伴随着文化的输入,即文化殖民,或者说,殖民活动总是要通过文化的输入才能真正实现。如果说,殖民活动本来的含义是通过殖民来达到控制弱小国家的政治和经济的目的的话,那么,在近现代的殖民活动中,特别是在资本主义以后的殖民活动中,主要是通过文化的输入和灌输,把弱小民族人民变成宗主国臣民而实现的。因此,殖民者不仅向殖民地输入其经济制度、政治制度,也大量向殖民地人民移植其语言、宗教、教育、思想,以便实现稳固的统治。所以文化殖民既是殖民活动的一个组成部分,更是殖民的工具。殖民者的这一目的,被1979 年 11 月遭到伊朗扣留的美国驻伊朗使馆人员毫不掩饰的话语诠释得非常清楚。他们说:"西方文化对殖民主义者来说是一种极好的手段,一种使人疏远本民族的工具。通过使一个民族接受西方和美国的价值观念,他们就能够使之服从其统治。"①大清雍正皇帝坚决实行自康熙以来的禁教政策,因为他非常清楚传教者之不良居心:"尔等欲我中国人尽为教徒,此为何等之要求,朕亦知之。但试思一旦如此,则我等为如何之人,岂不成为尔等皇帝之百姓乎? 教徒惟识尔等,一旦边境有事,百姓唯尔等

---

① ［美］斯塔夫里阿诺斯:《全球通史——1500 年以后的世界》,吴象婴等译,上海社会科学出版社 1999 年版,第 240 页。

之命是从，虽现在不必顾虑及此，然苟千万战舰来我海岸，则积患大矣"。① 自公元1500年的地理大发现以来，西方世界在全球各地的殖民主义活动无不把文化殖民作为其重要的殖民工具。文化人类学的兴起和发展在一定意义上是与殖民主义活动紧密联系在一起的。文化人类学在近代的兴起，就反映了西方殖民者殖民活动的需要。英国著名人类学家A.R.拉德克利夫·布朗在1929年指出："人类学正愈来愈要求被看成一门关于对落后民族的治理和教育有直接实际价值的研究。对这个要求的认识是最近大英帝国人类学发展的主要原因。"②研究落后民族文化是为了更好地对其进行殖民统治。侵略活动竟然衍生出一门科学或一个学科，由此可见文化殖民对统治异族的重要作用，以及殖民者对文化殖民的重视程度。

殖民活动带来的文化交往实际效果取决于许多因素，最主要的是被殖民民族的文化因素，包括它的文化发展程度、文化所蕴涵的世界观、价值观和思维模式，以及它的宗教观，等等。因此殖民活动过程中实现的文化交往状态和所取得的实际效果在世界不同民族和不同文化中是不一样的。一般说，如果文化发展程度高，文化体系成熟，或民族文化之间差异大，殖民者遇到的困难就要大；而如果文化发展程度相对较低，文化殖民活动就容易。如拉丁美洲和加勒比海地区，殖民者的活动在那里留下了难以磨灭的影响，所谓"拉丁美洲"，严格地说并非是地理概念，而是一个文化概念。而与西方有着长期文化交往历史、交通畅达、距离很近的中国和伊斯兰教国家，由于文化发达，殖民活动对其文化的影响就不如拉丁美洲大。处于同一地区、文化同样发达的印度之所以受到殖民活动的影响很大，是因为其民族内部分裂造成的，其北部为莫卧儿王朝所统治，南部则为大大小小的封建主们所分割，这种分裂状况正好为殖民者所利用。

殖民活动无疑是殖民者抱着掠夺的企图而对其他民族实施的一种侵

---

① · 沈福伟：《中西文化交流史》，上海人民出版社1985年版，第323页。

② ［英］拉德克利夫·布朗：《社会人类学方法》，夏建中译，山东人民出版社1988年版，第31页。

略行为,但是,就整个世界文化的发展而言,殖民活动客观上对落后民族的文化发展也起到了极大的促进作用。马克思一方面痛斥了侵略者的侵略行径;另一方面又客观地评价了它的文化促进作用,并把它看做是生产力和交往方式的矛盾发展和扩大的必然结果。马克思在评价不列颠人在印度的统治时说:"从个人的感情上来说,亲眼看到这无数辛勤经营的宗法制的祥和无害的社会组织一个个土崩瓦解,被投入苦海,亲眼看到它们的每个成员既丧失自己的古老形式的文明又丧失祖传的谋生手段,是会感到难过的;但是我们不应该忘记,这些田园风味的农村公社不管看起来怎样祥和无害,却始终是东方专制制度的牢固基础,它们使人的头脑局限在极小的范围内,成为迷信的驯服工具,产生传统规则的奴隶,表现不出任何伟大的作为和历史首创精神。"[1]正是这种情况使印度人成为"不开化的人的利己主义"、过着"有损尊严的、停滞不前的、单调苟安的……消极被动的"生活、成为一种"野性的、盲目的、放纵的破坏力量",以至"使杀生害命在印度斯坦成为一种宗教仪式";安于现状,"屈服于外界环境,而不是把人提高为环境的主宰"。因此,尽管英国在印度斯坦造成社会革命完全是受极卑鄙的利益所驱使的结果,"但是问题不在这里。问题在于,如果亚洲的社会状态没有一个根本的革命,人类能不能实现自己的命运? 如果不能,那么,英国不管干了多少罪行,它造成这个革命毕竟是充当了历史的不自觉的工具。"[2]同样地,资本主义也不自觉地充当了文化交往的"历史工具"。立足于国家民族的独立和尊严,侵略者的行径在任何时候无疑都应该受到道义的谴责,但从历史角度来看,它毕竟是先进文明对野蛮落后的"破坏",客观上为古老文化带来了创新的生机,进而为以后抵挡外来的侵略创造了可能的条件。所以"无论一个古老世界崩溃的情景对我们个人感情来说是怎样难过,但是从历史观点看来,我们有权同歌德一起高唱:'我们何必因这痛苦而伤心,既然它带给我们更多欢

---

① 《马克思恩格斯全集》第 12 卷,人民出版社 1998 年版,第 142 页。
② 《马克思恩格斯选集》第 1 卷,人民出版社 1995 年版,第 765 页。

乐？难道不是有千千万万生灵曾经被帖木儿的统治吞没？'"①

大众传播　　大众传播是与大众传播工具联系在一起的文化传播和文化交往方式。大众传播是极其散漫的概念，日常使用中更多侧重于以大众传播工具来界定和指称与其相关联的一系列传播现象，对其性质、传播对象及其使用的语境较少作出分别。我们这里主要是简略讨论其作为一种文化交往方式在民族间文化交往中的意义。就内容而言，它包括通常所指的大众文化、意识形态，以及一切能够借助大众传播工具传播的文化内容。与其他几种文化交往方式相比，首先，大众传播是专门的文化传播活动，或者说，大众传播是以文化传播为直接目的的交往实践活动。其次，大众传播主要是狭义文化传播，即各种形式的观念文化表达。再次，大众传播有自己专事观念文化传播的传播媒介——大众传播工具。大众传播作为文化交往方式或活动，一方面，各民族借助其向世界传播播撒自己的文化，促进民族文化世界化；另一方面，大众传播又基于不同立场有选择地介绍其他民族文化，实现世界文化的民族化，从而实现各民族之间文化的互动与交往。

　　大众传播是随着实践活动和交往关系扩大的需要而发展起来的。大众传播是随着现代大众传播工具的出现而引起人们关注的，但如果我们把大众传播界定为"大众化传播"的话，那么它实际上已经有漫长的历史了，区别仅仅在于"大众化"程度不同而已，或者说，它的大众化程度是随着历史发展而不断提高的。就文化交往即民族之间的文化相互传播来看，文化传播不仅要以文字的产生为前提，而且要以传播媒介的产生为前提。文字是最基本也是最重要的文化符号，它的产生是文化传播的必要条件，而传播媒介的产生则是其充分条件，并使文化的相互传播有了现实性。文化传播和文化传播媒介是通过相互促进而不断发展的。在人类文化交往史上，这种狭义的文化传播大体上经历了口语文化、书面和印刷文化、电子媒介文化三个阶段。口语方式的文化传播是基于人们先天具备

---

① 《马克思恩格斯选集》第1卷，人民出版社1995年版，第765页。

的能力,受空间和语言环境的限制,只能在狭窄的地域内进行;文字和印刷术的出现,使文化传播超越了时间和空间的限制,超越了民族国家,是文化交往史上的革命。书面文化传播虽然是文化传播史上的重大革命,但它一方面需要借助于马道、公路、轮船、铁路等普通的传输工具和通道因而受到交通条件的制约;另一方面也要受到一些民族或国家基于自身利益考虑的文化政策的限制。在书面文化之后的又一次文化传播革命是电子媒介的出现和发展,它们包括电话、电报、电视、因特网、多媒体等各种电子媒介。电子媒介的出现,特别是通信卫星的发射,电子信息覆盖了整个地球,声音、文字和图像相结合的大众性特点,几乎能够跨越任何障碍,使任何一个地区的任何一个民族都无法逃脱它的影响,任何一个群落的大众都成了它的传播对象。如果说,文化之间的互动增多,频率加快,是当代文化交往的一个最显著特征,那么大众传播在其中的作用是任何其他文化交往方式都无法比拟和替代的。

大众传播是当代最普通和最普遍的文化交往形式,由于它的无处不在、无孔不入,它把地球的每一个角落都纳入了交往网络之中,真正实现了全球化的文化交往,以至于当全球化被界定为经济全球化时,人们实际感受到的却是文化全球化。从理论上讲,大众传播的发展为每一个文化都提供了展示自己的渠道,但由于经济发展水平和文化影响力的差异,一些文化在利用大众传播工具张扬自己的文化上仍然处于弱势地位,这种不平衡性从所谓"后殖民主义"、"文化霸权主义"、"文化帝国主义"、文化"软实力"以及文化保护主义等术语高频率出现即可见一斑。大众传播在文化交往方面将继续产生怎样的影响现在尚难预料。

跨民族实践活动　广义地说,就交往是一种相互的活动而言,上面提到的所有文化交往的实现形式都是跨民族实践活动,都是文化交往的实践。但这里所说的跨民族实践活动有特定意指,它是指由来自不同国家和民族负载着不同文化"基因"的人们组成共同主体参与的共同实践活动。这些活动从主体看,包括国家、非政府组织和各种民间组织;从活动内容看,包括各种合作性质的政治交往、经济连接(跨国公司)、军事交流、教育交流、民间活动等;从活动主题看,有为着共同利益开展的国家间活动、区域间活动,还有为解决人类或区域面临的共同问题(气候、环境、恐怖主义)而开展的活动;从活动性质看,表现为越出民族国家界限、超越社会制度和意识形态特别是超越文化界限在不同文化之间展开的活动。之所以把这种形式与其他文化交往方式区别开来,是因为这种形式的跨国活动在文化交往方面有着完全不同的重要意义。首先,跨民族实践活动在本质上是由于生产力的发展,人类各种活动越出民族国家的界限,在跨国家领域内展开。经济全球化,直观上表现为市场、贸易、资本流动和信息的一体化,根本上是生产活动全球化。其次,如果说,上述多数文化交往活动对许多民族来说都是被动地应对,那么,跨民族活动是一种自觉主动地参与的交往活动。跨民族活动的实现是以各民族人民对于文化交往意义的自觉认识为前提的。当然,由于各民族发展的不平衡性,总有一些民族也是被"强行"纳入世界性文化交往过程之中的。

　　跨民族实践活动在文化交往方面的意义是以往任何一种交往形式都无法与之相提并论的。各种活动在各民族间的交叉互动,必然带来文化的互动。在跨民族实践活动中,解决国际性问题的活动尤其具有特殊的意义。一方面,任何跨民族活动的开展,需要参与者共同认可和遵守的一系列活动机制和活动规则;另一方面,这些共同活动所需要的活动机制和活动规则,必然受制于来自不同文化的参与者的不同世界观,特别是不同的价值观和思维方式。这样一个矛盾的解决亦即活动规则和活动机制的形成,只能是不同文化相互博弈、相互磨合、相互妥协的结果。尽管在某一个特定时期,某些强势文化会左右机制的确立,会成为规则的制定者,但这只是相对的和暂时的;从长期的历史过程看,单一文化主宰多文化共同活动机制和活动规则是不可能的,除了由于文化本身的话语权诉求外,问题的全球性和复杂性决定了任何文化都难以独立担当问题的解决之责任。总之,跨民族活动对价值观念和共同规则的统一性的必然要求,将消弭一切影响共同活动得以正常进行的文化的差异性。所以经济全球化不仅带动社会经济因素的变化,同时也要求社会各个方面作出相应的变化。

在一定意义上,文化的变迁甚至将成为其他全球性活动的逻辑前提,因为社会是一个相互联系的有机体。关于这一点,我们将在后文中进行进一步的探讨。

以上我们分别讨论了在人类文化交往历史上起过重要历史作用的文化交往活动。应当指出的是,这些文化交往活动之间并非是历史相继的关系,而是相互联系、相互伴随的,同一个文化交往过程,往往是多种活动形式参与其中,如战争和征服、殖民活动、跨民族实践活动等,总是与商品贸易、大众传播等相伴随的。经济活动的联系总是联结着政治理念以及其他文化观念的交往。这是因为,文化是个相生相随的有机体,任何方面的互动都会带来而且也需要其他方面的联动反应。历史的趋势是,如果说,上述各种交往活动中文化交往不过是非目的性的不自觉的伴随物,那么,随着各文化近距离接触交往的频率越来越高,以及交往过程中文化摩擦和冲突的不断发生,大量自觉地专门以文化交往为主旨的交往活动必然迅速发展起来,文化对话、文化论坛、艺术交流、学术交流在许多国家之间频繁开展。中国与许多国家之间互办"文化年"活动,并相继在世界50多个国家开办了"孔子学院",增进了世界其他民族对中国文化的独特性及其世界意义的了解,不仅传播了中国文化,也为世界文化交往提供了良好的范例。

第三章　文化交往与文化信息流动

文化交往是文化在不同民族之间的相互传播,从信息论角度看,这实质上就是文化信息在不同民族之间的相互流动。文化交往过程中的文化信息流动有其自身的特点和规律。研究文化交往就是在揭示文化交往本质的基础上,认识和了解人类文化交往实践活动发展的轨迹,概括和总结文化交往过程中文化信息流动的规律。交往概念本身就意味着双向性,因此文化交往是文化信息在各民族之间的相互流动。但这只是就长期历史交往而言,就某一特定历史时期或某一具体交往事件和过程看,文化交往过程中各民族文化信息的"流量"不是等值的,总存在"逆差"和"顺差"。首先,总揽文化交往的历史可以发现,文化交往的一个基本规律是:文化信息总是由高向低流动,这是为无数文化交往活动构成的交往历史已经证明了的文化交往规律。其次,民族文化之间的相互认识总表现为一个过程,文化交往的实现总是依据于文化相互认识的逻辑展开的。从认识论角度来看,文化信息流动总是始之于物质文化,次之于制度文化,次之于观念文化的——虽然实际过程要复杂得多。文化交往之于相互交往之民族乃至于人类文化发展的重要实践意义,正因为文化交往规律而体现出来。

一、文化交往与文化信息传播

文化交往就是民族文化元素在不同民族之间流动,通过这种文化元素的流动,各民族亦即各文化创造主体之间达到相互了解和相互认识。

在这里,各种文化元素就成为民族之间交往的符号。德国哲学家恩斯特·卡西尔指出,所有的文化形式都是符号。人不是生活在一个单纯的物理的宇宙中,而是生活在一个符号的宇宙之中。"符号化的思维和符号化的行为是人类生活中最富于代表性的特征,并且人类文化的全部发展都依赖于这些条件。""语言、神话、艺术和宗教是这个符号宇宙的各部分,它们是织成符号之网的不同丝线,是人类经验的交织之网。"①美国著名文化人类学家、新进化论学派旗手莱斯利·阿尔文·怀特也认为:"全部人类行为起源于符号的使用。正是符号才使得我们的类人猿祖先转变成人,并使他们成为人类。仅仅是由于符号的使用,人类的全部文化才得以产生并流传不绝。正是符号,才使得人类从一个幼儿转变成人,不使用符号而长大的聋哑人并不是严格意义上的人。全部人类行为由符号的使用所组成,或依赖于符号的使用。人类行为是符号行为;反之,符号行为是人类行为。符号乃是人类特有的领域。"②人类一切行为都是文化行为,从而也就是符号行为,"符号"就是文化。在交往的意义上,所有文化形式都是承载着民族生存和发展智慧的符号,都包含着民族文化的内在"密码",蕴涵着一个民族的世界观、价值观和思维方式。相互交往的民族正是通过这些符号的"破译"获得相互之间的信息,达到相互之间的了解和认知。

每个民族的文化就其本身来说都是个完整自足的体系。所谓完整的体系,是指民族文化与民族的发展水平相一致,有多少活动的领域,就有多少文化形态,它们具体体现在每个民族的生产实践和生活实践的各个方面:生产的、生活的、经济的、政治的、军事的、伦理的、法律的、制度的、信仰的、审美的、语言的。人类文化的品类总是随着活动领域的开辟而延伸。所谓自足性,就是文化的深厚程度与民族和她实际改造的对象世界

---

① ［德］恩斯特·卡西尔:《人论》,甘阳译,上海译文出版社 1985 年版,第33—35 页。

② ［美］莱斯利·A. 怀特:《文化的科学——人和文明的研究》,曹锦清等译,浙江人民出版社 1988 年版,第21 页。

的关系丰富性程度相一致。在不考虑外部交往影响的情况下,一个民族所创造的文化与其社会生活需要呈正相关关系,即实践活动与文化具有同构同质性,因为"个人怎样表现自己的生活,他们自己就是怎样。因此,他们是什么样的,这同他们的生产是一致的——既和他们生产什么一致,又和他们怎样生产一致"。① 换言之,在功能意义上,一个民族的文化创造与该民族的文化需要具有同步性,即实践活动领域有多少、达到什么水平,相应的文化类型就有多少、发展到什么程度。文化随着人类实践活动领域的延伸和拓展而拓展和延伸,并随着实践活动的深入而不断实现自我创新。任何文化都是围绕着生活资料的生产活动发端并发展起来的,同时以生活资料的生产活动为轴心,发展起越来越丰富复杂的活动体系和社会关系,也发展出越来越丰富复杂的文化体系。文化与实践活动的同构性决定了,文化虽然表现为多种多样的形态,但内在着同一的文化精神,每个民族文化因此都构成一个完整独立的文化模式。在这个意义上,文化确实是"可感觉而又超感觉的"。正如世界各民族文化的多样性之中深藏着人类文化的统一性一样,每个民族的文化都是多样性和统一性的统一。统一的文化精神蕴涵于各种形态的文化形式之中,各种文化的存在形式又反映着统一的文化精神。恰如莱布尼茨的"单子":每个"单子"都是宇宙的一部分,而每一个"单子"都像一面镜子,反映着整个宇宙,宇宙大"单子","单子"小宇宙。例如,任何一件器物文化品都以浓缩的形式凝结着民族文化的全部特性,反映着一个民族的生产工艺水平、价值观念和审美观念等等。中国的陶瓷艺术,就是中华民族智慧的结晶,不仅表征着生产的工艺水平,而且浓缩着中华民族的审美观念,而一个民族的审美观念又是与其世界观和价值观分不开的。美学家主张的"建筑是凝固的音乐,音乐是流动的建筑",生动地说明了建筑和音乐这两种完全不同的文化品类相互贯通的审美理念。有学者指出,北京故宫建筑布局的中轴线对称,层层的院落组合,黄色的琉璃瓦、庑殿屋顶、台阶等可见

---

① 《马克思恩格斯选集》第 1 卷,人民出版社 1995 年版,第 67 页。

因素体现了表层;庄严、雄伟和壮丽的概念体现了心物结合的中层;封建帝王的威严和至高无上的皇权思想体现了深层;天坛从攒尖屋顶、层层收缩的台基(外层)到"天人感应"的主题思想(心层),深刻揭示了感性的外在与非感性的内在之间无法剥离的联系。考古学家对历史上远古的特别是缺乏文字记录的民族文化的把握,就是通过对所发现和发掘的器物进行考察研究获得的。比如通过对远古的建筑遗址、墓葬的形式及其随葬品等进行考察,就可以把握其文化所达到的水平,发现其生产和生活的方式以及风俗习惯,窥测其社会结构,并立足于这些发现,能够重建(现)它的历史。制度(规范)层面的文化同样透视着一个民族文化的全部信息。制度反映着人与自然的关系(即反映着其生产力的状况),也反映着对人与人关系的认识和规范;同时任何制度不仅规范着现实的秩序,而且包含着对未来理想境界的导向,换言之,任何制度的设计和安排都建立在一定的世界观和价值观之上。在此意义上,马林诺夫斯基甚至将社会制度视为文化的真正要素。他说:"文化的真正要素有它相当的永久性、普遍性及独立性,是人类活动有组织的体系,就是我们所谓的'社会制度'。如何社会制度都针对一根本的需要;在一合作的事务上,和永久地团集着的一群人中,有它特具的一套规律及技术,任何社会制度都是建筑在一套物质的基础之上,包括环境的一部分及种种的文化设备。用来称呼这种人类活动有组织的体系,最适合的名词莫若'社会制度'。在这定义下的社会制度,是构成文化的真正组合成分。"①他认为,一切文化要素包括物质文化品都是制度的产物,都能通过社会制度得到解释。姑且不论文化要素的决定与被决定关系,至少说明了各种文化要素之间的相互关联,而所以关联是因为有着共同的文化精神。至于形式多样的精神形态的文化则是以不同的形式对文化内在精神的直接阐释和表达。

在交往关系上,如果我们把各文化要素都看做表达着文化信息的文化符号的话,那么,文化交往就是各种文化符号在相互交往的不同民族之

① ［英］马林诺夫斯基:《文化论》,费孝通译,中国民间文艺出版社1987年版,第20页。

间的流动。从符号学角度来看,任何符号都包含两个方面:"能指"和"所指"。"所指"是符号所承载的意义,"能指"是意义的载体。但在实际的文化交往中,"能指"和"所指"是相对的。首先,就所有文化交往媒介本身就是文化而言,文化交往中"能指"和"所指"是可以相互转换的,一个层面的"能指"是另一个层面的"所指",一个层面的"所指"则是另一个层面的"能指"。由于一切文化交往媒介都是各民族人民的历史创造,都反映着各民族人民的本质力量,都是各民族人民的智慧和智慧的凝结,因此任何形式的文化媒介——物质形态的文化和精神形态的文化——交往都是各民族智慧的交往和交流。如物质产品的交换就是比较典型的集文化符号和交往媒介于一身的文化产品。考古学家之所以能通过对古文物的考察,了解古人的文化创造和把握古人的文化精神,正在于这一点。人类早期的文化交往,大都是物质文化产品形式的交往,我们之所以把它们看成是文化交往,就是因为这种交往实现了不同民族之间文化精神信息的交流和交换。其次,作为"可感觉而又超感觉的"文化,各种文化产品是文化的可感觉方面,其中所蕴涵的各民族人民的实践智慧则是"超感觉的"方面。就此而言,一切形式的文化可感觉的方面都是一种文化符号,是表达"所指"的"能指",亦即是作为承载着文化信息的文化载体。马克思指出:"商品是生产关系的单纯符号,字母,是它自身价值的单纯符号。"①如同商品是价值的符号一样,文化媒介就是一个民族文化精神、民族本质力量和民族创造力、民族智慧的符号。

文化符号或文化交往媒介是随着历史的发展而不断发展的,它的基本趋势是越来越多样化,各个文化领域和各种文化形式都进入了交往过程。文化交往符号的发展首先是随着各民族文化的发展而发展的,同时也是适应文化交往扩大和深化的需要而不断发展的。回顾人类文化交往的历史可以看出,文化交往的发展趋势是:从间接形式的智慧(作为智慧结晶的文化产品)交往逐步发展出直接形式的智慧交往,并且后者越来

---

① 《马克思恩格斯全集》第46卷(上册),人民出版社1979年版,第85页。

越成为文化交往的主导形式。就文化符号的性质来看,各种文化符号或交往媒介在表达民族智慧的直接性程度上是不同的,依次可以划分为物化形态的文化产品、精神文化产品、活动的直接交换。直接、明白、清晰地表达文化智慧的文化符号逐步取代间接、隐晦、模糊的文化符号。物化形态的文化产品曾经在相当长的一个历史时期成为各民族文化交往的主要媒介,但随着精神文化产品逐渐发展起来,物化形态的文化产品逐渐退居次要地位,精神文化在文化交往中占据越来越突出的位置;就文化的存在方式看,以活动结果的形式存在的文化产品曾经是交往的主要媒介,后来直接的活动形式的文化交往越来越突出出来,成为文化交往的重要媒介或交往方式。文化交往符号或媒介的这种变化,一方面反映出各民族文化交往的日益深化;另一方面反映了正是由于交往的日益深化,以及由此而带来的文化之间的摩擦、碰撞和冲突的产生,各民族对于相互之间的了解、认识和沟通的需要越发迫切。当今加强文化对话的呼声和文化对话的实践,都鲜明地反映了文化交往的这一发展趋势。

当然,这样一个过程在不同的民族之间的发展是不平衡的,它取决于各民族文化的发展程度,即文化符号的发育程度、两个民族之间的空间距离和交通条件以及两个民族文化之间交往的历史。

二、文化交往与文化差异性

文化交往之所以可能,无疑是建立在下面两个前提之上的。首先,文化的统一性。没有统一性的事物不可能发生交往关系。文化——如前文所述——尽管以丰富多彩、千姿百态的民族形式而存在,但在本质上都是各民族人民生产实践和生活实践的创造物,无论是生产实践的技艺、社会活动的规则,还是实践活动的产品(物质的和精神的),都是实践的智慧及智慧的结晶。因此,各民族的文化都统一于改造自然和变革社会的实践活动上。换句话说,文化的统一性在本质上是实践活动的统一性,文化的普遍性品格来自于实践活动的普遍性。正是文化的这种超越民族界限、超越民族文化个性化形式的实践本质,才使文化交往获得了现实的基础,并获得了不断发展和深化的动力。其次,发生交往的文化之间必须具有差异性。文化的差异性是文化交往的另一个前提条件,没有差异性的文化不可能发生交往,因为相同的东西不需要互换。正如马克思指出:"一种东西要成为交换对象,具有交换价值,就必须是每个人不通过交换就不能得到的,必须不是以这种最初的形式即作为共同财富的形式而出现的。稀有性就这一点来说是交换价值的要素。"①马克思这里虽然说的是商品的交换,但对文化交往具有同样的意义(商品本身就是文化的产物和文化的载体)。因此,如果说,文化的统一性是文化交往的基础,那么,文化的差异性就是文化交往的前提;如果说,文化的统一性是文化交往的充分条件,那么,文化的差异性就是文化交往的必要条件。文化交往的意义就在于通过交往和交流,不同的文化之间能够相互补充,相互增益,产生文化增殖。这种文化增殖,或者丰富文化的品类,或者产生新的文化因子,或者形成新的促进因素。文化交往丰富而悠长的历史,就是由于存在着丰富的、具有差异性的民族文化。文化之间的统一性和差异性,就是文化的普遍性和特殊性、共性和个性的关系,双方相互依存,任何一方都不能脱离另一方而独立存在。文化的统一性是建立在差异性基础上的统一性,是包含着差异性的统一性;反过来,文化的差异性是建立在统一性之上的差异性,是包含着统一性的差异性,没有统一性就无所谓差异性。总之,没有统一性,文化与文化之间无法交往和互换;没有差异性,文化与文化之间则无须互换和交流。

文化的差异性包括民族差异性和时代差异性。这两种差异性对文化交往和民族文化发展乃至世界文化发展有着完全不同的意义。

(一)文化民族性差异与文化交往

文化的民族差异性就是各民族文化之间存在的文化品类和文化性质

---

① 《马克思恩格斯全集》第46卷(上册),人民出版社1979年版,第124页。

上的种种差异,所谓世界文化的丰富性就是文化差异的丰富性。前文在论述文化的本质时,已经对民族文化的差异性做了比较充分的论说,这里再从比较的角度予以进一步的阐释。文化的民族差异性是文化形成环境差异性的产物。美国著名人类学家弗朗兹·博阿斯指出:"任何一个民族的文化只能理解为历史的产物,其特殊性决定于各民族的社会环境和地理环境。"①博阿斯在这里指出了形成文化民族差异性的两个重要原因:地理环境和社会环境。这是两个既有区别又有密切联系,而且对于文化有着不同意义的差异性根源。地理环境对文化差异性具有元意义:一方面,自然资源提供着直接的生活资料;另一方面,它们是实践活动的对象。文化作为人类实践地改造客观对象世界的创造物,千姿百态的自然地理条件,为各民族提供了形态各异的生产资料和生活资料,各民族人民在改造特定对象的实践活动中,形成了不同的生产方式和生活方式,形成了不同的关于世界的观念和认识,造就了不同的文化。作为文化物,社会环境本质上就是文化环境或文化条件。社会环境差异对文化差异之影响毋宁说是文化差异性本身对文化的影响——任何历史阶段的社会环境既是历史发展的产物,也是文化孕育的结果,所谓文化的差异性决定于社会环境的差异性,就是指文化的自我决定性或自我条件性。因为人们总是也只能是在前人创造的文化的基础上进行新的创造,而先前的文化总是制约着后来文化的创造和发展,从而使民族文化持续延伸着民族特色。当然并不是说文化在历史发展过程中没有变化,而是指文化基本精神规定了文化发展的方向和路径。这里需要指出的是,地理环境并非纯粹自然的环境,而是社会(文化)化了的自然环境;社会环境也并非是可以脱离自然条件的独立存在,而是依附于一定地理环境之上并受其制约的社会(文化)环境,以人的实践活动为中介,社会环境与自然环境两者有机互动,决定着文化的独特性以及不同于他文化的差异性。所以真实的过程是,社会(文化)是人在改造自然条件的实践中形成的,而社会(文化)

---

① 转引自夏建中:《文化人类学理论学派》,中国人民大学出版社1997年版,第73页。

又深刻地影响着人对自然环境的改造。文化人类学功能主义的重要代表人物马林诺夫斯基认为:"一块土地,依他们的土地法分配于一集团的人民,给他们使用。一套利用土地的风俗决定他们的耕种方法。种种技术上的规则、仪式上的规矩,规定着种什么植物,地面如何清理,肥料如何下法,工作如何进行,什么时候及什么地方该举行巫术及宗教的仪式,最后,谁是土地、庄稼和收获的主人,谁一同工作以及谁享用工作的结果,这些都有一定的规定。"①显然,马林诺夫斯基是立足于其功能学派的立场看问题,从发生学意义上看,更具有决定性的一方面是,能种什么植物、地面应该怎样清理和应该怎样施肥和施什么肥料,决定了最初的规则和仪式。与之相反,马克思则是从中国的地理环境和地理条件出发来分析中国封建社会的特点,认为中国拥有丰富的农业条件,由于灌溉的需要,使中国各地因地制宜地发展出了大量的各式各样的灌溉工具;而对大规模水利设施建设的需要与中国封建大一统社会的形成和巩固有着内在的联系,正是不同于欧洲的地理环境和地理条件形成了不同于欧洲的亚细亚生产方式。可获得的自然资源和生产、生活资料,造就了不同的生产方式、生活方式;继之,"物质生活的生产方式制约着整个社会生活、政治生活和精神生活的过程"②,从而决定着一个文化的总面貌,决定着人类文化大花园的异彩纷呈。如果我们坐在飞机上巡天遥看,那么,整个世界的文化就是一幅用不同的色彩、不同的技法绘制而成的绚丽斑斓的画卷。恰如斯宾格勒在其《西方的没落》中写道的:"我看到的是一组伟大文化组成的戏剧,其中每一种文化都以原始的力量从它的土生土壤中勃兴起来,都在它的整个生活期中坚实地和那土生土壤联系着;每一种文化都把自己的影像印在它的材料,即它的人类身上;每一种文化各有自己的观念,自己的情欲,自己的生活、愿望和感情,自己的死亡。这里是丰富多彩,闪耀着光辉,充盈着运动的,……世界上不只有一种雕刻,一种绘画,一种数

---

① 〔英〕马林诺夫斯基:《文化论》,费孝通译,华夏出版社2002年版,第18页。
② 《马克思恩格斯选集》第2卷,人民出版社1995年版,第32页。

学,一种物理学,而是有很多种。"①诚哉斯言,仅就艺术方面看,中西方文化就特色鲜明,写实的油画是西方人的创造,写意的中国画是中国人的杰作;西方有话剧、歌剧、舞剧,中国有以国粹京剧(西人称之为 Beijing Opera)为代表的集诗、歌、舞为一体的东方戏剧;西方有十四行诗,中国有格律诗词。西洋乐器与中国的民乐乐器风格各具特色,在音乐表现方面各有所长。建筑风格的差异是当人类走出山洞、爬下树枝时就开始了,哥特人的哥特式建筑成为西方文化的标志之一,中国传统建筑则是中国文化的符号。还有蕴涵着不同文化底蕴的中医与西医。② 如此等等。

　　文化丰富的民族性差异为各民族之间的文化交往提供了广阔的空间。农业最初在各地发展起来的时候,各地种植的农作物是非常不同的,因为农业的产生和发展取决于当地实际存在的动植物和人们对这些动植物的实际了解。现代的小麦、燕麦、裸麦以及现代的山羊、绵羊、牛、猪均起源于中东,而玉米则原产于中美洲。中国乃丝绸之故乡,但绫罗绸缎是上流社会的专利,普通中国人日常最普通的服饰材料——棉花则来自异邦印度。中国丝绸和印度棉花在世界各地的传播,对于各民族服饰文化的丰富起了极大的促进作用。各地植物从原有的产地传播到并适应了各式各样的环境,进而在某个地区形成动植物品种的多种多样,正是经过许多世纪交往的结果。生活方式方面,先秦的中国人席地而坐,就地而眠,后来"胡椅"传入,中国人大约到了唐朝才坐在椅子上,睡在了床上。中国人屋顶上铺盖的琉璃瓦、园林中各式各样的塔、餐桌上的烙饼、纳凉用的折扇等等日用器物,这些许多现在已被国人视为中国"国粹"的东西,其实均受惠于外来文化。实际上每一个民族的文化都不是纯粹的民族创

---

　　① 〔德〕奥斯瓦尔德·斯宾格勒:《西方的没落》上卷,商务印书馆1963年版,第39页。
　　② 李汉荣写了《对中医的一知半解》一文,以生动的笔调通过比较中西医(药物、药房和医生)差别,透视了两种不同的文化。西药房的气味是化学的、工业的、冲动的、暴力的,甚至是威慑的;中药房的气味则是草木的、农业的、平和的、亲切的。西医是对疾病的征服,对生命的修改,而中医则是对阴阳、虚实、表里、寒热、风火、盈亏等矛盾的化解,所以与西医相比,中医就像一位天文学家、水利学家、哲学家。参见《散文》1999年第2期,或《新华文摘》1999年第5期。

造,而是许许多多民族文化的大汇集,在这个意义上,我们可以把每一个民族都看做是世界各民族文化的"博物馆"。

文化的民族性差异是个历史现象,越往前追溯历史,民族文化的差异性越大。在依赖"自然提供的生产工具"的条件下,生产工具和生产方式总是要"屈从"于自然条件,人们的社会生活、精神生活、宗教信仰乃至社会组织形式都要满足于建立在一定自然条件之上的生产活动需要。所谓"航海文化"、"马背文化"、"农业文化"都是特定自然条件下的产物。但是,历史越往后发展,民族文化的差异性又会不断地缩小,因为,一方面,随着人类社会的进步,特别是科学技术的发展,人类越来越多地依赖可以超越原始自然环境的"文明创造的生产工具",各民族对自然环境和自然条件的依赖性不断地降低,尤其是进入工业化时代之后,人类实践活动对自然的直接依赖性越来越小,文化差异所源出的许多天然条件对人的实践活动的限制将愈来愈小甚至可以忽略不计;另一方面,由于文化交往,民族之间的相互交换,民族文化呈现不断融合的趋势,从而使各民族文化的共同性方面越来越多。但从另一个角度看,民族文化的差异在可以预见的将来是不会消失的,因为任何民族的文化再生产都是建立在已有文化传统基础之上的,已有的文化规范规定着后来的文化创造。现在是后工业化时代,我们依然能够清晰地辨别不同的文化,清楚它们的界限,就很好地说明了这一点。换句话说,任何文化创造都是其文化传统在不同时代的创新和延续。马克思指出:"历史的每一阶段都遇到一定的物质结果,一定的生产力总和,人对自然以及个人之间历史地形成的关系,都遇到前一代传给后一代的大量生产力、资金和环境,尽管一方面这些生产力、资金和环境为新的一代所改变;但另一方面,它们也预先规定新的一代本身的生活条件,使它得到一定的发展和具有特殊的性质。由此可见,这种观点表明:人创造环境,同样,环境也创造人。"①正是在此意义上,我们说,文化就是文化创造的条件,也正因此,一个民族的传统文化或文化

---

① 《马克思恩格斯选集》第1卷,人民出版社1995年版,第92页。

传统才得以保存和延续。

（二）文化时代性差异与文化交往

对于文化交往更具重要意义的是另一种差异——文化的时代性差异。如果说，文化的民族性差异由于是经验性存在而难有分歧，那么关于是否存在文化的时代性差异则充满了争议。所谓文化时代性差异，就是认为人类文化的发展存在着共通的发展方向和发展规律，各民族文化之间不仅存在民族性差别，而且有着发展阶段的不同，换句话说，在民族文化之间存在着先进与落后的差别。但在文化人类学研究中，主张民族文化之间存在时代性差异向来是个敏感的话题，因为这个话题意味着文化对经济、社会的发展存在不同作用，意味着一些文化不利于经济、社会发展，或者说某个文化要对其落后的经济、社会发展承担责任，"倘若那样提，就会意味着某些文化优越于别的文化，至少是说它们更有利于促进人类福祉，这就会触及高度敏感的民族、种族和个人自尊心的神经。"①在文化人类学史上，一直存在着两种不同的观点，这就是主张文化存在时代性差异的文化进化论和主张文化没有先进或落后之分的文化相对主义。文化进化论重要代表人物泰勒认为，人类文化从野蛮时代到现代文明是不断进步的，各民族文化之不同是他们各自发展水平的不同。由于人类本质的一致性，决定了文化总是沿着同样的路线向前进化，"文化的各种不同阶段，可以认为是发展或进化的不同阶段，而其中的每一阶段都是前一阶段的产物，并对将来的历史进程起着相当大的作用"。② 文化进化论重要代表人物摩尔根认为，文化发展将依次历经蒙昧阶段、野蛮阶段和文明阶段三个阶段，这是每个民族都不能偏离的文化发展规律。新文化进化论者怀特则把对能量的利用水平作为衡量文化先进与落后及其程度的标

---

① ［美］塞缪尔·亨廷顿、劳伦斯·哈里森主编：《文化的重要作用》，程克雄译，新华出版社2002年版，第19页。

② ［英］爱德华·泰勒：《原始文化》，连树声译，上海文艺出版社1992年版，第7页。

尺,这无疑是极其深刻的,今天能否深度利用风能、太阳能等清洁能源,就反映了一个国家技术从而文化的发展水平。与之相反,文化相对主义坚称,文化总是特殊的,不存在高低或优劣之别,没有进步与落后之分,实际上"像文化这样复杂的现象是不可能有绝对体系的,绝对现象体系的提出,总是反映出我们自己的文化"①,文化总是与民族特性以及实际需要相一致,故不能用统一的标准对不同文化作出高下、优劣的妄评。其实,文化相对主义担心的是把文化与种族联系在一起,主张文化存在先进与落后,就等于承认文化创造主体的种族存在高低、优劣之分。由于文化与其创造者之间不可分割的血肉联系,对一个文化的评价就等于对一个民族(种族)作出评价。历史经验表明,文化相对主义并非杞人忧天,一方面,确实存在把文化发展程度与种族联系起来的文化观,文化人类学一开始就是自上而下的"文明"对"野蛮"的研究,历史上种种形式的文化中心论都是这方面的集中表现;另一方面,形形色色的文化帝国主义和文化霸权主义,正是利用文化存在先进和落后的客观现象,为文化歧视、文化霸权和文化倾销寻求"理论依据"的。以博厄斯为代表的历史特殊论学派反对的正是把文化与种族之间的联系在一起,以文化发展程度评判种族之优劣。然而如果脱离了对历史辩证的坚持,文化相对主义恰恰会走向它所反对的结论,因为它实际上把文化与种族之间的联系看做是逻辑联系,而不是一定历史发展阶段上的事实联系。所以事实上,"文化相对主义包含着更严重的种族主义成分。彻底否认共通真理,否认普遍价值,很容易认为对不可比的文化来说,其参与者之间没有共同的天性。这离那种把他者塑造为与自己完全不同,有着不同(通常是劣等的)人性标准的种族主义只有一步之遥"。② 而文化进化论恰恰否定文化种族主义观,认为无论什么种族,文化总是随着时代的变化而进步和发展的。即使某个

① 转引自夏建中:《文化人类学理论学派》,中国人民大学出版社1997年版,第73页。
② 乔治·莱瑞恩(Jorge Larrain):《意识形态与文化身份:现代性和第三世界的在场》,戴从容译,上海教育出版社2005年版,第40页。

民族文化由于种种原因尚处于发展程度不高的阶段,但由于人类本质的
一致性和文化发展的共同规律,这种文化必然会发展到高级阶段,所以恰
恰是文化进化论否认了文化发展水平与种族之间有必然联系。以文化时
代性差异评判种族优劣是错误的,但以文化的民族独特性否认存在文化
时代性差异也是有违历史事实的,如果承认人类社会存在着共通的发展
规律,而且这种规律性正是通过文化变迁获得表征的话,那么文化的时代
性差异肯定是存在的。实际上文化时代性差异不仅是客观存在,作为一
种文化观,还有其更为重要的意义。如果我们把文化交往视为民族之间
的相互学习,那么过于张扬文化民族性,否认或忽视文化共通性和时代差
异性,是不利于民族文化和世界文化发展的,在工业革命如火如荼、高歌
猛进的西方面前,自视"天朝物产丰盈,无所不有,原不藉外夷货物以通
有无"的大清,其在盛世之后的衰落即为典型一例。

　　如果说人类为之奋斗的一切都是为了创造"最无愧于人类本性的"
生活条件和生存环境,那么无论民族文化差异有多么大,其价值观有多么
不同,其中总是内涵着人类共同的追求。哈佛国际与地区问题学会高级
研究员劳伦斯·哈里森指出:

　　我想世界上大多数人都会同意:

　　活比死好

　　健康比疾病好

　　自由比受奴役好

　　富裕比贫穷好

　　教育比无知好

　　正义比非正义好

　　……①

　　概括地说,在一个发达且充满正义的社会中,有着舒适便捷的物质生

<hr>

　　①　[美]塞缪尔·亨廷顿、劳伦斯·哈里森主编:《文化的重要作用——价值观如何影响
人类进步》,程克雄译,新华出版社 2002 年版,第 14 页。

活,享受着良好的教育,自由、健康、快乐地活着,应该是所有民族人们的基本愿望。一个文化是否能够现实地给予或促进其实现,是否对这些追求保持开放性,无疑是该文化是否具有先进性的重要指标。从另一个角度看,作为生存和发展的智慧,作为一种生存方式,文化必然具有进步与落后之分:首先是文化的适应性,由单一到多样环境的适应性——文化适应的单一性恰恰是许多文化由先进退为落后,甚至失落绝迹于历史深处的重要原因。其次是改造自然和社会环境的能力,即能否通过改造使环境越来越接近人的需要;现在还要加上能否有效地协调社会关系和保护自然环境,实现可持续发展。因此,文化的发展程度应该有自身可以比较的尺度。实际上,尽管一个社会发展取决于很多因素,但文化是最重要的因素,社会的发展程度总是与其文化的发展水平联系在一起的。发达的社会总是孕育于先进的文化之中。就文化的演进基础和根本动力看,物质文化及其创造活动是其他文化形态的基础和推动力,但是,一旦人类社会生活组织起来以后,制度文化和观念文化的作用就开始显现出来。制度文化与观念文化成功与否体现于物质文化之中,物质文化的发展程度体现着制度文化与观念文化的先进程度。观念文化对于制度文化的关系同样如此。"由于文化和经济发展是相连的,一方面的变化就会反过来影响另一方面。在泰国,所有正经的年青男子从前都要用几年时间出家当和尚,修身养性。这有益于精神和灵魂,也适应于当时经济活动和办事的慢吞吞的节奏,现今不一样了,泰国生活节奏加快,商贸兴旺,企业要人。年青人修身养性缩短成几个星期,刚够学会一些念经礼仪,就返回现实的物质世界。人人都知道时间就是金钱,时间的相对价值变了。"所以,"如果说我们能从经济发展史学到什么,那就是文化会使局面几乎完全不一样"①,制度文化和观念文化的创新带来局面的变革。这无须理论的论证,世界性风起云涌的改革浪潮就是生动的证明,中国始于20世纪

---

① [美]塞缪尔·亨廷顿、劳伦斯·哈里森主编:《文化的重要作用——价值观如何影响人类进步》,程克雄译,新华出版社2002年版,第27页。

80 年代的改革开放更是最好的例证。在古代中国有"君子喻以义,小人喻以利"的主张,"耻于言利"是君子不同于小人的基础性品质,"人心不古"之恶果乃引发"物欲横流"之乱象。后来的判断则是中国是小生产者的汪洋大海,每时每刻都在产生资本主义,"资本主义尾巴"到处摇曳、割不胜割。西方人之"自爱"本性,被直接翻译成为中国化的道德"自私",事实判断被歪解为价值判断,从而把经济发展的内在驱动力作为政治化道德的否定,所以批判价值规律,抵制市场经济,将之视为洪水猛兽,看做"唯利是图"的资本主义的罪恶渊薮。翻开 20 世纪 90 年代乃至今天的报纸,我们仍然能经常看到,社会舆论把社会经济运行的某些无序现象归咎于"利益驱动",把因经济活动规范的缺失导致的经济失序归结为"利益驱动",言外之意就是只有遏制"利益驱动",方能一劳永逸地解决经济秩序混乱的问题。为此,还有人费尽心思地对马克思"人们为之奋斗的一切都与他们的利益有关"和"一旦离开利益,思想就要出丑"等并非深奥的论断作出"正确"地重新解读,以纠正人们的"误读"。匪夷所思的是,如果人类没有了利益驱动力,会有人类历史吗? 更准确地说,会有今天的世界吗? 当一个文化遏止了利益的驱动力,也就遏止了文化方方面面的创新和变革,因为一切的进步和发展都成为多余的了。当然我们这里的"利益"是广义的,它不仅仅指经济利益,虽然它是基础性的东西。

确认文化时代性差异不是依据任何想象的尺度,更不是以某个民族文化为标准作出的判断,而是以人类历史与文化的发展原则和进步原则为前提的。从发展和进步的观点看问题,"文化的普遍性和特殊性、共通性和差异性不过是一件事的不可分割的两个互为前提和互为媒介的侧面。普遍性实现于特殊形式之中,共通性存在于差异的比较之中。但是,普遍性和特殊性、共通性和差异性的这种辩证关系,不能理解为单纯的'共时性'关系,而是以历史发展的时间性为坐标的'历史性'关系。"①换句话说,文化的民族性差异包含着文化的时代性差异,即文化的民族性差

_____

① 陈筠泉、刘奔主编:《哲学与文化》,中国社会科学出版社 1996 年版,第 255—256 页。

异不仅仅是以民族文化特质的差异表现出来,而且还寓文化的时代性差异于其中。

可以从很多方面来衡量文化的进步性程度,比如,经济发展水平、社会福利水平、人们的受教育程度、政治民主化程度、社会和谐程度等等,而这些感性的方面又总是与一个文化的态度、信念和价值观联系在一起的,因为人类改造世界的实践总是从其关于世界的态度、信念和价值观出发的。如果说,这些方面的发展还取决于很多难以把握和不可比较的因素,那么,生产力发展程度和人的解放程度则是看似抽象实则具体的标志。由此我们认为,衡量文化发展的客观历史尺度就是生产力的发展程度和人的解放程度。在这两个方面存在的水平和程度的不同,构成了民族文化的时代性差异。

首先,生产力作为人类改造自然、创造适于自身生存和发展环境的能力,本质上就是把外在世界转变成为"我"的活动资源和活动舞台的能力。生产力的发展之于人类社会发展和人的发展有着基础性、根本性、决定性的意义和地位,人类之种种福祉都依赖于生产力的发展。因此,一定意义上,生产力所达到的水平就应该是文化发展所达到的高度。生产力先进与否是自明的,即马克思精辟指出的,"不在于生产什么,而在于怎样生产"①。由于人们的生活方式与他们的生产相一致,所以人们怎样生产即怎样生活。从大文化观视之,生产力不仅是文化的基本内容,也是文化发展程度的证明,更是衡量文化先进与否之圭臬。如果说,任何文化的变革和变迁都是为了解放生产力和发展生产力,那么一个文化在比较意义上所实现的解放生产力和发展生产力的程度就是它先进性的标志。从根本上讲,生产力是一个文化发展创新的最终推动力,但解放和发展生产力的原因往往不在生产力本身,一旦一个文化模式形成之后,文化的其他要素对创造生产力的实践活动就起着巨大的反作用。文化之于生产力的意义,就是文化内部结构及其互动关系,即文化的其他因素及其结构是否

---

① 《马克思恩格斯选集》第2卷,人民出版社1995年版,第179页。

有利于生产力的发展。因此，一个文化对生产力发展是起促进作用还是起阻碍作用，就应该成为衡量文化先进性的标准。很难想象，当一个文化不能积极促进甚或遏制生产力发展的时候，这个文化还是先进的。文化对生产力的积极作用包括两个方面：一个是文化自身具有的促进生产力发展的潜力，即文化内部系统或要素之间的相互作用推动生产力的发展；另一个是文化对他文化的包容度和开放性，即是否能够积极汲取他文化的智慧丰富自己，把其他民族的创造转化为自己活动的条件。如果说在"世界历史"形成之前，各民族生产力发展差异还可以从各自天然遭遇的自然条件中获得解释，那么当世界处于普遍联系的时候，是否愿意汲取世界最先进生产力的发展成果，也是一个文化是否先进之标志。明朝以后的中国文化故步自封、排斥异己，即是这方面的典型一例。邓小平说："如果从明朝中叶算起，到鸦片战争，有三百多年的闭关自守，如果从康熙算起，也有近二百年。长期闭关自守，把中国搞得贫穷落后，愚昧无知。"①所谓闭关锁国就是关闭了吸纳先进生产力的大门。中国晚清封建文化体系之所以必须被打破并以新文化代之，就是因为它不仅严重遏制了自身生产力的发展，而且拒斥一切外来的先进文化因素。把始自20世纪80年代的中国体制改革和思想解放运动称做一次革命的确言不为过，改革和开放，一方面打破了体制内部阻碍生产力发展的桎梏；另一方面改变了拒斥外部交往、反对学习先进文化的观念，它完成了自"洋务运动"以来历次文化革命所没有完成的任务，它把观念变革和体制变革的要求真正付诸实践，使之成为现实，开创了完全不一样的局面。邓小平说社会主义的本质就是解放生产力和发展生产力，实际上任何一个新制度的确立和变革都是为了解放生产力和发展生产力，任何一个止步于历史发展中的社会制度都是因为其失去了进一步解放和发展生产力的能力。社会主义制度与以往社会制度的根本区别在于：它不是以某个狭隘阶级利益为目的，而是以解放生产力和发展生产力为毕生之积极主动追求。换句

---

① 《邓小平文选》第三卷，人民出版社1993年版，第90页。

话说,社会主义社会应该是一种与过去完全不同的新的文化形态。在此意义上,代表先进文化的前进方向就内在到包含着对先进生产力的推动和追求。改革开放几十年来取得的举世瞩目的成就,历史地证明了改革开放实际上是实现了一次深刻的文化创新。

　　其次,人类发展的历史也就是人类自我解放的历史。恩格斯指出:"文化上的每一个进步,都是迈向自由的一步。"①文化作为生存和发展的智慧,也就是人类通过驾驭外在力量获得从必然王国走向自由王国的智慧。文化发展的历程也就是人类获得解放的历程,文化发展的程度也就是人的解放程度,恰如卡西尔所说:"作为一个整体的人类文化,可以被称为人类不断自我解放的历程。"②人的解放包括自然力下的解放、社会解放和思想解放。人类实践的一切努力都在于首先把自然界及其规律置于人的控制之下,并按照人的尺度和美的规律来塑造自然,不断从自然的必然性中获得解放;与改造自然的活动相一致,人类亦不断改造着社会关系,克服各种形式的社会异化关系,从社会的必然性中解放出来,从而不断使人与自然的关系和人与人的关系,都趋于"为我"的关系,服务于人的自由和发展的需要。作为一个思想存在者,人的解放还包括通过思想的自我反思从思想中解放出来。一般说,思想总是随着实践活动的发展而不断演进,但是,人的实践又是在思想指导下的活动,对思想自由的禁锢,不仅影响思想自身的解放,而且影响人从自然和社会束缚中的解放。所以一定条件下的思想解放往往成为其他解放的关键。在人的思想体系中,世界观、价值观和思维方式是最重要的内容,它们在人们的实践活动中形成并得到发展,但它们一旦形成之后又反过来影响着人们追求目标的指向和活动方式的变革,影响着人们的创新精神和创新能力的发挥。中国传统文化奉行的"祖法不可变,圣道不可违"原则,处世潜规则中"枪打出头鸟"、"木秀于林,风必摧之;堆出于岸,流必湍之;行高于人,众必

---

① 《马克思恩格斯选集》第3卷,人民出版社1995年版,第456页。
② [德]恩斯特·卡西尔:《人论》,甘阳译,上海译文出版社1985年版,第288页。

非之"、"出头的椽子先烂"的谆谆告诫,历史案例中"今有五锥,此其铦,铦者必先挫。有五刀,此其错,错者必先靡……是故比干之殪,其抗也;孟贲之杀,其勇也;西施之沈,其美也;吴起之裂,其事也。故彼人者,寡不死其所长,故曰:'太盛难守也'"的人生警醒,(墨子)无疑是对人的创新精神的反动和扼杀。现在人们发现,文化对社会发展的影响极大,在分析影响一个民族或国家发展程度的原因时,最后都能溯源至它的文化上。自鸦片战争以来,中国的仁人志士一直在探索强国之路,历经艰难,人们最终发现,问题出在文化上,长期的封建专制统治,民主不行;以"内圣外王"为人生最高指向的传统思想禁锢,科学不畅,所以当科学与民主之风吹进中国,立即在这个有着丰厚文化积淀的古老国度里引起有识之士的强烈共鸣,而顽固派对新文化的痛心疾首和激烈抵抗,则从反面说明了文化之于社会、之于人之解放的重大意义。马克斯·韦伯一生致力于考察"世界诸宗教的经济伦理观",试图从比较的角度,探讨世界诸主要民族的精神文化气质与该民族的社会经济发展之间的内在关系,并写下了《新教伦理与资本主义精神》等系列专著。他认为,研究表明,西方民族在经过宗教改革以后所形成的新教,对于西方近代资本主义的发展起了重大作用。而没有经过宗教改革的那些古老民族的宗教伦理精神对于这些民族的资本主义发展起了严重的阻碍作用。人们是否同意这样的观点是另外一回事,但它说明了文化与社会发展的内在联系。毫无疑问,一个束缚人的个性和创造力的文化就是阻碍社会发展进步的文化。邓小平在谈到思想解放的重要意义时曾经说过:"解放思想,开动脑筋,实事求是,团结一致向前看,首先是解放思想。只有思想解放了,我们才能正确地以马列主义、毛泽东思想为指导,解决过去遗留的问题,解决新出现的一系列问题,正确地改革同生产力迅速发展不相适应的生产关系和上层建筑,根据我国的实际情况,确定实现四个现代化的具体道路、方针、方法和措施。"①邓小平这一思想虽然是针对特定历史时期中国的情况而言的,但

---

① 《邓小平文选》第二卷,人民出版社 1994 年版,第 141 页。

却有一般性文化哲学意义。实际上,人类历史上发生的历次文化变迁,本质上都是人类思想上的自我反思和自我解放过程。文化作为人之本质力量的确证,文化的发展进步就是人的主体性的显现和提升,也就是人的不断解放。实践中,人与自然的关系、人与社会的关系和人与自身思想的关系,既是相互促进的又是相互制约的,一个先进的文化就是在这三重关系中的良性互动、相互促进,从而推动人的全面发展。

生产力标准和人的解放标准并不是两个相互孤立的标准,而是同一过程的两个方面。所谓生产力的解放就是人的解放,文化所包容的生产力的发展潜力就是人的发展潜力,文化对生产力的束缚实际上就是对人的束缚。一定意义上,人的解放是生产力解放的前提,生产力的解放则是人的解放的证明。"他们是什么样的,这同他的生产是一致的。"①马克思以人的发展为尺度来划分人类社会发展的历史阶段,充分体现了生产力发展程度和人解放程度的一致性。以生产力的不同发展阶段为基础,人类社会关系和人的存在状态依次经历人的依赖性阶段、建立在物的依赖性基础上的人的独立性阶段和人的全面自由发展阶段,其中每一个发展阶段都是对前一个阶段的扬弃和超越,都确证着人的解放的巨大进步,都是人向全面自由发展的迈进。随着生产力的发展,人类将进入这样一个境界:"社会化的人,联合起来的生产者,将合理地调节他们和自然之间的物质变换,把它置于他们的共同控制之下,而不让它作为一种盲目的力量来统治自己;靠消耗最小的力量,在最无愧于和最适合于他们的人类本性的条件下来进行这种物质变换。"②

总之,文化的时代性差异是客观存在的,它首先是由内在于人的活动过程中的规律所决定的,其次因各民族文化发展的起始条件以及后来的发展环境而彰显。人类已经进入全球化时代,普遍的交往更加凸显了文化时代性差异的存在,各民族为应对这种普遍竞争,纷纷实行内部改革和

① 《马克思恩格斯选集》第 1 卷,人民出版社 1995 年版,第 68 页。
② 《马克思恩格斯全集》第 25 卷,人民出版社 1974 年版,第 926—927 页。

外部开放,这无疑是缩小差异、追赶时代潮流之战略举措。文化交往正因为时代性差异的存在而显现出重大的历史意义。

三、文化交往与文化信息流动规律

在文化交往过程中,文化信息流动是有方向的,这就是文化信息总是由高向低流动的。文化信息由高向低流动规律不仅为文化交往历史事实所证明,而且有着深刻的实践根据。

(一)文化信息由高向低流动的普遍规律

文化之间的两种差异性决定了文化交往有两种情形。在第一种情形中,文化的民族性差异主要是补缺,或者说主要是文化品类的相互补充,如擅长畜牧的游牧文化与长于耕作的农耕文化之间的交往、不同地理条件下农耕文化之间的相互交往;制度文化方面各种管理方式之间的互补;精神文化方面世界观、价值观和思维方式的相互汲取,比如中国文化注重人与人关系的和谐,西方文化注重人与自然关系的协调,中国文化重经验,西方文化重理性等等;艺术品类方面的互补,如中国画和油画、西方歌剧与京剧、各种演唱方法之间的互补等等,不胜枚举。在第二种情形中,文化的时代性差异主要是"替代",即以先进的取代相对落后的。如果说,文化的替代性交往贯穿于文化交往的始终,那么随着文化的发展特别是当一个民族文化发育"成熟"后,文化的补缺性交往则随着文化的发展而越来越少。所以我们这里讨论的文化交往规律主要指的是以时代性差异为基础的文化交往。纵观数千年文化交往史,文化交往过程中的信息流动呈现出独特的规律,这个规律就是文化信息总是由高向低流动的。这里所谓"高"是指文化的发展程度,即在交往过程中,文化总是从发展程度较高的民族流向发展程度较低的民族,从较发达的区域流向较落后的区域。这一规律是被无数文化交往的历史事实所证明了的文化交往的客观规律,马克思称之为文化交往的"永恒的规律"。

文化的时代性差异,不仅使得文化交往成为可能,而且使文化交往凸显巨大的历史和现实意义。民族文化之间的交往,就是通过文化的相互学习、吸收、借鉴,以人之长补己之短,不仅丰富了民族文化,更重要的是促进了民族文化的发展。因此,在交往过程中,一个民族对另一个民族所需要的以及实际吸收和借鉴的,总是那些在历史发展的阶梯上高于它自己已达到水平的文化元素。比如,更高水平、更先进、更有效的生产工具,更合理的交往形式、制度安排、行为规范,能够促进其更新和发展的新思想、新观念,等等。新技术的引进是为了取代旧的落后的技术,机器动力的推广是为了替代对人力或动物力的依赖,自动化的运用是为了取代劳动强度高、劳动时间长、劳动效率低的手工劳动,民主制度的借鉴是为了替代专制制度,科学和科学思想的宣扬是为了替代迷信等非科学思想。总之,文化交往是新文化替代旧文化。中国五四运动前后的"新文化运动"就深刻地反映了这一文化交往本质,用包含着"科学"与"民主"的西方"新文化"替代中国的"旧文化"。毛泽东说过:"在中国文化战线或思想战线上,'五四'以前和'五四'以后,构成了两个不同的历史时期。在'五四'以前,中国文化战线上的斗争,是资产阶级的新文化和封建阶级的旧文化的斗争。在'五四'以后,学校与科举之争,新学与旧学之争,西学与中学之争,都带有这种性质。"①一般说来,当两个民族文化的某一要素处于同样高的水平的时候,该文化要素互换的可能性就小。颇能说明这一问题的是中国汉字的拼音化过程。东汉永平十年(公元 67 年),印度佛教开始传入中国,随同印度佛教传来的还有印度的音韵学,当时中国汉字缺乏一套系统的注音方法,于是接受了印度音韵学的反切注音法。由于中国已经有了很发达的文字,所以印度文字没有被中国人所接受。而同样是印度佛教的传播地,孟加拉、缅甸、泰国、老挝、柬埔寨等国由于原有的文字不发达,在接受印度佛教的同时也接受了印度字母。西欧英法等国的基督教在中国传播,罗马字也随之到来,使汉字有了拉丁注音

---

① 毛泽东:《新民主主义论》,《毛泽东选集》第二卷,人民出版社 1991 年版,第 696 页。

法。同样的原因,西方的拼音文字也没有取代中国汉字。这就是说,在文化交往过程中,文化的信息流一般是由高向低流动的。如果说发展程度不同的世界各民族文化,犹如高低不同、参差不齐、上下起伏的山峦,那么,文化交往过程中文化信息的流动就如蜿蜒在山峦中间的流水,由于地势之间的落差,形成不同的"势能",高"势能"的水总是向低"势能"的水的位置流动。

文化交往中的信息流由高向低流动已经是被历史所证明了的客观事实,如历史上中国汉唐文化在周边落后民族的传播,古希腊文化在希腊化世界的传播,古罗马文化在西北欧"蛮族"的传播,西方工业化文化在全世界的传播。历史上各大文化圈的形成,就是几个发达的文化中心的文化向四周辐射传播的结果。

足以证明这一规律的有力事实是,在历史上的扩张和征服战争中,当被征服者的文化高于征服者时,文化上总是被征服者征服征服者,征服者成为实际的失败者。印度是文明古国之一,在印度文化全盛时期,许多侵入印度的民族都被高于他们的印度文化同化了。马克思说:"相继侵入印度的阿拉伯人、土耳其人、鞑靼人和莫卧儿人,不久就被印度化了,——野蛮的征服者,按照一条永恒的历史规律,本身被他们所征服的臣民的较高文明所征服,不列颠人是第一批文明程度高于印度因而不受印度文明影响的征服者。"①古罗马征服了古希腊,但征服者的古罗马在文化上却是被征服者,古希腊和希腊化文化以排山倒海之势涌入古罗马。古罗马大诗人贺拉斯不仅看到了这种文化的反征服现象,而且深刻地认识到这种文化由高向低流动的历史意义,他写道:"被征服者希腊反而战胜了征服者罗马,使粗野的拉丁民族迈向文明开化。"日耳曼征服了古罗马,但在文化上,却是古罗马征服了日耳曼人,惊人相似地重演了古希腊之于古罗马的一幕。汉民族文化对屡屡入侵中原的北方游牧民族的影响,蒙元和满清统治着以汉民族为主体的中国,但汉民族文化却"统治"着这些统

---

① 《马克思恩格斯选集》第 1 卷,人民出版社 1995 年版,第 768 页。

治者。资产阶级之所以能够把"一切民族甚至最野蛮的民族都卷到文明中来","正像它使农村从属于城市一样,它使未开化和半开化的国家从属于文明的国家,使农民的民族从属于资产阶级的民族,使东方从属于西方,""它用来摧毁一切万里长城、征服野蛮人最顽强的仇外心理的重炮",就是它所创造的高于落后民族的文化,它的迅速发展的并且不断改进着的生产工具,它的能够促进生产力发展的生产方式,以及它所创造的"廉价的商品"。换句话说,资产阶级创造的文化与"未开化和半开化的国家",作为"文明的民族"与"农民的民族"的文化之间,存在着发展程度不同的时代性差异,是先进与落后的差异。①

表面看来,历史上存在过先进的文化为落后文化所取代的现象,如古希腊民主制度被古罗马奴隶制度所取代。古罗马征服古希腊以后,古罗马人没有保留古希腊的民主制,反而用奴隶制取代了它。仅从这一历史现象本身看,奴隶制取代民主制,相当于落后的文化取代了先进的文化。实际上,历史地看来,这种情况仍然不能说就是落后取代先进:第一,古希腊民主制是奴隶制民主制,换句话说,这种民主制只不过是奴隶制的一种形式;第二,众所周知,古希腊的民主制度是极其有限的民主制,民主是"公民"才享有的政治待遇,而这些"公民"在城邦的人口中占有的实际比例是很小的,妇女不是公民,奴隶不是公民,农奴不是公民,边区居民不是公民,外邦人不是公民。仅仅妇女被排除在"公民"之外,就去掉差不多一半人,那么可以想见其民主的适用范围是多么狭小。它被取代之后没有恢复,而是历经奴隶制度、封建制度之后,才发展成为现代意义的民主制度,本身就说明它具有时代的特殊性和历史的暂时性。因为这种民主制度是建立在特定社会历史条件下的特殊的民主制度,而不是在生产力充分发展了的基础上的现代民主。

文化交往过程中文化信息流由高向低流动规律,反映的是文化交往的一种基本特点和历史趋势。一般地说,文化交往中文化的信息流不会

---

① 参见《马克思恩格斯选集》第 1 卷,人民出版社 1995 年版,第 276—277 页。

倒流,就像人类不可能回到原始社会一样。掌握科学和科学思想的民族不会接受巫术和迷信;等级制度不会为崇尚自由平等的民族所推崇;专制制度不会传播到已经民主化了的民族;印度与西方文化交往不仅开始早、历时长,而且几乎从未间断,但印度的种姓制度没有也不可能流入西方;相反,西方文化却源源不断地流向印度。但是,文化交往的实际过程是极其复杂的。在肯定这一规律的同时,应当注意以下几个问题:第一,并非所有具有时代性差异的文化之间都会发生文化的传播,文化信息流动不仅取决于被传播文化的先进性程度,还取决于接受这一文化的民族文化传统、社会条件以及"相应的文化水平所决定的比较粗陋或比较发达的需求"(马克思语)。一种历史地看是先进的文化——比如某种社会制度——传播到另一个民族可能不仅不能促进其发展,反而可能起破坏作用。[①] 换句话说,文化的先进性标准根本上讲是历史标准,同时还要依据特定的社会环境来判定,这个特定社会环境即今天所谓国情。在此意义上,文化的时代性差异又是相对的。第二,每个民族文化都是先进与落后并存、精华与糟粕共生,在文化交往过程中不可避免地良莠难辨、泥沙俱下。20 世纪 80 年代以来,中国实行对外开放战略,引进了大量先进的科学技术、管理方式,同时,大量的文化糟粕也随之涌入,带来许多社会问题。换言之,并非所有实现交往的文化都具先进性。第三,文化先进性的判断有个认识过程和视角问题,先进的东西总是意味着对现有的否定,总会遭遇现实的诋毁和否定,其先进性总是在其发展到一定程度以后才能被认识;其次,在一种文化立场看来是落后腐朽的东西,从历史发展的角度看,或许正是推动历史进步的因素。曾经引起中国"三千年未有之大变局"的"西学东渐",在当时的守旧派看来,无异于洪水猛兽,而今日视之,它却是实现中国社会转型的创新因子。

---

① 一种维系社会秩序的规则,只要能够满足社会的需要就是合理的。费孝通先生讲过一个故事,新中国成立初期,一个县委书记告诉他:因妻子与一村民发生私情,丈夫痛打奸夫,结果公安局将丈夫抓走了。村民困惑不解:新政府为什么不惩治坏人(奸夫),反而惩罚惩治坏人的人(丈夫)? 岂不是善恶不辨,鼓励坏人作恶?

文化信息由高向低流动是文化交往的基本规律。正是各民族对先进文化的需要，才使文化交往广度不断扩大，程度不断深化，从而体现出文化由高向低流动的历史规律。

（二）文化信息由高向低流动规律的实践根据

文化交往中，文化信息由高向低流动是有深刻实践根据的。不同文化能在不同民族之间、不同环境之间相互流动，或者说，一个文化能够同另一种环境相容，其根据仍然存在于实践活动之中。文化交往之所以能够超越其地理环境发生现实的交往，根本在于实践活动及其所创造智慧所具有的环境超越性。

人类各民族文化千姿百态，各具特色，但至少有两点是共同的：除了本质上它们都是生存和发展的智慧，还在于它们遵循同样的发展规律和有着共同的发展方向。如前所述，人类实践活动的根本目的和动因是为了通过对自然规律的把握，认识和利用自然力，把自然界置于自己的控制之下，使之服从自己的生存和发展需要。卡西尔深刻地指出："人类文化的不同形式并不是靠它们本性上的统一性而是靠它们基本任务的一致性而结合在一起的。"①人类这一基本任务就是追求一个"最适合于和最无愧于人类本性的条件"的理想世界。这既是人类文化发展的方向，又是人类文化发展的动力。如果说，人类文化发展是合规律性和合目的性的统一，那么，它在根本上是人的实践活动合规律性和合目的性的统一，其规律性正是在追求同样目的的过程中体现出来的。因此，尽管各民族文化由于发展的起始条件不同，在其后来的发展过程中呈现出多样性，甚至相互之间的差异很大，但在多样性中隐藏着共同的因素和精神。在文化发展的过程中，这种共同的因素不断地并且越来越多地显示出来，表现为各民族文化发展过程中的接近性，从而体现出人类文化发展的方向性和规律性。

文化的基本任务及其所决定的文化的发展方向，是文化交往的"共

---

① [德]恩斯特·卡西尔：《人论》，甘阳译，上海译文出版社1985年版，第282页。

同语言"。但是,文化交往的实现却是文化发展到一定阶段的产物。这个发展阶段就是,各民族文化的发展越来越摆脱地域的狭隘性和民族的局限性,具有与其他生存环境相容的特性。文化对其赖以产生的环境的超越性,本质上是人类实践活动的超越性。如前所述,人的实践活动是一种否定性的、不断超越现有环境的活动。实践活动的超越性表现在两个方面:首先,人能够通过自己的实践活动超越自然环境和自然资源的限制,改变自然环境的现实状态,满足自己的生存和发展的需要,更加深度地利用自然资源和自然条件,这尤其表现为科学技术的发明创造和在实践中的运用,如果说车必须行进在陆地,舟船只能航行于水域,那么飞机是超越一切地理条件的运输工具。其次,实践活动不仅能改变现有的生存环境,而且能够越出现有环境的空间限制,在更大的范围上与世界建立起对象性关系,把各种形态的自然环境置于自己的改造活动之中,从而使对象化世界不断扩大,满足自己生存和发展需要的世界更加广阔。

实践活动的这种超越性,是通过以生产工具的变革为标志的生产力的发展而逐步实现的。迄今为止,人类经历了两大发展阶段,这就是"由自然提供的生产工具"阶段和"由文明创造的生产工具"阶段。"由自然提供的生产工具"阶段,由于其与自然关系的直接性,受制于自然提供的现有资料,因而具有地域的局限性和狭隘性;而"由文明创造的生产工具"阶段,由于降低了对自然的依赖性,超越了自然条件的局限性和狭隘性,具有适应任何一种环境的普适性。所以当人类走出"由自然提供的生产工具"时代,走向"由文明创造的生产工具"时代的时候,各各民族创造的生产力和生产方式就逐步扬弃了民族和地域的特殊性,越来越具有普遍性,而走向了更为广阔的世界。工业文明可以说把实践活动的这一超越性表现得淋漓尽致。资产阶级之所以能够奔走于全球各地,"到处落户,到处开发,到处建立联系","把一切民族甚至最野蛮的民族都卷到文明中来"①,正是由于迅速改进的生产工具及其生产方式可以"落户"于

---

① 《马克思恩格斯选集》第 1 卷,人民出版社 1995 年版,第 276 页。

任何一种环境,具有可以与任何一种环境相容的普遍性。实践活动的超越性特点是人类实践活动发展的普遍规律,或者说,正因为实践活动的这一特点,人类社会的发展才呈现出一条普遍的规律。从人与自然的关系上看,各民族或多或少地都相继经历了采集、渔猎、游牧、农业、工业等几大发展阶段;从人与人的关系即人与人的结合方式上看,各民族或长或短地相继经历了人的依赖关系、物的依赖关系,进而朝着人的全面自由发展不断迈进。

　　所谓文化对环境的超越性,就是文化对非原生环境的适应性和相容性。文化对环境的超越性,就是实践活动本身、获得的能力以及所创造的产品对环境的超越性,其本质上就是实践对环境的超越性。所以文化的超越性通过实践的超越性实现,实践对环境的超越性通过文化的超越性表现出来。从文化的角度来看,随着"由文明创造的生产工具"阶段的开始,地理生态环境对人们的生产活动和生活活动的制约作用越来越小,民族智慧受制于生存环境的片面性和狭隘性越来越小,从而各民族文化可通约的成分越来越大,民族之间可资相互借鉴、交流、学习的东西愈来愈多。这不仅使文化交往即各民族文化之间交换成为可能,而且使这种交往或交换成为必要。事实上,自有民族交往以来,文化交往不仅已经成为各民族文化的一部分,而且成为世界文化现象的一部分,成为世界历史的一部分。因此马克思认为,随着世界历史的发展,不仅物质生产成为世界性的,各民族的精神产品也将成为公共财产,"民族的片面性和局限性日益成为不可能,于是由许多种民族的和地方的文学形成了一种世界的文学。"①美国人类学家莱莉·A.怀特发现,文化不仅能穿越历史,还有穿越空间的适应性。他说:"文化是一个绵延不断的过程,是一条事件之流,它自由地穿过漫长的岁月,从上一代流入下一代,从一个种族蔓延到另一个种族,从一个地区扩张到另一个地区。"由此他认为:"其实,各种极不相同的文化可与任何一定的环境类型相适应,对不同地区的观察比较,或较

――――――――――

① 《马克思恩格斯选集》第 1 卷,人民出版社 1995 年版,第 276 页。

长时期对同一地区考古学的比较都将证明这一结论。"①正因此,怀特反对那种文化是"对于栖息环境的反映"和"'人类天性'之简单和直接的显现"的观点。不仅文化变迁是实践活动的结果,能够与之相容的环境形态也是实践活动的产物,实际上,环境的改变本身就是文化变迁的实质性内容。

由上述可知,实践不仅创造了文化,而且还是文化交往得以实现的桥梁和动力(实践对智慧的需要)。文化交往就是实践智慧的交流和互换,也就是实践能力的互换,就是实践活动的互换。

四、文化交往中文化信息的双向流动

文化交往中的信息流由高向低流动是文化交往过程中的一条基本的规律。这条规律是仅就文化本身的流动而言的,它并不意味着文化交往中文化信息的流动总是单向地从一个民族流向另一个民族;相反,从大的历史尺度看来,文化交往是双向的,是在交往的民族之间双向流动。

在文化交往的过程中,每个民族都不是单纯的文化的索取者或接受者,而是同时也是优秀文化的提供者和奉献者。换言之,每个民族既是文化的输入者又文化的输出者。当然,不同的民族或者同一个民族在不同的时期文化输出和输入的量的大小是有区别的,有些民族,或者有些民族在有些时候在文化交往中是"入超",有些民族或有些民族在有些时候是"出超"。因为并不是——实际上也不可能是——一个民族的文化总是或者完全高于另一个民族的文化。无论是从空间上还是从时间上看,文化发展程度的高低并不都是绝对的,文化发展的不平衡性不仅表现在民族与民族之间,而且也表现在民族文化各要素的发展程度上,亦即民族内部文化的发展也是不平衡的。不是一个民族内部的所有文化因素都是先进的、总是高于某些或另一些民族,而另一个民族内部的所有文化因素都

---

① L. A. 怀特:《文化的科学——人类与文明研究》,曹锦清等译,浙江人民出版社 1988 年版,第 2—3 页。

是落后的、总是低于某些或另一些民族。即使那些总体上先进的民族和国家，其文化也有落后的方面，就像总体上落后民族的文化也有先进的方面一样。因此，文化交往中文化的信息流由高向低流动的规律体现在民族之间文化的双向流动和文化的相互交流上，即文化交往是双向的。

（一）文化民族性差异与文化信息的双向流动

　　每个民族的文化都是在独特的生存环境中创造和发展起来的，因此，一定意义上，每个民族文化都是独特的。民族文化的独特性表现在：或者某些文化因素是其他文化所没有的，或者文化的某个方面优于其他民族文化相应的方面，或者具有互补性。文化作为实践活动的智慧，是一个民族在其独特的条件下的独特创造。如前所述，文化是人类实践活动的产物，而实践活动受制于为之提供生产资料、资源和活动对象的独特的自然条件，一方面，独特的实践活动条件创造着独特的文化；另一方面，独特条件对应特殊实践活动智慧的需要，并规范着文化创造的方向。濒临海洋的民族总是会比那些远离海洋或处于内陆的民族更好更完善地掌握航海技术，栖身草原的游牧民族必然在草原文化，如驯马、牧羊以及远途迁徙和马背征战等草原生存智慧方面要高出其他民族一筹。而在宜农的自然环境中，长期从事农业的民族在农业技术和相应的农业生产方式方面的发展肯定要领先于其他民族。这就是创造文化的条件之所短，可能恰恰是文化创造之所长。创造独特文化的条件可能是否定性的，由于生存与发展的需要，否定性的条件往往会激发民族的创造力。这也就是汤因比说的"挑战—反应"的文化发展模式。水资源缺乏的以色列发展出先进的农业和灌溉技术，沙漠广袤、干旱少雨但濒临海洋的阿拉伯国家率先创造了海水淡化技术；严寒的北极圈的严酷自然条件磨炼出爱斯基摩人独特的生存技能。毛泽东指出："应当承认，每个民族都有它的长处，不然它为什么能存在？为什么能发展？同时，每个民族也都有它的短处。"[1]

---

① 《毛泽东文集》第七卷，人民出版社1999年版，第41页。

有长处有短处,这是我们对待任何一个民族文化必须坚持的"两点论",所有皆长或者一无所长都是非历史的形而上学文化观。比如,精神文化方面,古希腊在科学、哲学、艺术、数学等方面遥遥领先,而古罗马则在法律、法制方面给人类留下了最宝贵的文化遗产,对西方文化和世界文化作出了重要的贡献。当代美国学者约翰·麦·赞恩指出:"当今世界对其法律的划分、一般理论和实施方法都应归功于罗马。如果罗马法理学家几个世纪以来没有刻意研究逐渐形成罗马法的一般原理和特殊规则,那么就无法想象我们今天的法律体系会是何种模样……正如罗马的古老神庙和公共建筑成为后来的建筑的材料储藏室,罗马法律成为现代世界法律推理和原则的永不枯竭的宝库。"[①]在世界文化发展史上,完全雷同的文化是不存在的,这特别表现在人类文化的早期。总之,每个民族都有自己独特的文化创造,都对人类文化作出了贡献,正如美国著名文化人类学家克鲁伯所言:各民族文化实际上都"是一件东拼西凑的'百衲衣'"。诚如斯言。

文化发展的不平衡还表现在某些民族虽然总体上表现为落后,但在文化的某一方面则比较发达,甚至达到其他民族难以企及的高度。最著名的是德国的哲学文化,在16—18世纪的西欧国家中,德国是个相对落后的国家,但在哲学思维和哲学理论的建树上却遥遥领先于西欧其他国家。恩格斯形象地将其比喻为经济上落后的国家,在哲学上却演奏第一小提琴。与当时的英国相比,法国也是个落后的国家,但其现代国家政治理论水平却要比英国高。这一情况的发生与许多因素有关,首先是与其文化传统相联系,文化传统中突出的方面往往会在历史中得到更加突出的发展,如欧洲大陆固有的理性主义传统,英国的经验科学和经验主义哲学。其次是与国内社会发展程度和国内的文化政策相关,德国思辨哲学独领欧洲哲学风骚就是当时德国社会发展状态的一个反映。由文化民族

---

① ［美］约翰·麦·赞恩:《法律的故事》,刘昕等译,江苏人民出版社1998年版,第142—143页。

性差异决定的文化双向性交往之于各民族的丰富和创新有着极其重要的意义。马克思主义经典作家汲取了德国古典哲学、英国古典经济学和法国空想社会主义理论从而创立了崭新的马克思主义理论,可以说是无数这种因交往而实现文化丰富创新的缩影。许多文化的优秀性和先进性总是显现于一定的历史发展阶段而反映到人们的认识中来,今天中国文化在世界的影响越来越大,人们一般归之于中国的发展壮大和综合国力增强的结果,实际上更主要的原因是,中国文化为人类求解西方文化带来的诸多全球性问题提供了实践的智慧。总之,文化交往使人类各民族文化通过交往都能够取长补短、相得益彰。

(二)文化时代性差异与文化信息的双向流动

以时代性差异为基础的文化双向交往是文化交往过程中另一个基本规律性现象。从世界范围和大历史尺度看,文化发展的领先与滞后是相互交替的,每个民族文化的发展都不是也不可能是永远的先进或者永远的步别人的后尘,一度处于先进水平的文化会因为种种原因而落伍,而曾经处于落后状态的文化却后来居上。中心走向边缘,边缘变成中心。特别是在交往的条件下,这种情况在文化发展史上更是屡见不鲜。西方文化后来的独领风骚除了自身因素外,汲取了世界范围内的文化优秀成果无疑是非常重要的因由。美索不达米亚地区的巴比伦文化曾经是人类文化历史上最早开放的花朵之一,但后来为开化不久的古希腊人的文化所超越,接着古罗马文化又超越了古希腊,后来古罗马文化的辉煌又为阿拉伯文化所遮盖,再后来,西欧文化成为世界最先进的文化,阿拉伯文化被挤向了边缘。四大文明古国顾名思义即曾经是人类历史上最先进的文化古国,但历经沧海桑田变换,盛极一时的古埃及文明、巴比伦文明和古印度文明早已辉煌不再。中国文化虽然在她的发源地被完整地保存下来,却也在晚明以后落伍了。

从东西方文化发展历史看,中国从汉至宋是文化发展的鼎盛时期,文化传播和辐射面不仅遍及周边民族,而且远播西方;中国不仅是东亚文的中心,也是当时世界文化的中心。据统计,在过去的 1000 年里,中国传播到西方的技术和发明达 26 种,如方板链泵(5 世纪)、活塞风箱(6 世纪)、瓷器(7—10 世纪)、铸铁(8—10 世纪)、磁罗盘(9 世纪)、纸(10 世纪)、扼、雕版印刷(14 世纪)、火药(14—15 世纪)、活字印刷、磁针罗盘、船尾舵、火药用于战争技术、拉式纺机(16 世纪)、磁罗盘用于航海(18 世纪);而同时代,西方传入中国的仅有液体压力泵(2 世纪)、螺钉(6 世纪)、曲轴、钟表装置(17 世纪)四项技术和发明。就中国文化对西方的贡献看,最值得一书的是中国的理性主义对西方启蒙运动的影响。18 世纪欧洲启蒙运动倡导理性主义,反对宗教神学的蒙昧主义和神秘主义,但在基督教神学笼罩下的欧洲,理性主义资源缺乏,于是他们将目光转向东方,转向中国,从中国汲取所需要的思想资料。"中国这个远处东方,具有和欧洲完全不同气质的辉煌文明的大国,经过耶稣会士的介绍,便成为启蒙运动者汲取精神力量的源泉。中国古代哲学,孔子的儒家学说以'天'为自然法则的代表,和宋儒理学以'道'这一理性为基本原则,认为'天地之本、万物之源',孔子以'仁'为核心的伦理道德和提倡教育的思想,成为法国哲学家笛卡儿倡导理性主义的基本来源。"[①]在启蒙运动中,中国文化对莱布尼茨的古典思辨哲学、伏尔泰的自然神论、魁奈和杜尔哥的重农派学说产生了重要的影响,并通过他们对近代欧洲文明的诞生起了促进作用。马克思和弗兰西斯·培根都对中国四大发明对西方文明的贡献,特别是对于西欧由封建主义到资本主义的重大历史转折的意义给予了高度的评价。

中国文化辉煌鼎盛时期,西欧还处于"蛮人"阶段,西方文化远远落后于中国文化的发展程度。西方当时在文化上从其他民族所得到的多于它所能给予的,经济上极想得到南亚的香料和中国的丝绸,自己却没有什么可用以交换;在军事上,东方对西方的征战远远多于西方对东方的入侵。但是尽管如此,实现世界历史重大转折的却正是由这个欧亚大陆上

① 沈福伟:《中西文化交流史》,上海人民出版社 1985 年版,第 448 页。

一向最不发达的、最默默无闻的地区引起并完成的,并且西方数百年来一直处于强势文化地位。结果使一直是由东向西流的文化传播流掉转方向,变为由西向东流,西方成为主要的输出地,中国等东方民族成为文化的接受者。同样的情况也发生在西欧内部。西欧扩张时代,先行者并不是处于西欧先进行列的英国、法国和荷兰等国,而是远远落后于它们的伊比利亚半岛上的西班牙和葡萄牙;后来西班牙和葡萄牙的很多海外殖民地又落入英、法、荷这些"新生代"殖民国家之手。东方的中国和日本文化交往也呈现这样一个"风水轮流转"的历史格局。日本在历史上相当长时期是中华文化的学生,但在明治维新后奉行"脱亚入欧"战略,并实现迅速发展,一跃成为亚洲最先进的工业化国家。

对于这种"三十年河东,三十年河西"现象,文化人类学家塞林斯和萨林斯依据自己的进化理论给予了一种非常独特的解释,他们提出了"进化潜力法则"来说明这一现象。其主要观点是,一个物种或文化系统在既定的进化过程中,越是专化和适应,那么,其走向更高等级的潜力就越小;相反,一个文化落后的民族由于能够享受到"引进和借用带来的种种好处"而超过曾经比它先进的民族。德国的工业效率要比工业化的先行者英国高;日本长期在文化上落后于中国,是文化的输入者,但是它在亚洲却率先进入了现代工业社会。这种解释是有深刻道理的,四大文明古国的风光不再可能恰恰是因为它们相对于其他民族文化过于"先进",相对于自身环境过于"完善",严格地说,它们不是失去进一步发展的能力,而是失去了进一步发展的需要。乾隆主张的"天朝物产丰富,无所不有,原不藉外夷货物以通有无",可以说是文化这种"自给自足"特征的最好注脚。发达的文化由于文化自身对环境的适应性的自我证明而容易故步自封,失去自我创新的能力,就是说文化有着自我限制的"本性"。对于落后文化后来居上,则主要是因为其落后,因为其需要否定落后,才需要学习和需要交往;通过交往,它能够广泛地吸收其他民族的先进文化,并将吸收来的各种优秀因素融合起来,加以改造创新,从而在文化上赶上和超过曾经先进的民族。在这方面,把东方文化与西方文化有机结合的日本就是极为典型的成功例子。

文化的双向流动并不否定文化由高向低流动的规律,毋宁说它恰恰证明了由高向低流动的文化交往规律,因为民族文化的高与低、先进与落后是相对的、交错的。从文化方面讲,其信息流总是由高向低流动;从民族方面讲,文化信息是双向流动的,是民族之间的文化的互动。

文化交往的双向性告诉我们,今天人类丰富的文化是人类各民族人民的共同创造,凝聚着每个民族的智慧,每个民族文化都包含其他民族的创造于其中。因此,一方面,一个民族对任何其他民族文化的轻视甚至歧视都是错误的,是片面狭隘的民族文化观;另一方面,根据文化发展的历史规律和文化的"进化潜力原则",人类文化总是不断向前发展的,但各民族的文化是波浪式发展的,领先与落后、强势与弱势、中心与边缘总是相互交替的,这本身就是个文化发展的规律。由于交往,那些今天处于落后状态的文化,将因此可能具有更大的发展潜力,而进入一个辉煌发展的时期。

五、文化信息流动规律与文化发展

文化交往过程中信息由高向低流动的规律,显现出文化交往在世界文化发展中有着极其重要的意义。或者说,文化交往的世界历史意义正因为这一规律而凸显出来。文化交往之所以对民族文化发展和世界文化发展有着巨大的促进作用,民族文化之间的交往之所以具有相互促进的作用,根本上就在于文化交往过程中文化信息是由高向低流动的。文化交往的历史过程中尽管伴随着冲突、碰撞,但文化交往始终生生不息地发展着,其根据也正在于此。

在文化信息由高向低流动规律的驱动下,文化交往的历史意义在于:首先,各民族人民能够利用和分享相互之间最杰出、最优秀的创造,能够用各民族人民所创造的最先进的成果来武装自己,实现优势互补、集成创新,从而使各民族避免了马克思所指出过的像人类初期各民族那样都要独立地发明一切的状况。从这个方面讲,所谓文化交往,既是各民族文化加入和转化为人类文化总体的基本路径,也是各民族分享人类总体文化的基本渠道。其次,如前所述,文化交往就是把其他民族的创造转变为自己的活动条件,由于交往,一个落后的民族完全可以通过学习、吸收、借用其他民族的创造,而站在一个全新的起点和全新的高度上发展自己,实现"跨越式"、"跳跃式"发展。这就是马克思所说的,对于某一民族的生产关系变革来说,完全没有必要等生产力和生产关系的矛盾在这个民族内部发展到极端的地步;同先进国家的交往,就足以在民族内部产生类似的矛盾。历史上那些后来居上的民族的发展经历就深刻地说明了这一点。中国 20 世纪 80 年代的开放战略可以说就是基于这一深刻认识之上的,仅仅几十年时间所取得的举世瞩目的成就已经深刻地证明了这一战略的正确性,不仅在各个领域都缩短了与先进国家的差距,而且在许多方面已经接近或达到世界先进水平。

　　简直无法想象,如果没有立足于这一规律的文化交往历史的发展,今天各民族的发展状况、整个世界的发展状况是个什么样子。文化交往过程中文化信息由高向低流动的规律深刻地说明了,那些在历史上善于与其他民族交往、善于吸收和借鉴其他民族先进文化来丰富和发展自己的民族,为什么能够获得迅速同步的发展;反之,那些远离其他民族文化,或者不善于交往甚至抵制文化交往的民族,为什么与整个世界的发展潮流之间的差距越拉越大。就如我们通常所说的,如果没有马克思主义新思想传入中国,中国人民在争取民族独立方面肯定还要摸索更长的时间。因为,善于交往总是能够获得和享受世界的最新创造,而不善于交往或拒绝交往也就拒绝了先进,固守了落后。闭关锁国的历史,也就是偏离人类文明大道的历史,也必将在人类文明潮流滚滚向前过程中落后得更远。由于起始条件的差异,世界各民族文化的发展一开始就是不平衡的。在历史发展过程中,这种一开始就存在的文化"落差"或者继续扩大,或者产生新的不平衡,而文化交往中文化信息流由高向低流动则不断地弥补着历史的不平衡,缩小着各民族之间的时代差距。通过文化交往,文化发展落后的民族可以充分利用其他民族的文化来丰富自己,加快自己发展的速度,甚至可以跨越某个发展阶段,直接进入先进的发展阶段。这样的事例历史上屡见不鲜。欧洲的古罗马人、日耳曼民族,亚洲的阿拉伯民族、日本民族,都创造过在文化交往过程中后来居上的成功典型。

文化交往过程中文化信息由高向低流动规律深刻说明了,为什么各民族文化发展有起有落,而人类文化却不断地进步发展。这个规律所显示的图景是,人类文化的发展犹如一场永无终结的接力赛,而各民族就是参赛的运动员,人类文化的火炬犹如接力棒一样,一棒一棒传递下去。

人类社会发展中的第一次伟大革命是新石器时代的农业革命。农业革命——主要依靠栽培植物和蓄养动物养活人类自己——的发生,使人类对自然界的直接的依附性大大减弱了。但是由于发展的不平衡,人类并非是整体进入农业时代的,当一些民族以农业为主要生产方式时,另一些民族尚停留在游牧时代,于是新石器时代的农业革命使人类的发展出现了农耕世界与游牧世界的分野。农业革命最初发生在中东、中美洲和中国北部,在这三个中心之外的民族都处在游牧时代,甚至处在历史的更早期,农业生活方式就像一块巨大的磁铁,吸引着周边的游牧民族,大约从公元前2000年中叶起,游牧世界各部落开始了向农耕世界历时长久的迁徙浪潮。游牧民族进入农业民族后,很快接受了农耕生活方式,从而在文明发展的进程中跨越了一大步。

公元6—7世纪,当欧亚大陆的黄河流域、尼罗河流域、印度河流域、地中海沿岸等区域文明已经达到很高程度时,阿拉伯半岛的阿拉伯民族是一个未开化的、"逐水草而居"的游牧民族。然而仅仅过了几个世纪,这个默默无闻的民族却创造了一种独特的文化——伊斯兰文化,并形成了阿拉伯——伊斯兰文化圈,从而在世界文化的大花园里又添一朵瑰丽的奇葩,在世界文化史这幅美丽的画卷上抹上了浓重的一笔。而阿拉伯文化的辉煌,得益于其得天独厚的吸收先进文化的条件。公元8世纪,阿拉伯人东征西战建立起了一个横跨欧亚非三洲的大帝国,在这个帝国的疆域里,恰恰分布着人类文化最发达的地区,许多伟大的民族——如古埃及人、古巴比伦人、古波斯人、古希腊人和古罗马人、拜占庭人等——都在这里创造并播撒了灿烂的文化。文化交往的历史再次显示了文化信息流由高向低流动的规律。阿拉伯人,这个来自沙漠的"野蛮"民族,虽然征服了有着古老文化的民族,但在文化上却被这些被征服民族所征服。正是由于接受了这许许多多伟大文化的滋润,落后的阿拉伯人直接走进了世界文化的先进行列,并成为一道独特文化景观——阿拉伯—伊斯兰文化的创造者。尤可称道的是,阿拉伯人不仅是外来文化的吸收者,也是人类优秀文化的保存者。阿拉伯人开展的"百年翻译"活动译介保存了大量古希腊文化,随着欧洲"黑暗时代"的过去,这些文化加上阿拉伯人的创造又传回到西方,使西方人避免了"白手起家"之累。

西方文化是当今世界上的强势文化,只要回顾一下这一强势文化的历史,就不难看出,西方文化实际上在它的历史发展中采撷了各民族文化的精华,采摘了人类文化最美的花朵。如果说古希腊文化是整个西方文化的摇篮,那么,东方文化就是西方文化摇篮的摇篮。不仅古希腊文化初创时期即大量吸收了东方文化,希腊化时期更是汇集了东方文化的精华。"文明来自东方"这一西方著名格言就是东方文化泽被西方的真实写照。贝尔纳指出:"古希腊人的科学成果极少是纯由他们创造的,很多是直接从巴比伦人和埃及人那里引进来的,如希腊人的天文学成就就是在别人进行了几百年有系统地观察的基础上取得的,而在那几百年中,他们还仅仅是毫无教养的野蛮人。"[1]乔治·萨顿写道:"希腊科学的基础完全是东方的,不论希腊的天才多么深刻,没有这些基础,它并不一定能够创立任何可与其实际成就相比的东西……我们没有权利无视希腊天才的埃及父亲和美索不达米亚母亲。"[2]其实岂止是科学,在古典时代初期,东方文化对古希腊文化的影响是全面的,科学、宗教、艺术、风俗、文字等各个方面,

---

[1] [英]J. D. 贝尔纳:《科学的社会功能》,陈体芳译,商务印书馆1995年版,第54页。

[2] [美]乔治·萨顿:《科学史和新人文主义》,陈恒六等译,华夏出版社1989年版,第64页。

如希腊字母就是在腓尼基人创造的字母基础上的再创造。后来希腊字母又演化成拉丁字母，并最终成为西方各国字母的来源。

古罗马文化是西方文化源头之一。古罗马文化包括着古罗马人杰出的创造，尤其是在政治、法律和建筑方面，古罗马人作出了对世界文化的最伟大贡献。但是，古罗马人的文化创造无疑是立足于古希腊文化基础上的。古罗马帝国征服了古希腊和希腊化世界的一部分，古希腊文化却俘虏了古罗马。此时的古希腊文化则是经历了希腊化时期即再次融合了东方文化的古希腊文化，所以古罗马接受的实际上是糅合了东方文化的希腊化文化。可以这样说，如果没有希腊化文化的底蕴和熏陶，古罗马不一定能够创造永垂世界文化史册的杰出成就。古罗马是文化的承受者，又是文化的传播者。随着帝国疆域的扩展，古罗马把古希腊文化、希腊化文化和古罗马文化带到了西北欧的蛮荒之地，使之缩小了与文化发达民族的距离，大大缩短了其跨入文化先进行列的时间，为西欧在世界历史的进程中后来居上奠定了厚实的基础。古罗马帝国随着"蛮族"日耳曼人的入侵而衰落了，而在文化上，日耳曼人与古罗马之间又重演了先前古罗马和古希腊之间让人熟悉的一幕：日耳曼人在军事上征服了古罗马，古罗马在文化上征服了日耳曼人，日耳曼人接过了古罗马文化的火炬。文化上的征服实际上就是文化的传播和传递。如果说文化交往历史上各个具体的文化征服事例总是有着"惊人的相似"，那么这种一幕幕"历史剧"的惊人相似性就是文化信息流总是由高向低流动的文化交往规律使然。

马克思认为，西方列强对东方民族的侵略是充当了历史的不自觉的工具，就是因为西方列强在蹂躏东方民族的同时，也带来了先进的文化，促进了东方民族的觉醒。促进东方民族转变的并不是西方的利炮坚船，而是西方的文化，正是西方文化导致了东方传统文化的解体，而这正是东方民族获得新生的前提。文化上曾经征服过许多民族的印度却抵御不了西方先进文化的征服，而这种被征服是实现印度变革的重要条件。马克思说："使印度达到比从前在大莫卧儿人统治下更加牢固和更加扩大的政治统一，是重建印度的首要条件……由不列颠的教官组织和训练出来的印度人军队,是印度自己解放自己和不再一遇到外国入侵者就成为战利品的必要条件。第一次被引进亚洲社会并且主要由印度人和欧洲人的共同子孙所领导的自由报刊,是改建这个社会的一个新的和强有力的因素……从那些在英国人监督下在加尔各答勉强受到一些很不充分的教育的印度当地人中间,正在崛起一个具有管理国家的必要知识并且熟悉欧洲科学的新的阶级。蒸汽机使印度能够同欧洲经常地、迅速地交往,把印度的主要港口同整个东南海洋上的港口联系了起来,使印度摆脱了孤立状态,而孤立状态是它过去处于停滞状态的主要原因。"①所以尽管"从人的感情上来说,亲眼看到这无数辛勤经营的宗法制的祥和无害的社会组织一个个土崩瓦解,被投入苦海,亲眼看到它们的每个成员既丧失自己的古老形式的文明又丧失祖传的谋生手段,是会感到难过的;但是我们不应该忘记,这些田园风味的农村公社不管看起来怎样祥和无害,却始终是东方专制制度的牢固基础……的确,英国在印度斯坦造成社会革命完全是受极卑鄙的利益所驱使,而且牟取这些利益的方式也很愚蠢。但是问题不在这里。问题在于,如果亚洲的社会状态没有一个根本的革命,人类能不能实现自己的命运? 如果不能,那么,英国不管干了多少罪行,它造成这个革命毕竟是充当了历史的不自觉的工具。"②

　　近代以来,西方文化成为世界性的强势文化,其所以能够保持强势,正在于它在人类活动的众多领域内是一种先进文化。近代以后的西方文化的世界性传播对于非西方各民族、对于整个世界的意义,恐怕是最极端的文化民粹主义者也无法否认的。尽管西方人在传播西方文化过程中带着与过去同样的不良动机,但它毕竟还是"充当了历史的不自觉的工具"。从整个人类文化发展的历史看来,西方文化曾经受惠于世界其他民族文化,因此西方人对非西方各民族的文化贡献,完全可以看做是对曾经哺育和滋养过它的东方文化和世界其他民族文化的一种回馈。

---

① 《马克思恩格斯选集》第 1 卷,人民出版社 1995 年版,第 768 页。
② 《马克思恩格斯选集》第 1 卷,人民出版社 1995 年版,第 765—766 页。

　　文化交往对于人类社会历史发展的重大意义就在于文化交往的这一根本特征。通过文化的相互交换和相互促进,各个民族都为人类贡献出了最聪明的才智。完全可以设想,如果没有文化交往,没有文化交往的这一特征,那么人类社会的发展进程无疑会被大大推迟。

六、文化信息流动的结构性规律

　　在文化交往过程中,文化信息由高向低流动的规律是文化交往的一个基本规律,无论什么形式的文化交往都遵循这一规律。文化的内涵是丰富的,包括人类生产实践和生活实践的一切方面。在这丰富的文化内涵中,各文化要素之于文化整体的意义是不一样的,在对外交往过程中的难易程度也大不相同,比如,物质产品和技艺方面的文化交往容易实现,而深层观念的文化交流和交换阻力就大。另一方面,在文化交往中,任何两个或多个民族文化的交往都表现出一个过程,这就是从一个文化要素递进到另一个文化要素的发展过程。文化信息由高向低的流动规律就体现在文化要素的交往过程之中。揭示文化交往的结构性过程是对文化交往信息流动规律认识的丰富,从而是把握文化交往规律的重要组成部分。

(一)"三阶段"递进交往规律的由来

　　文化现象本身的复杂性决定了文化交往是一个极其复杂的过程,特别是当文化普遍交往形成之后,我们尤其难以看清交往的具体过程。在国内文化学界,比较普遍的观点认为,在文化交往的实际过程中,文化交往总是从物质层面的文化开始,然后到制度层面的文化,最后到观念层面的文化。某种意义上讲,这样一个三阶段的文化交往发展过程,是对近百年来中国与西方文化交往过程的概括和总结。关于这样一个过程是否具有普遍性意义,学术界有不同的观点。

　　系统地总结和概括中西方文化交往发展历程的是梁启超先生。他在《五十年中国进化概论》中说道:

近五十年来，中国人渐渐知道自己的不足了。这点子觉悟，一面算是学问进步的原因，一面也算是学问进步的结果。第一期，先从器物上感觉不足……于是福建船政学堂，上海制造局等等渐次设立起来……第二期，是从制度上感觉不足……所以拿"变法维新"做一面大旗，在社会上开始运动……第三期，便是从文化根本上感觉不足……革命成功将近十年，所希冀的件件都落空，渐渐有点废然里返，觉得社会文化是整套的，要拿旧心理运用新制度，决计不可能，渐渐要求全人格的觉醒……所以最近两三年间，算是划出一个新时期来了。①

而在戊戌变法之前，针对洋务运动，湖南的保守派人士曾廉就忧心忡忡地预言式地警告过："变夷之议，始于言技，继之言政，益之言教。"②后来历史证明曾廉所预不谬。梁启超和曾廉，一个要弃旧迎新，一个要固守传统，一个是总结过往，一个是警示未来，却异曲同工地道出了同一个文化交往的结构性过程。不过必须承认曾廉是深刻的，虽然他是出于对"君臣父子夫妇之纲，荡然尽矣"的忧虑，却是深刻把握了文化之各部分的紧密相连和变迁的必然相继的内在机理。历史地看来，中西方文化交往过程确实是沿着这样三个阶段而逐步深化的。19世纪中叶，西方列强用鸦片和枪炮打开了古老中华帝国的大门。从此，中国一步步陷入半殖民地半封建社会的苦难深渊。与此同时，国人也开始了对遭受被自己一向视为未开化之"蛮夷"的欺侮凌辱原因的苦苦思索，并逐渐走上了向在文化类型上异于自己的西方寻求救亡图存真理的漫长征程。最初，即在19世纪40年代，人们曾把国家的落后挨们归之于中国器物文化的落后，认为欲抵御外侮，必须"师夷之长技"，以夷之长补己之短，待船坚炮利之后方可"制夷"，于是洋务运动兴起。随后，在中日甲午战争中，在"天

<hr>

① 梁启超：《五十年中国进化概论》，参见《梁启超文选》（下），中国广播电视出版社1992年版，第553—554页。

② 转引自李泽厚：《中国现代思想史》，人民出版社1987年版，第312页。

时"、"地利"甚至"器物"均优于对方的情况下一败涂地,人们又把民族的积贫积弱归之为中国社会制度的僵化,认为中国要真正强盛,必须变法维新,进行社会制度的改良。19世纪末和20世纪初,随着戊戌变法和辛亥革命的相继失败,人们又把国家民族的衰败危亡,归咎为民族意识的颓败和国民心态的萎靡,认为中国在与西方的冲突中之所以屡屡败北,最根本的原因就在于中国的传统意识已不合时宜。于是人们又把民族独立富强的最后希望,寄托于国民心理的觉醒,把民族性格与心态的改造看做民族的"最后觉悟",看做中国跻身于世界强国的"最后一境"。这就是曾廉忧心忡忡的由"技"而"政"而"教"的逻辑"三段论",或者梁启超总结的"器物上感觉不足"、"制度上感觉不足"和"文化根本上感觉不足"的历史三阶段。应当说,这样三个阶段确实是近代中国学习西方的渐次经历的发展过程。这个过程既是中国向西方学习的实践过程,也是国人对西方文化的认识过程。

研究者们发现,中国在20世纪80年代实行的开放战略,在学习世界先进文化的过程中,几乎是毫不走样地重复了近代中西方文化交往的路子。先是"从器物上感觉不足",把实现"四个现代化"确立为富国强民的途径,强调引进学习西方的先进科学技术。由于学习过程的步履维艰,人们开始"从制度上感觉不足",原来"学习"不仅仅是一种主观愿望或仅仅通过主观努力就可以完成的,而是受制于体制和制度,正是体制和制度的弊端阻碍了社会的进步,于是体制改革成为富国强民的突破口。再后来发现体制的变革并非轻而易举,而是困难重重,羁绊多多,于是"便是从文化上感觉不足",人们终于发现,文化的深层观念是制约一切的根本问题,现代化最重要的内容是人的现代化,而人的现代化的关键又是人的观念尤其是价值观念的现代化,于是,解放思想成为改革突破口的突破口,一时间"更新观念"、"换脑筋"等号召频频见诸大会小会报章媒体。

从这两次具有惊人相似之处的文化交往的历史进程看,这样一个"三段论"实实在在是中西方文化交往的路径。问题在于,能否把中西方文化交往的历史和逻辑过程普遍化,提升为普遍的文化交往规律,适用于时间上整个人类文化交往的历史,空间上所有民族文化交往的过程。实际上,提出"三阶段论"的不只是中国人,英国著名历史学家汤因比先生在其巨著《历史研究》中就指出:"某一个文明在向外扩散或发射光辉时,外族文化首先要受到它的经济因素的影响;其次是政治因素;第三才是文化因素。"①汤因比先生这里主要讲文化交往中被动一方接受外族文化影响的过程,实际上主动接受外族文化也必然经历这样的过程。《历史研究》研究的是历史,汤因比先生的"三阶段"说无疑是他研究历史过程中的发现。换句话说,"三阶段"也不只是中国在与外族文化交往中经历的过程,而是文化交往中的一个普遍的规律性现象。

　　学术界对于文化交往过程的三阶段划分的不同意见主要在于,把文化划分为器物文化、制度文化和观念文化三个部分是否科学合理。论者认为,任何一个民族文化都是一个有机的整体,是不可拆分的,一个文化模式是由构成它的各个因素形成的一个整体,其中任何一部分如果被分解开来,就不成其为文化。的确,如果我们静态地观察一个民族的文化,这个文化就是一个有机整体,其中任何一个部分、任何一个因素都不能代表或反映其文化全貌,不能体现其文化全部或主体精神,而且当任何一个文化要素独立于其文化背景时,就不能获得完整的文化阐释。然而,文化的这种整体性与文化交往的阶段性是既有区别又有联系的,实际上,从文化认识的角度看,文化整体性和交往阶段性不仅是不矛盾的,而且是统一的。恰恰是文化的整体性,才使文化交往呈现出从一个阶段到另一个阶段的发展过程,每一个阶段的"欠缺"驱动着对另一个阶段的"渴望"。因此文化交往的阶段性恰恰证明着文化的整体性。中西方文化交往的三阶段本身就表明,在文化交往过程中,执著于任何一个方面或从其中的某一个文化要素去审视、学习另一个民族文化,都无异于断章取义,管中窥豹,不能得其要领。"三阶段"论实际上是文化交往中的一个普遍规律,正是

---

① ［英］阿诺德·汤因比:《历史研究》(下),郭小凌译,上海人民出版社2001年版,第462页。

文化的整体性和文化交往的阶段性矛盾,推动着文化交往的不断发展和不断深入。

(二)"三阶段"递进交往规律的普遍性

前文已经指出实践是推动文化交往不断深化的根本动力,所谓不断深化就是文化交往表现为由一个阶段到另一个阶段的逐次深入的过程。在这里,实践作为根本动力又呈现为文化交往过程中文化交往的阶段性和文化的整体性之间的矛盾。人类文化交往的历史表明,无论是两民族文化的交往,还是整个人类文化的相互交往,都是一个由浅入深、由表及里的历史发展过程。因此,文化交往的三阶段论是有深刻认识论根据的。前面我们从实践动力的角度一般地论述了文化交往的深化过程,这里我们从文化之间的认识过程和交往的具体实践来考察文化交往的阶段性发展过程。

首先,文化交往过程就是文化的相互"发现"过程。从民族文化的相互"发现"的实际过程看,文化交往必然经历从表层到深层的渐次过程。文化交往总是从民族相互之间"发现"对方文化"好"于或"高"于自己的方面开始的,而对一个民族文化的先进性或"好"的发现、欣赏和判断,又总是从这个民族创造的文化成果开始的。民族文化交往的发生总是首先"惊奇"于某个民族文化的产品,然后才去追究其"好"的原因,或者说创造这种"好"成果的条件,比如近代中国对西方文化的判断,就是从自身无法与之"坚船利炮"抗衡开始的,然后发现其"好"制度(主要是英国的"君主立宪"制),再发现其"好"思想观念(民主、法制观念、道德和科学精神)。"好"的创造成果就是"好"的制度和思想观念的"证明"。就如中国人最早通过惊羡西方文化的"奇技淫巧"而发现西方文化一样,西方人一度对中国文化的仰慕也是因为中国的物质文明高于他们,如马可·波罗所描绘的中国:无穷无尽的财富,巨大的商业城市,极好的交通设施,以及华丽的宫殿建筑。而后来对中国文化认识发生的一百八十度大转弯,同样首先来自器物层面的认识,因为西方工业文明超越了中国,中国在物质文化方面落后于他们,进而追究到中国社会的停滞、观念的陈旧和保守。日本对中国文化的发现也是从羡慕长安的繁荣兴盛开始全面学习中国文化的,后来的"脱亚入欧"同样是看到西方的工业化不仅高于自己,而且高于整个尚处于农业文明阶段的亚洲。所以物质文化总是最先进入人们的视野,成为人们判断一个文化先进与落后的最直接的参照物。

其次,从认识过程上讲,一个民族对另一个民族文化的接触、认识和接受,总是有一个由表层到深层的认识深化过程。文化"可感觉而又超感觉"的特征,对文化的认识必然从"可感觉"的层面开始,并通过"可感觉"的层面把握"超感觉"的内在。一个文化的深层次的东西——如它的世界观、价值观和思维方式——是不能通过直接的观察去把握的,这不仅对于处于异文化立场的人来说是如此,甚至承袭了其民族文化"基因"、浸透了其文化精神的本民族也很难深刻体认和把握,比如什么是中国传统文化的内在精神,什么是中国文化传统,学术界就有各种各样的观点和说法,诸如"勤劳勇敢"说、"爱国主义"说、"贵和"说等等,其实这应该是所有文化之共性,很难设想一个文化如果没有这些特质还能作为一个文化存在和延续。器物文化、制度文化和观念文化,依次反映了文化的不同的"可感觉"程度。器物文化是民族文化中最为直观的一种文化存在形式,一个民族对另一个民族文化的认识必然从器物文化开始。每个民族的文化模式都有它的外显部分和核心部分,如果说观念文化是其核心部分,那么器物文化就是其外显部分,制度文化则居于中间。如同我们对任何事物的认识都是从现象开始、然后逐步深入到本质一样,从认识的由表及里的过程看,文化交往也应当是从器物文化到制度文化再到观念文化的。

从实践的角度看,实践对文化交往的需要首先是从对更有效更精致的、能够提高生产率、降低劳动强度的生产工具和日用器具开始,因此文化之间的相互的吸引力,总是从实践活动的结果——实践的感性创造物开始,然后才触及实践活动的交往形式(社会制度安排),进而才会去了解其实践创造活动和交往形式的指导思想。就如一个社会内部的变革,是由生产力发展推动生产关系的变革、推动上层建筑(观念)的革命一样,实践活动推动文化交往的发展也是从一定的生产工具进入到与之相联系的交往关系,再进入到与生产工具和交往形式相联系的文化观念的。中国近代以来对西方文化的交往和学习,改革开放以来对世界先进文化的学习和引进,都是实践活动推动的结果,并且都经历了这样一个逐步的过程。

从文化本身的特征看,在文化交往过程中,文化交往的阻力,即各层面的文化要素对异文化的"拒抗力"是不同的。各民族吸收先进的器物文化一般说是阻抗力最小的,而接受制度文化却不是轻而易举能做到的。一方面,民族内部交往关系是长期形成的较为稳定的社会结构,其中包含着社会人伦关系的礼仪典章制度,这是人们已经在长期实践中认可和习惯了的生产和生活秩序,改变这些已被认为是理所当然的"规矩",会使人感到心理不适、进退"失据";另一方面,制度文化所规范的最根本关系是利益关系,改变原有利益关系通常会遇到既得利益者(他们常常是统治阶层亦即权力所有者)的抗拒。蒙古人入主中原后,很快就接受了中原地区先进的农业文明,采用了农业的生产方式和生活方式,但是由于元太祖创立蒙古帝国时,蒙古社会尚处于奴隶制阶段,因而在社会的制度安排(交往关系)方面远没有像接受生产和生活方式那样迅速;相反,元统治者在确立了在中原的统治地位后,围绕着是继续因袭蒙古人长期游牧生活中形成并业已习惯了的"旧俗",还是采用先进的中原地区的"汉法"来统治"汉地"问题,表现出了不同文化之间的冲突。所谓"汉法"当然就是指中国传统封建制度的典章制度和礼仪规范。毫无疑问,中原"汉法"与蒙古"旧俗"形成于和适应于两种完全不同的生产和生活实践,两者之间存在诸多矛盾和对立。宏观地看,至少它们之间首先存在着民族性差异——汉民族和蒙古民族,其次存在着时代差异——农业文明和游牧文明。元朝统治者中的一些开明人士主张采用"汉法",元太宗时的中书令耶律楚材主张"制器者必用良工,守成者必用儒臣","三纲五常,圣人之名教,有国家者莫不由之,如天之有日月也";而更多的人则反对:"国家方用武,耶律儒者何用?"①早在窝阔台汗(成吉思汗西征后,把占领地区分封给他的三个儿子,三儿子窝阔台封于乃蛮故地,今鄂毕河上游以西至巴尔喀什湖以东一带均属之,后来被称为窝阔台汗国)时,蒙古近臣别迭等人就主张:"汉人无补于国,可悉其人以为牧地"。元世祖即位后,"旧俗"与"汉法"的斗争更为激烈。由于中原地区经济发达,文化先进,人口众多,为统治之大计,统治者不得不保留传统的封建制度等一系列汉文化,但即便这些为了巩固自己统治的策略也遭遇到巨大的阻力。西北藩王遣使入朝质问:"本朝旧俗与汉法异,今留汉地,建都邑城郭,仪文制度,遵用汉法,其故何如?"②可见,即使民族混居,其文化的融合也需要一个很长的过程。西方在海外扩张中经历了同样的过程。殖民者把包括先进的物质文化产品在内的一整套西方文化都带进了拉丁美洲,但制度文化和观念文化的被接受却不像物质文化产品那样轻而易举。为了达到全面征服的目的,西班牙和葡萄牙殖民者不得不把自己的政治制度强行移植到拉丁美洲各殖民地,建立起殖民统治机构。与此同时,殖民者一方面派遣大批传教士来到拉丁美洲进行传教活动,建立各类教会机构,以图改变土著居民的宗教信仰;另一方面建立各级学校作为传播欧洲文化的基地,如西班牙统治者在墨西哥建立墨西哥城大学和在智利建立利马大学,以传授欧洲文化,灌输欧洲文化观念。

"外在文明易取,内在文明难求"(福泽谕吉语)。如果说制度文化会遇到公开的阻抗,那么观念文化则会遭到无意识的拒斥。一种观念形成不易,但一旦人接受了某种观念,"更新"尤难。满清入关,强制汉男剃发留辫,曰:"留发不留头,留头不留发",这对于奉行"身体发肤,受之父母,不敢损伤"之圣训的汉男来说,实在是旷古奇耻,或者涕泣忍辱,或者宁死不屈,甚至誓言"宁为束发鬼,不作剃头人"。然短短两个半世纪,辛亥革命以后当新政府要求剪辫时,那些习惯了辫子的男人们更是痛心疾首:

----

① 《元史·耶律楚材传》,中华书局1976年版。
② 《元史·高智耀传》,中华书局1976年版。

剪辫与杀头何异？顶着没有了辫子的头颅怎为男人？富国强兵的"洋务运动"能够相对顺利地开展,而改弦更张的"戊戌变法"则失败了,实在是因为制度文化背后潜藏着固化的观念文化。说辛亥革命失败主要是指它没有从根本上触动封建主义思想,陈独秀曾说,袁世凯之所以要复辟做皇帝是因为他"见得复数民意相信帝制,不相信共和,就是反对帝制的人,大半是反对袁世凯做皇帝,不是真心从根本上反对帝制"。① 实在地说,辛亥革命的失败是观念文化的历史惰性的结果。观念文化包括意识形态、道德规范、宗教信仰、价值观念、思维方式等一整套隐性文化模式,它们是一个文化中最稳定的内容,无论交往过程中是主动还是被动,这部分文化都是最难以相互影响的。科学与民主是五四运动时期的呐喊,到了近一个世纪后的今天仍然是一种启蒙性话语。福泽谕吉说:"衣服饮食居室以至政令法律,都是耳目可以闻见的东西。然而,政令法律若与衣食居室相比,情况便有所不同,政令法律虽然可以耳闻目见,但终究不是可以用手来捉摸或者用金钱可以买的东西,所以汲取的方法也较困难,不同于衣食房屋等物。所以,仿效西洋建筑铁桥洋房就容易,而改革政治法律却难。"至于改革"人心"更是谈何容易,"既不能单靠政府命令来强制,也不能依赖宗教的教义来说服,更不能仅仅通过衣食房屋等的改革从外表来引导"。② 福泽关于制度人心变革之难的分析实在到位,但也未免绝对,艰难不等于不可能,否则就无法理解人类历史的进步发展了。

其实,文化交往历经器物文化、制度文化和观念文化三个阶段,作为文化交往过程中的一个基本规律,不仅体现在有距离的两个文化之间的交往,即使像大规模的民族移徙这种方式实现的文化直接的、全面的交往,不同文化之间真正的相互接受和融合也是经历了一个很长的过程的。尽管这种情况下,我们不能像在有距离的文化交往情况下那样,能够很清楚地把握这样一个过程,但完全可以预见的是,两个不同文化的民族虽然

---

① 参见苏双碧:《为什么要来个新文化运动》,《学习时报》2002 年 1 月 14 日第 4 版。
② ［日］福泽谕吉:《文明论概略》,北京编译社译,商务印书馆 1997 年版,第 13—14 页。

在同一区域内进行他们的生产实践和生活实践,即使没有发生任何激烈的冲突,甚至能够和平共处,仍然不等于文化距离的消除。与物质生产活动和物质生活活动相关的文化可以被很快地相互接受,但相互之间在交往关系和价值观方面的距离感、陌生感、异乡感可能需要相当长的时间才可能弥合,有的甚至需要长达几个世纪的磨合期。从一种在长期的生产和生活实践中形成并业已习惯了的交往关系进入到另一种全新的交往关系,会使人们感到手足无措;制度及其相应的规则规范可以强制性地改变,但价值观念等思想层面的文化却是无法通过强制而转化的。这种转化必须通过长期的生产和生活实践过程才能实现。大约公元前 1500 年时雅利安人进入印度,由于印度农耕文化高于他们的游牧文化,所以雅利安人不得不在靠近印度原先居民很近的地方定居下来,改营农业,但是两个文化的真正融合,或者说雅利安人的真正印度化,却是在经过数个世纪的和平共处和相互通婚之后。

从以上分析可以看出,作为文化交往的一个基本规律,文化交往的三阶段是符合文化交往之历史事实的。但是,必须指出的是,这是一个历史过程,同时又是一个逻辑进程。之所以说是一个逻辑进程,是因为实践中虽然并不是所有的两个民族之间文化的交往都完整地经历了这样三个阶段,但逻辑上却是无法跨越的,有些民族之间虽然没有经过器物文化的实际交往,但这个交往过程是存在的。从现有资料来看,日本在古代对中国文化的仰慕,就好像是反其道而行之,先有儒学的传播(约 5 世纪),后有唐律唐制引入,再仿照唐城建宫。思想先于文化其他要素的交往现象是存在的,并且能够推动文化的交往,但中国文化在日本的真正实践是在"大化改新"前后,而这是由那些亲眼目睹了中国繁华器物文化的留学生和文化使者推动的。所以这种情况并不能反证三阶段的规律性,就民族之间的交往而言,任何思想的先进性都需要物质的验证,因为思想先进与否是针对实践活动的,没有实践成果的证明,这种思想观念不可能被人接受。近代中国人要学习西方的先进思想,是因为不仅耳闻目睹而且亲身感受了西方的"船坚炮利"。日本后来"脱亚入欧"就是走了三阶段道路的,这从福泽谕吉对日本向西洋学习路径的批评中就可以看出。他说:"所谓外在的文明,是指从衣服饮食器械居室以至于政令法律等耳所能闻目所能见的事物而言。如果仅以这种外在的事物当做文明,当然是应该按照本国的人情风俗来加以取舍。"对外来文明的学习,"应该先攻其难而后取其易",假如"把次序颠倒过来,在未得到难者之前先取易,不但不起作用,往往反而有害"。① 很显然,福泽谕吉提出的"首先改革人心,然后改革政令,最后达到有形的物质"的路径是指一个民族如何真正接受外来文化而言的,与两个民族文化交往过程不是一回事。同样,陈独秀在其《吾人之最后觉悟》中概括中国接受西方文化影响经历时说:"欧洲输入之文化,与吾华固有之文化,其根本性质极端相反。数百年来,吾国扰扰不安之象,其由此两种文化相接触相冲突者,盖十居八九。凡经一次冲突,国民即受一次觉悟……最初促吾觉悟者为学术,相形见绌,举国所知矣;其次为政治,年来政象所证明,已有不恪守缺抱残之势。继今以往,国人所怀疑莫决者,当为伦理问题。"②陈独秀这里由学术而政治而伦理的过程似乎与三阶段论相悖,其实不然。学术和政治可能率先被传播,但无论是学术的觉悟还是政治的先进与否,特别是对国人的真正发生影响,最终还是证之于物质的,如果没有坚船利炮的屡屡欺侮,没有长矛对火枪的相形见绌,学术和政治终不能觉悟,至少其影响也是极其有限的。

当然,任何历史规律都不可能囊括所有历史现象于其中。"一般"之所以为"一般",不仅是因为有"特殊"与之相对应,而且还因为在它之外有"例外"。在人类文化中,有许多文化形式尽管与其赖以产生的社会土壤有本质的联系,但由于它们是对人类生命的体验、对人生意义的感悟、对生命有限性的终极观照,所以能够引起不同时代、不同地域、不同种族、不同文化人或民族的共鸣。像托尔斯泰有句名言:幸福家庭的幸福是相似的,不幸的家庭则各有各的不幸。它所描述的就是一种普遍的人生际

---

① ［日］福泽谕吉:《文明论概略》,北京编译社译,商务印书馆 1997 年版,第 12 页。
② 陈独秀:《吾人最后之觉悟》,《新青年》杂志第 1 卷第 6 号,1916 年 2 月 15 日。

遇。有着特殊意义的是宗教文化,它能够跨越民族和文化的界限独立地传播。宗教作为"被压迫生灵的叹息"、"无情世界的感情"、"没有精神王国的精神",体现了它对孤独、不幸和苦难者的安抚、慰藉和心灵的关照。但严格地说,这依然不能算做"一般"之外的"例外"。宗教是指向"天空"的,恰恰是脱离世俗世界的,它的"证明"在天堂,而非在现实世界。不要说把物质欲望视为苦难之根的佛教,即便强调尘世工作的基督教新教也是为了增添上帝的荣光。所以宗教能够成为一种跨民族的文化,一种跨文化的文化。音乐是另一种形式的生命体验方式,它对人与自然关系的领悟,对人类生命存在意义的追问,超越了人们当下的存在,因而成为一种"世界语言"。当然,感受音乐的"耳朵"是在特定的文化环境中形成和培养起来的,但恰恰是音乐的这种多种解读的空间和可能性,使它获得了普世性基础。其他如那些伟大的文学作品、绘画作品等,都能够超越时代、超越空间,因而也能够"超越"文化交往的这种一般规律。

第四章 文化交往与文化冲突

　　研究文化交往及其规律,不能回避也无法回避的一个问题是文化冲突现象。如同文化交往是一个历史文化现象一样,文化冲突也是文化交往过程中客观存在的一种历史现象,或者说,文化冲突本身就构成一种历史文化现象。文化冲突是文化交往过程中内在矛盾的产物,其根本矛盾是生产力和交往形式之间的矛盾,外部则表现为人类交往实践中的统一性诉求和民族文化独立性要求之间的矛盾,亦表现为文化的普世化要求与本土化诉求之间的矛盾。随着全球化进程的日益发展,实践活动领域的相互交错,这个矛盾越来越清楚地表现出来。

　　历史地看来,文化冲突不是从来就有的,它是随着文化交往的发展而产生的一种历史文化现象,是文化交往过程中不可避免的必然现象,换言之,文化交往必然伴随着文化冲突。本质上讲,文化冲突是文化交往深化到一定程度而又交往不足的表现。我们这里需要强调是,文化冲突不是对文化交往的否定;相反,文化冲突是文化交往的一个不仅必然而且必要的环节,文化交往正是通过文化冲突为自己开辟道路的。

一、文化冲突的界定及其类型

　　文化冲突是文化交往发展过程中的一个伴生文化现象。有交往就有冲突,应该说,这也是一个很自然的现象,但是在文化交往的历史上,却存在着一个悖论,那就是,随着文化交往的日益发展和不断深化,文化之间应当达到更多的沟通和理解,而事实却恰恰相反,文化交往变得愈来愈困难,文化之间关系愈来愈紧张,文化相互之间的摩擦、碰撞和冲突愈来愈频繁,因文化引起的冲突对国际关系和各民族其他方面关系的影响也愈来愈大。

(一)文化冲突的形式及其本质

文化冲突,简要地说,就是不同的文化在交往过程中,由于文化之间存在差异而产生的矛盾或矛盾激化状态。首先,文化冲突是因为文化差异的存在,同类而没有差异的事物之间不会发生矛盾,更无冲突可言;其次,文化冲突是文化交往的产物。不同文化之间存在差异,但差异并不一定构成矛盾,差异是一种比较概念,而矛盾则是一种关系概念,换句话说,只有当有着差异的事物发生或进入一定关系的时候,这种差异才转化为矛盾,矛盾也才有可能被激化,并进而发生冲突,因此交往是引发文化冲突的又一个前提。这样,我们可以把文化冲突看做是两个或两个以上具有差异的文化在交往过程中发生的互相排斥、相互否定、相互反对、相互限制、相互疏离、相互对立的状态,或者由于矛盾形成的两个相互交往的文化之间相互分离的倾向和趋势。因此从文化交往的角度来审视文化冲突,我们就不难看出,文化冲突实质上就是文化之间争夺生存权或拓展空间的斗争。肯尼斯·玻尔丁认为:文化"冲突可以定义一种竞争状态,在这种状态中,各方都意识到未来地位的潜在矛盾,都希望占据与其他集团的愿望互不相容的位置"。[①] 当今世界上的许多文化冲突实际上就是一些强势文化肆意扩张挤压弱势文化生存空间的结果。

由于文化的发展程度不同、文化的性质不同、相互之间的交往程度不同、文化价值观(对他文化宽容性)不同,文化交往过程中的文化冲突有多种表现形式。主要表现为以下几种情况:

1.两个文化意识到相互之间或部分、或全部要素、或某个文化特质方

---

① 转引自[日]星野昭吉:《全球政治学——全球化进程中的变动、冲突、治理与和平》,刘小林等译,新华出版社 2000 年版,第 247 页。

面相互矛盾或互不相容,但仅仅存在着相异或不相容的矛盾状态,并没有发生实际的冲突行为。"冲突的产生不仅仅在价值或需要实际上或客观中发生矛盾时,或者行为上表现出来时,它们也会在某一个方面认为冲突已经存在时就产生了。"①准确地说,这种形式的文化冲突就是仅仅意识到文化差异的存在,或者说认识到了文化之间的互不相容性,而没有发生实际的冲突。在这个冲突的意义上,由于文化差异的普遍存在,所有文化都处于相互冲突之中,只不过相互之间互不相容性程度不同而已。

2. 文化冲突可以表现为意识到文化差异和矛盾的存在,同时意识到这种差异和矛盾的存在将构成对本民族文化的威胁,并采取一定形式的保护措施。通常是通过回避、抵制或拒绝与之交往,同与之相矛盾因而无法共存的文化保持距离。这就是通常所说的文化保守主义。中国明清以降的闭关锁国政策就是在面对可能的西方文化冲击时的一种自我保护措施,可以视为这种文化冲突的典型形式。现在许多民族国家包括同属于西方文化的欧洲国家,对美国文化侵袭的警惕和对其文化产品的限制,实际上就是这种文化冲突的表现。

3. 两个文化充分意识到相互之间的矛盾和对立,并且这种矛盾和对立严重威胁到各自文化在人类文化中的地位和尊严,于是相互之间动用一切传播媒体和传播媒介,一方面反对、否定、中伤、诋毁与之不相容的文化;另一方面称颂、肯定、宣扬自己的文化。这是文化冲突的最一般形式,也是最普遍的形式。苏美冷战时期的冲突就表现为这种冲突。社会主义和资本主义两大阵营,由于意识形态、社会制度、所抱有的人类理想和社会发展道路的选择不同,产生全面的对立和矛盾,冷战实际上就是一场文化战争。当今西方文化和许多非西方文化之间的冲突也属于这种情形。全球化条件下由于无法回避的文化交往,诸多文化间都面临着或潜在或现实、或客观存在或主观界定的相互威胁,对于大多数弱势文化来说,采

---

① ［日］星野昭吉:《全球政治学——全球化进程中的变动、冲突、治理与和平》,刘小林等译,新华出版社 2000 年版,第 247 页。

取种种抵制措施并非为了扩张自己的文化,而主要是为了保护自己的文化。

4.文化之间的矛盾或冲突表现为极端状态,文化尊严和文化主权受到严重挑战,文化遭受威胁的感受日趋沉重,文化的心理空间日益缩小,以至于达到不可调和的地步。这种文化之间的互不相容矛盾有时就会以暴力的形式(如各种形式的恐怖主义实际上包含着文化的不相容性)直至诉诸战争的形式以图获得解决。这是文化冲突的最高形式。历史上的宗教战争,今天印度内部印度教和伊斯兰教的冲突就属于这种形式。

这四种文化冲突的形式或表现,既可以独立地存在,也可以表现为一个发展过程,由低级冲突状态发展到高级冲突状态,因为矛盾是一个孕育、发展和激化的过程。至于矛盾停留于哪一种冲突形式,取决于文化本身的性质、文化交往的程度、文化在当下世界文化圈中的地位以及一个文化对他文化所抱有的态度,比如同为西方文化的法国文化与美国文化之间,一般不会发生剧烈形式的冲突;而一些非西方文化与西方文化之间,往往容易发展为武装冲突的形式。

不过应当指出的是,有些文化冲突可能仅仅是一种主观感受,两个文化并不存在实质性的矛盾或对立,差异仅仅是形式上的,随着交往的深化,人们发现,两者实际上有着很多相通之处;另一些文化之间并不存在冲突的可能,冲突的发生完全是出于政治、经济或其他方面的利益需要,有意识地夸大文化之间的差异,甚至在本民族内部对异民族文化进行丑化宣传,有意制造对立排斥情绪的结果。作为一种预测未来文化关系的理论,塞缪尔·亨廷顿的文化冲突论实际上就起了这样的作用。亨廷顿认为,未来世界冲突主要发生在文化断层之间,特别是西方文化和儒家文化圈、伊斯兰文化圈之间,就是说西方文化与儒家文化和伊斯兰文化之间将会发生剧烈冲突。这不仅在西方文化中煽起了对儒家文化和伊斯兰文化的敌意,更引起了儒家文化和伊斯兰文化对西方文化的不满和警惕。

无论文化冲突表现为何种形式,深藏在这些形式背后的本质都是生产力和交往形式之间的矛盾。马克思指出:"一切历史冲突都根源于生产力和交往形式之间的矛盾。"①自然地,这个矛盾也是文化冲突的本质之所在。生产力和交往形式的矛盾,既是推动文化交往扩大和深化的动力,也是文化冲突的根本原因和内在本质。这个矛盾的内在机制是,实践要求不断占有更加全面的生产能力,即扩大和深化交往关系,而现有的交往形式却不能满足生产力的这种要求,或者限制了这种"占有"要求的实现。文化之间不会为冲突而冲突,文化冲突是由于文化限制了交往形式的变革,阻碍了实践"利用全球的这种全面的生产(人们的创造)的能力"所致,文化冲突不过是这一内在要求的外在表现。变革交往关系就是变革交往形式,也就是文化的变革。交往形式和生产力的关系同生产共同体内部生产关系和生产力的关系一样,也由基本适合走向不适合,再通过交往形式的变革走向基本适合。文化交往由于是在不同民族(生产共同体)之间展开,所以这一矛盾的具体表现要比同一生产共同体内部生产力和生产关系的矛盾复杂得多。它既可以通过一个民族内部矛盾表现出来,也可以以民族与民族之间的矛盾表现出来。被誉为"第二次革命"的中国改革开放,实际上就是生产力推动的双重交往形式的革命。如果说,改革是内部交往形式的变革,那么,开放则是外部交往形式的突破。在这里,文化冲突表现为生产力的现代要求(新文化)与传统文化的冲突,所谓"解放思想,更新观念"实际上就是一次文化的革命。文化冲突的复杂性还在于,就民族之间而言,由于生产力发展的不平衡性,某种交往形式对于一个民族来说是适合的,但对于相互交往的另一个民族来说,这种交往形式则落后于其生产力发展的要求。当一方要求突破现有交往形式时,这种情况往往表现为一方强制另一方接受其所需要的开放程度,甚至要求改变内部交往形式,这种情况往往还会引发战争等剧烈冲突。战争是以强制形式并改变交往形式实现交往的扩大和深化,所以马克思说:"战争本身还是一种通常的交往形式。"②无论哪种情况,我们都不难看

① 《马克思恩格斯选集》第 1 卷,人民出版社 1995 年版,第 215 页。
② 《马克思恩格斯选集》第 1 卷,人民出版社 1995 年版,第 125 页。

出,文化交往的扩大和深化是由生产力推动的交往关系的变革、交往形式的突破实现的。正是在这个意义上,我们说文化冲突既是文化交往深化的表现,又将推动文化交往的进一步深化。只要生产力和交往形式的矛盾存在,文化冲突就无以避免,但总的历史趋势应当是,通过日益普遍化的交往过程中的磨合和博弈,交往关系或交往形式或者变革交往形式的形式将不断趋于公正化、合理化与和平化。

(二)文化冲突与利益冲突

从大文化观之,一切民族间冲突都是文化冲突,但这样的界定显然因过于宽泛笼统而没有任何实际意义。在民族国家仍然是国际关系主体时候,即便是文化完全相同的国家之间也会存在冲突,这就不能划归文化冲突的范畴了。对于如何界限文化冲突以及文化冲突在民族国家之间即国际关系中具有什么样的地位和影响,人们的观点并不一致。在关于文化冲突的研究中,存在着两种现象:一是夸大文化冲突,把民族和国家之间的一切冲突都视为文化冲突;二是轻视文化冲突的意义及其在民族和国家关系中的影响,把一切冲突都看做与文化无关的利益冲突。可以把前者叫做"文化冲突论",以塞缪尔·亨廷顿为代表人物;后者叫做"利益冲突论",其代表人物基本上是来自在文化交往和文化冲突中处于弱势文化地位的民族和国家。

亨廷顿认为,在冷战结束后,文化冲突将成为未来世界冲突的根源和形式。在他看来,"在后冷战的世界中,人民之间最重要的区别不是意识形态的、政治的或经济的,而是文化的区别……在这个新世界里,最普遍的、重要的和危险的冲突不是社会阶级之间、富人和穷人之间,或其他以经济来划分的集团之间的冲突,而是属于不同文化实体的人民之间的冲突。"①从这一观点出发,亨廷顿把冷战结束以来的一系列民族之间和国家之间的冲突都看做是文化的冲突。

---

① [美]塞缪尔·亨廷顿:《文明的冲突与世界秩序的重建》,周琪等译,新华出版社1999年版,第7页。

亨廷顿的观点在第三世界民族国家遭到了强烈的批判。仅以中国学术界为例，如有学者所概括的那样，"贬损批评者多，褒扬附议者少，完全赞同者无"。① 批评者的批评除了集中在亨廷顿为美国霸权主义张目的政治企图外，在学理上对其错误进行了深入地剖析。学者们指出，亨廷顿夸大了文化冲突的范围，把本不是由于文化的原因导致的冲突也纳入文化冲突的范畴，从而提出了危言耸听的文化冲突论，掩盖了文化背后真正的利益冲突。"国家之间的政治行为是势力—利益行为，国家之间的关系是势力—利益关系"，在国际政治领域，精神性的文化宗教传统没有多大的规约力，因为"利益重于文化"。② "未来的冲突强度将取决于未来经济环境……的压力的大小，如果未来的经济环境是宽松的，那么看不出会有其他理由导致重大冲突。"文化不过是各种冲突的借口，"文化差异与意识形态差异一样仅仅是实际利益冲突的幌子"。③ 在西方也能听到类似的批评。美国《华盛顿邮报》载戴维·J.罗思科普夫文章《即将到来的时代交战》指出："文化与人的基本需要相比，只是占据次要位置。当共同的经济利益占上风和文化冲突的代价被证明太高时，欧洲便将自己的文化壁垒搁置起来。纵观历史，在世界各地，这就是统一和一体化的历程。因此我们得出结论：与亨廷顿相反，南北双方人口问题的鸿沟和截然不同的经济利益是对世界和平的最大威胁。"④

"文化冲突论"和"利益冲突论"的对垒是因为文化与利益的关系本身是极其复杂的。但把文化冲突看做世界冲突的全部根源的错误是极其明显的，人类历史上那些为争夺最基本的生存条件引起的冲突就与文化毫无关系。生存条件的争夺是持任何价值观的民族都难以宽容的，或者说对人类一些基本生存条件的剥夺是持任何价值观的民族都无法接受

---

① 王缉思：《"文明冲突"论战评述》，参见中国社会科学院"世界文明"课题组编：《国际文化思潮评论》，中国社会科学出版社1999年版，第40—87页。

② 刘小枫：《利益重于文化》，《21世纪》1993年10月号，第26—27页。

③ 石中：《未来的冲突》，《战略与管理》1993年11月创刊号，第47页。

④ 参见《参考消息》2004年2月22日第3版。

的。在人类冲突的历史上,最能说明这一点的是水资源的争夺。淡水对种植粮食作物、制造商品和保护人类健康来说都是必不可少的。由于淡水资源在地球上分布不均衡,一些地区淡水资源缺乏,特别是当两个或两个以上的民族国家共用同一水源的时候,冲突就不可避免。4500 年前,在两河流域的两个城邦拉格什和乌玛之间就发生过夺水战争。从 1965年 3 月至 1966 年 7 月,以色列与叙利亚不时地发生冲突,其中的原因当然千头万绪、十分复杂,但与约旦河流域水资源的分配有重要的关系。为怎样在旱季合理地分享恒河水,印度和孟加拉国有着长达 20 年的争端。1980 年 9 月到 1988 年,伊拉克和伊朗之间为争夺阿拉伯河进行了长达 8年的战争。阿拉伯河不仅是两国的重要水源,而且是重要的水道。两伊的大油田、大油港和主要炼油厂都集中在这条河的两岸。阿拉伯河还是伊拉克唯一的出海口。两国在阿拉伯河的主权问题上长期存在争议。随着社会的发展,人口的增长,地球上的淡水资源愈来愈紧张,因为水资源引发的摩擦和冲突也必将愈来愈多。2001 年 3 月,时任联合国秘书长安南警告说:"对淡水的激烈争夺很可能成为未来的冲突和战争的根源。实际上,对于因生存和发展资源引发的冲突即便在同一文化的民族内部也会发生,而且经常发生,更遑论不同文化的民族之间。因此,对于像争夺水资源这样的基本生存资源和条件而引起的冲突,一定要说与文化有关,甚至是文化冲突,确实是牵强附会的。

但是也不能说任何利益冲突仅仅是单纯的利益冲突,与文化毫不相关。把所有冲突的原因都归结为超越文化的经济利益,无论在理论上还是在经验上都存在困难。首先,确实存在着文化冲突。文化是什么,文化是人或民族的安身立命之所,是身份,"人类需要拥有自己的身份证明,他们希望并且需要知道,自己究竟是谁,又何去何从。确认身份表示划分界限,具有某一个人的身份就意味着不会成为另一个人"。① 恩斯特·卡

───────────

① 〔德〕哈拉尔德·米勒:《文明的共存——对塞缪尔·亨廷顿"文明冲突论"的批判》,郦红等译,新华出版社 2002 年版,第 3 页。

西尔论文化的著作叫《人论》,以文化释人,提出"以人类文化为依据的人的定义"。他认为,如果有什么关于人的本性或本质的定义的话,那就是人的"劳作"(work),"正是人的这种活动体系,规定和划定了'人性'的圆周。语言、神话、宗教、艺术、科学、历史,都是这个圆周的组成部分和各个扇面"。[1] 克利福德·格尔茨论人的著作叫《文化的解释》,以人诠文化,认为"对人的本质的重构一种可以理解的解释,从此构成了对文化进行科学思考的基础"。[2] 可见,文化与人是一而二和二而一的问题。文化是价值观,是信仰,概言之,文化就是"我"之所以是"我"的东西,因此任何文化的贬抑、蔑视、诋毁和侵略,都是对身份的否定,都是对人的否定。这种对本根性否定的不能容忍,决定了为着文化的冲突必然存在。其次,什么是利益,文化与利益是什么关系? 离开利益谈论文化就如同离开文化谈论利益一样,都是不合适的。文化本身就一种利益——且最为本根的利益;反过来,利益又是一个文化的界定。"将'利益'(interests)和'价值'(values)区别开来是一个谬误。一种利益只有在被认为有价值时才成其为利益……在这里,真正应探讨的不是价值与利益之间的区别,而是像领土、贸易机会这样的普世性价值—利益同特殊的价值—利益之间的区别,后者是某些国家根据其'文化'所特有而其他国家所没有的。"[3]换句话说,在不同的文化中,更确切地说,在不同的价值观中,利益是不同的。每一种利益的重要性程度在不同的文化中的位置也是不一样的。以经济利益冲突取代文化冲突,就是否认了有真正文化冲突存在的客观性。实际上,在民族或国家关系发展的历史上,不仅客观上存在着文化冲突,存在着以文化为"幌子"的利益冲突,而且存在着以利益为"幌子"的文化冲突。宗教信仰、文化传统、种族归属感、价值观念、意识形态等等精神因素,虽然不一定如亨廷顿认为的那样,"同经济利益相比,更有意义",但

---

① [德]恩斯特·卡西尔:《人论》,甘阳译,上海译文出版社 1985 年版,第 87 页。

② [美]克利福德·格尔茨:《文化的解释》,韩莉译,译林出版社 1999 年版,第 44 页。

③ Ronald Dore,"Unity and Diversity in World Culture",in Hedley Bull and Adam Watson, eds.,*The Expansion of International Society*,Oxford University Press,1984,p. 410.

确实是引起冲突的重要因素,甚至是某些冲突的根本原因。所以把所有的冲突都归结为经济利益因素,就像把所有冲突都归结为文化因素一样,同样偏离真理。

文化与利益之间的界限本来就模糊难分,文化包括利益于其中,利益也包括着文化利益。因此在种种冲突中,要明确地把文化因素和利益因素分离开来实际上是不可能的。任何利益之间的冲突都伴随着文化冲突于其中,反过来,任何文化冲突也都夹杂利益于其中;单纯的文化冲突可以引发利益冲突,单纯的利益冲突也可以发展为文化冲突。很难说波黑、高加索、中亚、克什米尔境内的流血冲突不是一种文化冲突。在南斯拉夫冲突中,俄罗斯向塞尔维亚人提供外交支持,而沙特阿拉伯、土耳其、伊朗和利比亚向波斯尼亚人提供资金和武器。冲突者是为了占据地区的主导地位,支持者则是为了自己的战略利益,但支持者与被支持者相互之间有各自不同的文化亲缘关系。索马里部族流血冲突,波及到乌干达、扎伊尔、布隆迪的卢旺达部落的流血冲突,是利益冲突,但不能说其中就没有文化因素。事实上,部落本身就是一个文化实体。文化冲突背后隐藏着利益冲突,利益冲突可能就是文化冲突的外部表现。联合国教科文组织的报告列举了更多的事例:

在我们这个时代,文化是一种决定性的力量。许多从表面上看来是政治性的冲突,实际上反映了文化上的深刻分歧。例如,目光短浅的西方安全战略在伊朗国王下台后无意中助长其力量的伊斯兰世界某些地区的原教旨主义;伊拉克试图吞并科威特,恢复几千年以前的文化传统和领土要求;斯里兰卡的内战;印度和巴基斯坦的印度教徒和穆斯林之间的紧张关系;拉丁美洲的"暴力行为"(例如秘鲁的"光辉道路"和可以追溯到印加时代的文化传统);撒哈拉沙漠以南的冲突,无论是在非洲之角还是在莫桑比克、安哥拉或利比里亚;动摇了苏联和南斯拉夫的剧变,那里不同文化的各共和国都要求政治上的独立。尽管这个事实通常被政治家和经济学家所忽视,但我们时代的地缘政治冲突不仅是一个政治问题或经济问题:它首先是一个文化问题,其深刻的根源是历史上形成的价值观念和感情。[①]

美苏冷战,是文化冲突抑或是利益冲突? 这当中既包含了双方战略利益的冲突,但同时又是意识形态的冲突,也可以说,正是因为意识形态的不同,导致战略利益之间的冲突。过去我们把这种冲突叫做"社会主义阵营"和"资本主义阵营"之间的冲突,两种"主义"之间的冲突本质上就是文化冲突。美国高喊"人权高于主权",无疑是其干涉别国内政、企图主宰和称霸世界的借口,但也不能否认其中有文化冲突的一面,文化层面上的冲突表现在价值观念上对人权和主权的界定不同。

综上所述,把文化或利益的任何一个方面绝对化都是不合适的,都难以说明各种冲突的真正原因。但是必须指出的是,文化冲突确实对当今的国际关系产生着越来越突出、越来越重要的影响。一方面,全球化拉近了各民族之间的空间距离,世界各民族共同面临的事务和问题,使任何一个民族或国家都无法摆脱日益紧密的国际间的关系和联系。全球化必然带来文化的普遍交往,文化之间空间距离的消失,曾经隔岸观景的美感不复存在,相互之间成了潜在的或现实的文化侵蚀者,价值观和信仰的相互影响与相互激荡,给相互的社会生活秩序带来冲击。同样的原因,普遍交往使任何试图固守自己的文化的保守主义在实践上都不再可能。因此随着文化普遍交往,必然带来文化的普遍摩擦、碰撞和冲突。另一方面,文化之间的不平等、不公平交往,加剧了世界的文化冲突,特别是以美国为首的西方文化凭借其强势文化的软实力到处实行的文化霸权主义和文化帝国主义行径,激起了那些珍爱自己文化的各民族人民的不满和抵制,使文化冲突更加空前地凸显出来。

二、文化冲突与文化差异

文化冲突是有着差异的文化在文化交往过程中产生的。文化差异是

---

① ［美］欧文・拉洛兹编辑:《多种文化的星球——联合国教科文组织国际专家小组的报告》,戴侃等译,社会科学文献出版社2001年版,第211页。

异常复杂的,包含了多重关系于其中,无论以哪一种标准划线,都无法尽揽其中,而是总有例外;或者说,无论以什么为坐标,都有标外之点。文化差异首先是文化的民族性差异和文化的时代性差异,这是文化的两种基本差异,实际上这两种文化差异又具体化为种种文化要素的不同,并且相互包含、交错其中。就文化的民族性差异而言,因社会制度的不同而不同;同一种社会制度条件下,又有民族性和时代性的差异,如20世纪90年代前的苏联、东欧和中国,同是社会主义制度,但分属于不同的民族,有着不同的文化传统;在资本主义制度下面,美国及西欧各国,有着共同的文化传承,同样的宗教,同样的资本主义制度,但内部有着法兰西民族、日耳曼民族、盎格鲁—撒克逊等民族的差别;同属于资本主义制度的西欧与印度以及其他发展中的资本主义民族国家,则既有民族性差异又有时代性差异;这种差异同样体现在今天的西欧和俄罗斯及东欧之间。在种种复杂差异中,还有宗教的差异,宗教既是跨民族的,又是跨文化的,因此宗教内部的差异就显得更为复杂。在统一的伊斯兰文化下面,有社会制度的差异——政教合一的、君主立宪的、苏丹的、议会民主制的;有宗教派别的差异——伊斯兰教有逊尼派和什叶派的分野;基督教有天主教、东正教和新教的分支,如此等等。如此众多的差异中的每一个方面都可能成为文化冲突的原因。对这些复杂的关系和原因,我们根本不可能逐一加以梳理分析,在这里只是以民族为基本文化主体,以民族文化为基本文化体,就它们的文化特质的主要方面来分析文化冲突的基本原因。不难看出,文化的时代性差异和文化的民族性差异之于文化冲突的意义是不同的:就文化交往意义说,如果说文化的时代性差异的意义大于文化的民族性差异,那么,就文化冲突而言,文化的民族性差异的重要性大于文化的时代性差异。必须说明的是,我们是从历史的横截面来比较文化差异的,因为文化交往和文化冲突都是在这个历史横截面上进行的。

(一)文化价值观差异与文化冲突

价值观念是一个文化的核心层内容,每个文化都有自己独特的价值观念。文化的各要素因价值观而获得统一，价值观体现在文化的各要素之中。每个民族文化之所以构成一个独特的文化模式，就是因为价值观贯穿其中。斯宾格勒认为，一个文化的各要素之间，不论看起来有多么大的差异，实际上都是文化核心的表现形式，它们之间都有一种统一的必然联系。他说："迄今为止，我发现没有人仔细考虑过那把一种文化的各个部门的表现形式内在地联系起来的形态关系……他们有谁知道，在微积分和路易十四时期的政治的朝代原则之间，在古典的城邦和欧几里得的几何学之间，在西方油画的空间透视和以铁路、电话、远距离武器制胜空间之间，在对位音乐和信用经济之间，原有深刻的一致关系呢？"①实际上一个文化就是一个价值体系。苏联学者恰弗恰瓦说："所谓文化，就是具体化了的价值领域，是按照这些价值改造过的人的本质及其环境，也就是人的物质和精神活动的工具以及社会制度和精神成果的领域。"②所以抽象地说，能够被称为一个文化体的文化，从它产生那天起就有自己独特的价值观。某种意义上，我们可以说，文化差异就是文化价值观的差异，价值观的差异则具体表现各文化领域、文化特质和文化要素的差异，文化冲突本质上就是价值观的冲突。

当然简单地说文化冲突的根源是价值观的冲突是不够的，必须对价值观的具体内涵何以引起冲突做进一步的分析。一个文化价值观至少包含着三个方面易于引起冲突的内容。

首先，价值观包含着一个民族对社会发展道路的选择。价值观作为一种观念，直接地说是价值关系的反映，但它最深刻的源泉深藏在人类的实践活动之中，因为价值关系是人们在实践活动中形成的关系。如同我们在揭示文化的民族性差异一样，价值观之间的差异同样是人们改造不同"世界"的具体过程中形成的。文化价值观与人们的世界观和思维方式有着密切的联系。如果说，世界观和思维方式是人们认识到的这个世

① ［德］奥斯瓦尔德·斯宾格勒：《西方的没落》，商务印书馆 1963 年版，第 18 页。
② ［苏］恰弗恰瓦：《人—文化—价值》，王祥俊译，《哲学译丛》1983 年第 4 期。

界是什么样的,那么,价值观则是人们所意识到的这个世界应当是什么样的,或者说应当把这个世界改造成什么样的。所以价值观不仅指向当下的世界,同时还指向世界的未来或未来的世界。因此,价值观作为"价值取向",包括了一个文化对世界的基本看法,其中又包含着这个文化对人性的基本预设、应当的追求以及如何实现等思想,并在实践活动中规定着人们的活动方向和活动方式。这些内容的总和构成一个民族发展道路的选择。发展道路的不同选择是文化冲突的一个重要方面。上述社会主义国家和资本主义国家之间的冲突,伊斯兰国家和非伊斯兰国家之间的冲突,实际上都是发展道路不同的冲突,因为每个文化都依据其价值观认为自己的选择是正确的。

其次,与此相联系,不同的价值观包含着不同的"进步"观。表面上看,进步的意义具有普遍性,每个民族都在追求并努力促进民族和社会的进步。但是,如果我们仔细地考察各民族文化中的进步观,就会发现各民族的进步观实在是大异其趣的。因为每个民族文化对人性的预设、对人之本质的把握、对人之需要及需要实现的方式都是不同的。美国人眼中的社会进步准则就是物质财富增加和物质幸福水平的提高,而在另一些民族,追求精神的高尚胜过一切物质欲求,如儒家文化奉行"重义轻利",追求"淡泊明志,宁静致远",这种精神追求甚至胜过生命本身,崇尚"义不容辞"直至"杀身成仁"的人生观。从类似儒家文化的观点看来,西方意义的"进步"则无异于对人性的亵渎,故被斥之为享乐主义,被看成是"人心不古"、"物欲横流"之祸源。20世纪20—30年代中西方文化论战时,中国守旧分子正是这样抨击西方文化的。而今天在资源日益枯竭、环境问题日益严重时,反思以物质财富增进为进步的"进步"观念的思想资源,都来自那些重视精神追求的文化。

再次,价值观还是整合与维系社会秩序和社会生活节奏的重要力量。作为实践性存在,价值观在社会层面上外化为社会制度安排、社会生活秩序,在个体身上外化为个体的行为模式;作为观念存在,内化为每个个体的人生信念、信仰追求、道德伦理。这两方面是相互维系、相互巩固的。

价值观的消解，就意味着社会组织的失序甚至解体，人之精神家园的失缺。所以各民族都把维护价值观的统一性视为维护民族统一和完整的重要保证。以"削发出世归于涅槃"为最高人生境界的佛教传人中国时，与儒家思想发生冲突，因为儒家把"孝"奉为"百行之首"，从国家层面讲，忠臣出于孝子，所谓"在家为孝子，出门为忠臣"，而若按佛家要求，"孝"既不存，遑论"忠臣"？基督教文化既是西方文化又属于资本主义文化范畴。这样以来，基督教文化和儒家文化之间不仅有着民族性差异还有着时代性差异。所以基督教传入中国必然受到了来自儒家文化立场的诟病和抨击。"三纲五常"乃儒家文化之核心，"人道之大，不外礼义廉耻。礼仪缘五伦而立。忠君亲上，爱亲敬兄，长幼有序，夫妇有别，此之谓礼仪。能全乎此，谓之为善；苟反乎是，即谓之恶"。而"彼教无君父之尊亲，耶苏之是奉，是无纲纪也；无骨肉之亲爱，惟主教之是崇，是无伦常也"。[1]因此，"设使彼教终得行于中华，则数千年衣冠礼仪之邦，一旦化为倮虫鳃人之域，獉獉狉狉，兽畜禽群，岂不大可痛哉！岂不深可恨哉！"[2]价值观之对立及其关乎社会秩序之意义可见一斑。冷战时期，纵贯柏林城的"柏林墙"不仅是国家疆界，是不同社会制度之间的"栅栏"，更是一道"拦截"不同价值观、保护现有社会秩序之屏障。

　　总之，价值观冲突不仅仅是价值之间冲突的问题，由于其在文化之中的特殊意义，会影响到一个文化的方方面面，殃及制度文化甚至物质文化的交往。过去我们把市场经济体制与资本主义等同起来，因拒绝资本主义而拒绝市场经济体制，实际上是拒绝这种经济体制可能负载的资本主义价值观。曾出使过英国的晚清大臣郭嵩焘向朝廷力陈修建铁路之重要，而卫道者们"一闻修造铁路电报，痛心疾首，群起阻难，至有以见洋机器为之愤者"。[3]为表示对西方"奇技淫巧"之不屑，晚清遗老叶德辉不肯

---

①　王明伦编：《反洋教斗争书文揭帖选》，齐鲁书社 1984 年版，第 26、17 页。

②　朱克敬：《暝庵二识》，岳麓书社 1983 年版。

③　郭嵩焘：《使西纪程》，辽宁人民出版社 1994 年版，第 37 页。

用电灯。表面上看是对铁路电报电灯洋机器的拒斥,本质上是一种价值观担心遭遇另一种价值观侵蚀的"痛心疾首"。在这个意义上,之所以制度文化和物质文化发生冲突,实际上是以制度文化与物质文化为载体的精神文化的冲突,价值观念的冲突。

(二)思维方式差异与文化冲突

思维方式是文化的一个重要内容,其差异是引发文化冲突的一个重要原因。一定意义上讲,文化就是思维方式。作为一种智慧,文化包括科学知识但不等于科学知识,它既是过去实践改造生存世界积累起来的智慧,也是未来进一步发展的智慧。因此可以把文化定义为"我们思想中集体的、能够把一类人与另一类人区别开来的思考程序"。所以这里说的思维方式是文化思维方式,而不是通常意义上的或某个具体领域的思维方式,换言之,它未必是事物客观规律的正确反映。文化思维方式是伴随着民族生存与发展的实践一同形成发展并逐步巩固固化起来的、处理与实践对象关系的方式,以及以生产实践为轴心组织社会生活、处理人与人之间关系的方式。这两种相互联系的活动方式内化到人的头脑中,并通过长期、稳定、反复的实践活动强化并固化为一定的思维方式。所以文化思维方式本质上就是社会实践活动(包括生产实践活动和生活实践活动)方式、过程、节奏和程序在人脑中的内化。文化思维方式既内在于观念中,又通常以风俗、习惯、规则以及各种仪式的形式表现出来,更多地则是通过外在的行为获得具体的体现。思维方式既是以往实践活动方式内化的结果,又是对现实活动的规范,也是对新问题新实践进行思考的模式。如果说思维方式来自于改造对象世界的实践活动,那么,思维方式的差异则来自于改造不同对象世界的实践活动。各民族分布于不同的"世界",也面对不同的"世界",农业民族、游牧民族、航海民族等由于要处理不同对象世界的关系,因而其思维方式都是不一样的。思维方式并不是纯粹的思维形式。思维方式与一个民族文化的世界观和价值观密切相联,一定的思维方式总是负载着一定的世界观和价值观,或者说一定的世界观和价值观总是通过一定的思维方式而获得体现,因而思维方式的不同成为文化冲突的重要原因之一,一些学者甚至认为思维方式是比价值观更为重要的文化冲突因素。在文化交往和文化冲突意义上,思维方式引发的冲突与其具有的解释和规范两大基本功能特性有关。所谓思维方式的解释功能特性,就是运用不同的思维方式解释对象时,会赋予对象不同的性质、意义和价值。在文化交往过程中,思维方式的差异影响着一个文化对另一个文化的认知和判断,因为这种解释总是从自己文化立场出发的,文化价值观念的差异,实际上就是通过思维方式解释功能的差异表现出来,以至于尽管概念是清楚的,但不同文化对这些概念的解释却大不相同。"德国人和英国人召开商务会议双方都希望有个成功的结局,然而德国人认为只有真相,绝对的真相,哪怕有些苦涩,才能带来成功。与此相对照,英国人强调真相不应破坏大局。德国人说'真理就是真理'。中国人可不这么看,会加上一句:没有绝对的真理。两种对立的观点可能都正确。大多数东方人和许多意大利人会同意中国人的观点。在德国、瑞典和芬兰,人们会在意邻居怎样想,这种随大流的心态会影响人们重新认清事实的能力。英国人和美国人对真理的看法惊人地相似,即真理是人们根据其意愿进行表达的工具,他们对真理抱着一种实用的看法。"①再如,在西方人看来,"东西方之间的一个重大的区别还在于对现代社会不可避免的政治、社会、经济和文化冲突的评价:在西方,冲突一般被认为是不可摆脱的和特定的;它是不可铲除的,而只能通过多种方式来调节和处理。在东方,冲突则被理解为是制造混乱和引起机能障碍的现象;在那里,调节机制也是不发达的,很少有自我调节的防御网,当冲突尖锐化时,首先考虑的是压制"。② 所谓思维方式的规范功能特性,就是如何进行思维的准则、尺度和参照。不同文化之间总有许多共有的概念,但不同的思

---

① ［英］理查德 D. 刘易斯:《文化的冲突与共融》,关世杰译,新华出版社 2002 年版,第 5 页。

② ［德］迪特·森格哈斯:《文明内部的冲突与世界秩序》,张文武译,新华出版社 2004 年版,第 135 页。

维方式会赋予它们不同的含义和不同的价值。思维方式的规范是在一定的文化氛围中、历史地形成的处理问题的具体方式和思维惯性,即所谓思维定势。思维规范的差异直接影响着人们对于事件和问题的理解和解决方式。当今国际上人类面临的各种问题,一直不能获得一致的解决,与思维方式的差异有着重要的关系。恰如卡尔·普利布兰姆在其《思维方式之矛盾》书中所说:"世界各民族之间的相互理解与和睦之所以受到阻碍,不仅是由于语言的复杂多样性,更是由于思维模式的差异——就是说,是由人们确定知识来源和进行有条理思维的方法上的差异所造成的。"①

　　具有可比性的中西方文化思维方式差异就相当鲜明。严复说:"尝谓中西事理其最不同而断乎不可合者,莫大于中之人好古而忽今,西之人力今而胜古。中之人以一治一乱,一盛一衰为天行人事之自然;西之人以日进无疆,既胜不可复衰,既治不可复乱为学术政治之极则。"②此实为中肯之论。中国传统文化历来奉行"祖法不可变"、"圣道不可违"、"言必称尧舜"的行为准则,这与"意欲向前"(梁漱溟语)的西方文化确实相去甚远。中国传统文化内涵丰富的辩证法思想,尤其是其以"阴"、"阳"为基本范畴的矛盾观,即以矛盾揭示、判断和分析事物的发生与存续、平衡与失调,较之西方被黑格尔称为"辩证法之父"的赫拉克利特"战争是万物之父"的经验性描述要深刻得多。然而中国传统辩证法在很多的方面又表现为一种静止的辩证法,尽管有"苟日新,日日新"的发展观,但基本上还是一种循环论,而不是一种螺旋式上升的发展辩证法,所谓"否极泰来"、所谓"五百年必有王者兴"即是此谓,这与后来孕育出了以发展为取向的辩证法和进化论的西方文化是完全不同的。

　　斯图尔特研究发现,在思维方式上,与美国人的实用主义哲学相联系,美国人注重思维的功能性和实用性;相反,有着悠久的思辨哲学传统

---

① 转引自龚光明:《跨文化传统》,三联书店 1988 年版,第 73 页。
② 严复:《论世变之亟》,辽宁人民出版社 1994 年版,第 1 页。

的欧洲人则强调抽象的理论。与美国人和欧洲人相比,日本人比较倾向于具体的描述。文化思维方式与社会发展实际紧密相关。比如在社会稳定与人权的关系上,一些国家强调,社会的稳定是保护人权的基本前提,没有社会的稳定,比如军阀混战,人权就无从谈起;而另一些国家则认为,有保障的人权是社会稳定的条件,社会不稳定恰恰是权利"供给"不足,人们争取权利的结果。应该说这里没有是非对错的问题,在稳定与人权的关系上孰因孰果的不同判断,是各民族历史—文化经验的产物。

(三)生活方式差异与文化冲突

关于生活方式,尚无统一的定义,西方学者一般指称除生产活动以外的一切社会生活活动;人类学家称之为一个民族区别于其他民族的风俗、习惯、喜好、交往方式等文化因素;也有定义为生存方式的,包含着生产方式和生活方式于其中;还有学者将之看做是人们的政治、经济和理论思想活动之外的日常生活活动方式。苏联学者把生活方式与生产方式特别是社会制度联系在一起来考察,如果说把生活方式与生产方式联系在一起考察是马克思主义的一个基本观点,那么强调生活方式与社会制度的关联则主要是社会主义国家的传统思路。我们认为,一种人的存在方式,就是人的活动方式。换句话说,只要存在相对独立的活动领域,就存在与该活动相一致的活动方式。在这个意义上,就如广义的生活活动包括生产活动(为"生活"的活动)一样,广义的生活方式也包括生产方式。历史地看来,相对独立的狭义的生活方式的形成是生活活动相对独立以后的事情。生活活动从生产活动中相对独立出来经历了一个漫长的历史过程。在人类生产能力极其低下的渔猎时代,生产与生活是高度一体的,生产活动亦是生活活动,生活方式亦是生产方式,人们怎样生产也就怎样生活,因为在这个历史时期,生活活动是围绕生产活动被组织和被规范的,没有也不可能有专门"经营"生活的活动。生活活动领域逐步变得相对独立,是生产力发展的结果。只有当生产力有了一定发展,生活资料相对丰富,并且开始有闲暇以后,才能开始考虑怎样生活的问题——改善生活、装扮生活、提高生活质量,特别是追问生活意义的问题——也才有了相对独立的生活活动。但生产对作为一种文化的生活方式仍有着决定性意义,这不仅是因为生产为生活提供所需资料,而是在于:第一,有什么样的生产即有什么样的生活,有什么样的生产方式即有什么样的生活方式。生活方式"它在更大程度上是这些个人的一定的活动方式,是他们表现自己生活的一定方式、他们的一定的生活方式。个人怎样表现自己的生活,他们自己就是怎样。因此,他们是什么样的,这同他们的生产是一致的——既和他们生产什么一致,又和他们怎样生产一致。因而,个人是什么样的,这取决于他们进行生产的物质条件"。① 第二,生产一开始就决定了各民族生活方式的特殊性,即生活方式的文化性。现有生存环境决定了可获得生产资料的特殊性,特殊的生产资料又决定着生活资料的特殊性,进而决定着生活方式的特殊性,这不仅特别表现在各民族的饮食结构上,甚至同一文化的人们由于自然所能提供的直接资源和生产条件不同也有很大的差别。第三,即使在生活活动相对独立以后,生产对生活有着基础性意义,因为没有生产就没有生活。在生产力和生产方式发展和变革过程中,工业化和商品经济的到来对生活方式有着特殊的意义。如果说在以往生活活动与生产活动有着直接同一性的话,那么在工业生产方式条件下,生产活动和生活活动出现了分化,生活活动获得了相对独立性,生活相对独立的活动领域和活动方式被明显地凸显出来。工业化生产、国际贸易、全球生产体系是工业化生产方式的基本特征和要求,其结果是生产活动和活动方式的统一化和标准化,从而使得各民族生产活动日益趋同,生产活动愈来愈多地褪去民族性色彩,而生活方式却并不随着生产活动的改变而改变。传统的惯性,使生活方式依然不同程度上保留着传统的样式,"十里不同俗"依然鲜明如斯,在饮食结构、服饰风格、婚丧嫁娶、节日礼仪等方面依然各有特色,从而成为工业文明时代辨识民族文化的重要"标签"之一。

----

① 《马克思恩格斯选集》第1卷,人民出版社1995年版,第67页。

生活方式既是民族文化的重要标识,也是民族认同的主要标志。生活方式至少在以下几个方面成为文化冲突理由:第一,生活方式与民族文化传统密切联系,生活方式是一个民族文化最直观最鲜明的表征。因此生活方式的差异往往是深植于人们脑海中的世界观、价值观和思维模式等这些更为深刻的差异的外在表现。第二,许多生活习俗不仅仅是生活的方式,还是一种宗教践行,一种神圣恪守,一种精神制度。印度内部的印度教和伊斯兰教之间的冲突有着久远的历史,原因固然很多,但其中一个重要的原因是生活方式不同,比如印度教奉牛为神圣,而在伊斯兰教徒那里,牛则是肉食的主要来源。在印度教徒看来,伊斯兰教徒对牛的不敬,已经是不可以容忍的行为,何况还是对其信仰的亵渎。第三,生活方式同时也是生存方式,即它涉及人对生命及生命与周遭世界关系的认知,比如如何对待自然、如何利用自然资源等。欧洲于16—17世纪开始向新大陆移民,欧洲殖民者来到了印第安人世代生息繁衍的土地。两个种族文化的民族性差异和时代性差异,使他们之间的生活方式很少有相通相容之处。印第安人依靠直接的自然资源维持生存,要求以辽阔的地域来保证直接的生活资源的需要。白人的到来带来了完全不同的生活方式,其利用资源的方式和速度,严重地破坏了印第安人的生存环境,引发了两种生活方式的冲突。印第安人指责白人:"你们的国民以为我们像白人一样,没有了面包、猪肉和啤酒就活不下去。但你们应当知道,我们的至上的神和生命之主给我们提供了食物,它们就在这广阔的大湖和那森林茂密的山岭上。""大多数白人和大多数印第安人都意识到,他们的两种生活方式是直接对立的。两个种族都认为对方比自己低级;谁都不愿采纳对方的方式;这就是为什么印第安人和白人不能相处的原因。"[①]第四,生活方式与审美观念紧密相联,而不同民族之间审美观念如同善恶判断一样差异极大,甚至截然相反,一个民族的美食可能令另一个民族口不能

---

① 李剑鸣:《文化的边疆——美国印第安人与白人文化关系史论》,天津人民出版社1994年版,第55页。

品目不忍睹。美国 CNN 称中国皮蛋为"恶心之极"的食物,列"全球十大最恶心食物"之首,引发国人的强烈不满,这迫使 CNN 用中英文两种语言作出正式道歉。① 第五,生活方式的变更实际上是现代与传统的冲突,但由于是因为民族文化交往而发生的,从而往往会被上升为民族文化的冲突。被定性为"靡靡之音"的流行音乐初登中国大陆时无异于洪水猛兽,如今遍布大街小巷的"第三产业"服务项目曾几何时皆为"堕落"之人所追逐的"腐朽生活"。总之,生活方式是民族历史长期积淀的习惯,是不同民族人民"处世"的定势,有着历史的惯性,如果不是因自然的演化而是由于另一种生活方式的影响而变化,既是痛苦的,也容易引起民族的焦虑。

当然,生活方式并非凝固不变的,由于生产之于生活的条件性和基础性意义,生产方式的变革又不可避免地对生活方式造成越来越多的冲击。工业化和信息化改变着人们的生活节奏,也改变着生活观念,从而改变着生活方式。经历过中国 20 世纪 80 年代改革开放前后的人们,对 30 余年来生活方式的变迁应该有着深刻的体会。旅游者在四川省的藏族生活区看到,晚上藏民身着民族服装为旅游者演出藏族歌舞,白天则要么西装革履要么一身休闲服从事着日常工作。

(四)社会制度和意识形态差异与文化冲突

社会制度和意识形态是一对孪生姊妹,社会制度是意识形态的实践,又是意识形态的社会基础;同时,社会制度还可以看做是广义的生活方式,意识形态又是一个文化世界观、价值观和思维方式的具体表现。因

---

① 从不同民族对食物的原料、制作工艺、外观和口感的描述即可看出审美观念的差异,美国知名杂志《福布斯》网站:燕窝:犹如"鼻涕一样口感";醉虾:利用强烈的酒精刺激活虾,而在吃时似乎还能感觉到它们在扭动;巴卢特(一种菲律宾美食):清晰可见未成形的鸭子;皮蛋:"恶魔煮的蛋"(参见《成都晚报》2011 年 8 月 7 日)。我们以为这并非一定是文化诋毁,更多是文化差异,旅行过的人肯定都有过类似的经历。这也说明尊重文化差异在交往过程中的重要性。

此,社会制度和意识形态之间的冲突,一定意义上包含了文化各个方面的冲突于其中,在政教合一的民族国家还包含着宗教冲突。社会制度和意识形态既有性质的差异,如社会主义、资本主义、君主制、政教合一制等等,又有时代性差异,如民主制度、专制制度。同样的国体下面又有民族文化的不同而产生的一系列差异。由于这些有着时代和性质差异的社会制度和意识形态同处于一个时代,历时性差异共时性存在,处于同一个历史的横截面上,更由于交往的日益密切,遂成为当今国际冲突的一个重要领域。

在交往条件下,首先是社会制度和意识形态之间既有真实的差异也有认识的不同。在西方人看来,东西方社会制度和意识形态的对立是全面的:"在东西方冲突中,相互对立的是两种互不相容的政治制度和由此而形成的两种不同形象的人和社会(以及相应的不同现实)。就西方而言,过去和现在具有代表性的是:个体主义和多元主义(它被视为现代社会的构成条件),权力分散(它被视为政治制度的原则),公开性(包括作为第四种力量的对媒体的现代设想,被视为内在的价值);此外,科学、司法和管理被视为具有非党派和中立倾向的领域;市场和文化被视为具有自身工作价值和自身逻辑的行为空间;以及经济领域的注重市场价格、私有制和成本与收益比等。就东方社会主义而言,可视为标志的是:集体主义,政治、社会、经济和文化强制一体化(其后果是权力集中);在科学、司法和管理中贯彻党性原则;在经济领域中实行以行政管理和政治取向的价格制度,注重集体财产,实行外贸垄断。"①尽管东方——这里主要指向社会主义国家——通过自身的改革已经随着时代的发展而发生了变化,但西方人关于东方特别是社会主义的认识却没有随着这种变化而发生多少改变。而在社会主义和持有东亚价值观的国家中,对西方同样有否定性评价:西方资本主义制度本身就是一种罪恶,是少数人对多数人的统

---

①　[德]迪特森格哈斯:《文明内部的冲突与世界秩序》,张文武译,新华出版社2004年版,第134—135页。

治,甚至是剥削、金钱至上、唯利是图的代名词。

其次是不同社会制度和意识形态对国际间许多问题的看法和界定不同——如主权、人权、民主、自由、宗教观等——而发生的冲突。仅在20世纪末以来,至少在"人权"名义下的国际间的战争和制裁就有好几起。在殖民时代,当白人到达美洲时,其与印第安人之间发生的冲突也具有典型的意义。当白人来到北美时,印第安人仍然是以血缘为社会结构的核心,即使在最发达的部落,也未产生有关领土、疆域、主权和政治合法性的观念和制度。这种状态被社会结构和政治系统相对发达的白人所利用,成为他们在北美占地和扩张的口实。他们宣称印第安人对新大陆的土地并没有合法和得到确认的所有权,他们的土地权利只是通过占有而获得的,所以白人入主北美,并不涉及政治主权和土地所有权,所要解决的问题,不过是使印第安人让出他们占有的土地。而且私有财产制度已经是白人的基本社会制度,印第安人尚未形成财产私有观念,他们不是以个体的形式占有土地,所以在白人看来对印第安人土地的侵占并不违反"私有财产神圣不可侵犯"的法律。

再次是社会制度和意识形态规定着外部交往的规则,这些规则反过来又维护着社会制度和意识形态的安全。在国际交往中,不同的规则必然会成为不同交往诉求的障碍,不改变或冲破这些障碍则交往难以深化,而改变或突破这些规则又危及一些社会制度和意识形态以及社会秩序的安全。因此社会制度和意识形态之间的摩擦和冲突——尤其是在全球化条件下——就变得不可避免,第二次世界大战以来许多国际间冲突都是在不同社会制度和意识形态之间展开的。

(五)宗教信仰差异与文化冲突

宗教作为一种文化现象,一方面,同其他文化现象一样,是人类在历史发展进程中所创造和积累起来的精神财富的一部分,就其同神话的渊源关系看,宗教也是人类实践的智慧,因为是人创造了宗教而不是相反,而人之所以创造宗教同样是缘于人的生存和发展的需要。在原始社会的中后期,人类的文化史几乎就等同于(原始)宗教史,因此宗教可以说不仅包容了当时的全部人类的精神生活,而且左右着人类的物质生活。另一方面,宗教作为一种社会意识,在社会的精神生活领域,广泛地同哲学、政治思想、法律思想、道德、文学、艺术等发生密切的关系,形成了独特的宗教文化体系现象。在当今世界上,不仅宗教为数众多,而且教徒占据世界人口的庞大部分。据统计,现在世界上信仰宗教的人数为近50亿,占世界人口的80%以上,其中,基督教徒、伊斯兰教徒、佛教徒、印度教徒为四大主要宗教信徒,合计教徒数为42.72亿,占世界总教徒人数的89%,各种宗教组织更是数以万计。在世界性的广泛交往过程中,可以这样说,任何形式的文化交往都或直接或间接、或明示或暗含的包含宗教交往于其中,这就决定了宗教冲突不仅在所难免,而且在各种文化冲突中占有重要的地位。

宗教冲突以及具有宗教意义的文化冲突发生的必然性是由宗教本身的性质决定的。每个宗教都是一个完整的宇宙论思想体系,包含有自己的世界观和价值观念,会有世界观和价值观之间的冲突;宗教有各自的宗教实践(制度、仪式),会有宗教行为之间的冲突;宗教具有自己宗教理想和宗教感情,存在宗教态度之间的冲突。尽管在宗教关系史上不乏相互影响、相互吸收、交融互摄,但宗教本身的性质决定了宗教是自我中心和相互排斥的,一种宗教对另一种宗教来说就是"异端",所以一般来说宗教之间的联系是脆弱的,人们向来把宗教问题视为敏感的话题,其原因就在于此。历史上许多文化冲突都以宗教冲突的形式表现出来,有些则是由宗教冲突引发的文化冲突。古代如十字军东征,现代如两伊战争中的伊斯兰教内部什叶派和逊尼派之间的冲突,印度内部穆斯林和印度教徒的冲突经久不息,伊斯兰教文明与基督教文明更有长达1300年的冲突历史。

由宗教引发的冲突不仅存在于宗教与宗教之间,宗教与世俗文明之间也经常发生冲突。宗教与世俗文明之间冲突的原因大致与宗教与宗教之间的冲突相同。从根本上讲,宗教与世俗文明是对立的,只不过其对立程度依宗教教旨不同而不同。宗教和世俗社会相互包容与和谐共处是在历史上人类文明世俗化过程中相互冲突、相互磨合和相互妥协的结果。宗教与世俗文化的冲突或者是两种不同文化的冲突，如前述，佛教由于视世俗利益为烦恼之"根"，传入中国后与世俗儒家文化的冲突，导致数起"反佛"、"排佛"事件；中国明清时期西方传教士在中国传播基督教引发了众多教案，甚至引起流血战争；或者是同源文化分化以及文化世俗化形成的冲突，因为文化世俗化过程实际上是对宗教的社会历史地位、社会影响力和感召力的扬弃过程，文艺复兴时期以降西欧历史的很长一个时期，可以说就是世俗化要求挣脱基督教束缚与基督教斗争的历史。在现代世界，宗教与世俗文明的冲突仍然大量存在，经常引起举世震惊的世界性事件，而且其影响还可能波及到世间方方面面的事务。

科学也是在与宗教的冲突过程中获得发展并确立自己地位的。如前所述，宗教都有着自己的宇宙论体系，科学则给宇宙以实证的说明和解释，如宇宙的结构与演化、人类的起源与生物进化、人类社会发展的规律等等，这种与宗教截然不同的科学解释大大改变了人们的宇宙观，从而影响了人们的某些宗教信念，影响了宗教的威信和号召力，欧洲中世纪宗教裁判所对诸多科学发现的压制和对科学家如哥白尼、布鲁诺等人的迫害，是众所周知的科学与宗教冲突的案例。当年即便极力支持达尔文进化论的学术权威和达官贵人，对达尔文否定上帝创造人类仍然不敢苟同或保留意见。在现代世界，虽然大部分宗教都对科学采取宽容或接纳的态度，但仍然有一些宗教对科学乃至技术保留着传统的观点。宗教与科学的冲突不仅仅存在于宗教与自然科学之间，也发生于宗教与哲学、伦理学等世俗人文科学和社会科学之间。近代西方哲学发展史就是一部世俗哲学与神学的斗争史，近代西方许多哲学家一开始就是以批判经院哲学而彰显于世界且名垂于史的。

由于宗教与民族、文化、国家之间有着极其复杂的关系，宗教问题在当代世界已涉及国际政治、世界和平、国家安全、社会稳定、民族关系、法律秩序等重要方面。其中的每一个问题都可能演变成为宗教问题；或者因任何一个问题引起的冲突都可能以宗教的面目或名义产生。

以上我们仅就文化的几个主要要素之间的差异分析了文化冲突的原因,实际上,文化冲突的原因是极其复杂的,每一次文化冲突的发生都不是某一个单独原因的结果,而是许多原因综合所致;或者某一个文化要素冲突引起其他文化要素的连锁冲突。一因多果或一果多因是文化间矛盾冲突的基本形状,这是因为这些文化要素之间本身就是有着内在联系的,相互解释的,离开了其中的任何一个其他要素都不能获得完整的界定。有些文化要素则包含着所有其他要素于其中,如宗教,本身就是各种文化要素的统一体,所以宗教之间的冲突,往往就涉及几乎文化的所有方面,特别是在一些宗教历史长久和宗教氛围浓厚的社会。

这里必须指出的是,文化差异的存在并不必然引发文化冲突,文化冲突的根本原因还是生产力和交往形式之间的矛盾,正是生产力和交往形式的矛盾才使种种文化差异成为文化冲突的原因。具体说,第一,各种文化差异阻碍着交往形式的变革和交往关系的深化,使交往不能获得进一步发展和深化;第二,由于文化差异的存在,存在着不公平、不公正和不合理的交往形式,从而引发了文化冲突。因此离开了这一文化交往的基本矛盾,就无法理解文化差异为什么会导致文化冲突。

三、文化冲突与文化自我中心主义情结

文化之间存在差异是人类文化的普遍现象,人类文化的丰富性,人类文化景观的华美与壮丽,恰恰是因为有文化差异的存在。尽管存在生产力和交往形式之间的深层矛盾,但文化差异的存在——至少从理论上说——并不一定必然导致文化冲突,因为有差异的文化之间完全可以和平共处,共生共荣,恰如费孝通先生所寄望的:"各美其美,美人之美,美美与共,天下大同。"文化冲突的发生与人类文化所具有的一个比较普遍的特性有关,这就是民族文化的文化自我中心主义情结。

简要地说,文化自我中心主义有三个基本特征,或者说是三个基本表

现:其一,把本民族文化视为最优秀的文化,同时蔑视甚至诋毁其他民族文化;其二,把本民族文化价值视为人类文化的最高价值,并以之作为衡量、评判其他民族文化价值的尺度;进而其三,欲以己之"文"化他族之众,试图使一己文化成为君临天下之唯一文化。

简单地把文化自我中心主义情结看做是民族狭隘偏执心态使然,显然是不合适的、肤浅的。文化自我中心主义有其产生的历史根源和认识根源。

文化自我中心主义情结是与民族和民族文化一同发展起来的,是历史发展的产物。第一,一个文化是各民族人民在长期的历史过程中创造和积累起来的,作为实践的创造物,它是每个民族本质力量的表征,作为一种符号,文化是民族存在及其历史的证明。民族与其文化具有同一性,民族就是它的文化,文化就是它的民族。换句话说,民族创造了自己的文化,而正是其所创造的文化才使这个民族成为这个民族。文化的消亡就是这个民族作为民族的消亡。民族与文化这种唇齿相依、休戚与共、血肉相连的关系,使每个民族都非常珍视自己的文化,肯定自己的文化,爱护自己的文化。任何对民族文化的轻视或不尊重都是对这个民族的一种不敬甚至亵渎。第二,作为生存和发展的智慧,文化又是每个民族基于自身实践获得的关于人、自然和社会的认识和价值观念。这些认识尤其是价值观念指导着各民族人民生存和发展的实践,不仅维系着民族的生存,而且绵延着民族的历史。因而在每个民族看来,自己的文化特别是其价值观是在长期的历史实践中被"证明"了是正确的、合理的。这种信念又往往使各民族本着"人同此心,心同此理"的素朴观念,推己及人,不仅把自己的文化看做适合本民族的,而且看做是适合他民族乃至整个人类的,符合全部人的本性,因而是普世性的。实际上几乎每个民族都抱有淳朴的"兼济天下"心理。人类自古以来的各大宗教、各大文化体系,都把自己的文化及其价值观看成是普世性的。第三,无论是作为一种文化观还是作为文化行为,文化自我中心主义都是文化交往的产物。各民族人民对自身文化的自觉意识是以他文化为镜像的,交往是民族获得文化自觉意识的前提。交往本来是相互沟通架设桥梁,但在交往不充分的情况下,加上文化意识的自觉,恰恰会强化文化的自爱和自珍情结,往往会把自己看做是文明的、正常的,把他人看做是不开化的、不正常的,甚至怜悯别人居然那样活着,这是一个民族初步接触别的文化时常有的心态。这方面我们将在后文进一步阐述。

文化自我中心主义的产生除了民族的"敝帚自珍"心态外,还有着深刻的认识论根源。从认识论上看,文化自我中心主义是以狭隘的世界观为基础的,而狭隘的世界观又是各民族局限于民族和地域的实践活动狭隘性的产物。实践活动能力的低下,活动领域的狭小,与世界之间建立的必然是狭隘的联系,反映在观念上,就是用狭隘的世界观和价值观来审视世界,审视他民族文化。中国古代地图称为"舆地图",即舟车所能到的地方,那时舟车以自然力为驱动力,以之为半径的地域自然是相当有限的。明代士大夫魏浚利对利玛窦所著《舆地全图》的批判性评价,就典型地反映了这种狭隘的世界观,他认为利玛窦所著《舆地全图》是"欺人以目之所不能见,足之所不能至,无可按验耳。真所谓画工之画鬼魅也。毋论其他,且如中国于全图之中,居稍偏西而近于北。试于夜分仰观,北极枢星乃在子分,则中国当居正中,而图置稍西,全属无谓"①,故其所论实际上是惑众之邪说。魏浚利之评实在是以己之愚讥人之昧了。既然其见识只限于舟舆所及,那么远在"目之所不能见,足之所不能至"的国度人物事象只能靠想象了,所以明代以前中国人眼中的西方是"羔生土中,国人筑墙围之,脐与地连,割之则死;但走马击鼓以骇之,惊鸣脐绝,便逐水草"。晚至清末的魏源仍感慨于国之士人狭窄的"世界眼光":"儒者著书,惟知九州以内,至于塞外诸蕃,则若疑若昧;荒外诸服,则若有若无……至声教不通之国,则道听臆谈,尤易凿空……徒知侈张中华,未睹瀛寰之大"。②"坐井观天"是早期各个民族看世界——确切地说是"想"

---

① 转引自包遵彭:《中国近代史论丛》第 1 辑第 1 册,台北正中书局 1978 年版,第 229 页。
② 转引自于桂芬:《西风东渐》,商务印书馆 2001 年版,第 126 页。

世界——的真实写照。这里再次证明了马克思论断的正确性,即"人们对自然界的狭隘的关系决定着他们之间的狭隘关系,而他们之间的狭隘的关系又决定着他们对自然界的狭隘的关系。"①狭隘的世界观必然产生狭隘的文化观,即以自己文化为标准评判外族文化,非我族类皆茹毛饮血、野蛮落后、不知人伦的尚未开化之人,即便其文化高于自己,也仅仅因其异于自己而斥之为愚昧不化,恰如中国传统视野中,在中国之外,皆为"夷狄蛮鞑"、"化外之邦"。时至清季,恪守君臣礼仪的乾隆鄙夷拒见不知下跪之外国来使,怜其未生能弯之膝骨;严防男尊女卑的道光皇帝嘲笑英国居然用女人做君主。久而久之,这种观念便固化成为一种难以消解的传统,既为"理"所当然,也就"毋庸"置疑,以致知识增长了,视野开阔了,而观念却依旧。这种文化自我优越论不独中国文化专有,而是具有一定的普遍性。如果说封闭于东亚大陆且后来实行闭关锁国的中国持此观论尚情有可据,那么即使当哥伦布、麦哲伦先后环绕地球已经发现世界之广袤,科学昌明使人们对世界有了较为全面深刻认识的西欧各民族也不能免。马克思在批评"德国文化中心论"时指出:"德国人的虚假的普遍主义和世界主义是以多么狭隘的民族世界观为基础的。"②一般地说,文化自我中心主义产生的两个根源在每个民族文化的发展过程中都存在,因此我们差不多在所有民族,特别是那些有着古老文化的民族中,都可以碰到类似的文化情感和观念。

文化自我中心主义往往与民族主义联系在一起。民族优越论是和民族文化优越论互为证明的。其基本逻辑是:创造了优秀文化的民族必然是优秀的民族,反过来,正因为是优秀的民族才创造了优秀的文化。文化的自我肯定往往是与对他民族文化的鄙视和否定联系在一起的,"我们文化的集体性思考使我们确信:我们是正常的,其他人是怪癖的"。③ 马

---

① 《马克思恩格斯选集》第 1 卷,人民出版社 1995 年版,第 82 页下面注释①。

② 《马克思恩格斯全集》第 3 卷,人民出版社 1961 年版,第 554 页。

③ [英]理查德 D. 刘易斯:《文化的冲突与共融》,关世杰译,新华出版社 2002 年版,第 17 页。

克思在其著作中就批判过"德国中心论"、"西方中心论"、"俄罗斯中心论"中的民族主义思想。马克思指出:"这些爱唱高调的、爱吹嘘的思想贩子们以为他们无限地凌驾于任何民族偏见之上,其实他们比梦想德国统一的啤酒店的庸人带有更多的民族局限性。他们不承认其他民族的事件是历史的。"①俄罗斯人自赋拯救各民族于水火的"俄罗斯使命":"俄罗斯民族是未来的民族,它将解决西方已经无力解决甚至从某深层来说都不能提出的问题。"②赫尔岑甚至认为:"俄国的庄稼汉将把世界从西方社会主义和欧洲的工人那里所感染的洋洋得意的市侩习气中拯救出来。"③早在19世纪,法国人就认为:"具有普遍性的情况是异族人的不言而喻的低劣,欧洲尤其是法国的优越——法国是文明的摇篮"。当今美国人自骄自美、傲视一切,殊不知它也为因为"长期保持优势,诱使它自诩为全世界的主人,而且认为其余的人类都为它的利益而创造的"并直截了当地把一种天然的优越性归于自己的欧洲人所蔑视:"一切动物,包括人类在内,在美洲是会退化的,就是狗,只要在我们的空气中呼吸一会儿,也就不会叫了"。西方文化中心论由来已久,黑格尔、赫尔岑这些视野开阔、洞见深刻的学者都无以能免,成为"西方中心论"的鼓吹者。今天西方文化特别是美国文化的自我中心主义更是成为一种处处可以感觉到的存在。

　　文化自我中心主义情结,按照殷海光先生的说法,可以是"良性的",表现为"肯定和爱护自己文化的风俗、习惯、制度、文物、传统、生活方式、价值观念和文化理想,但同时也欣赏并且尊重其他文化里的这些东西";也可以是"恶性的",表现为"首先未自觉的肯定有些绝对的价值,而且这些价值就是存在于我族中的,并且真是优于一切文化者,因此对别的文化特征都看不顺眼,而有意无意存一种鄙夷甚至排斥的态度"。④"良性的"

---

　　①　[英]理查德 D. 刘易斯:《文化的冲突与共融》,关世杰译,新华出版社2002年版,第46—47页。

　　②　《马克思恩格斯全集》第19卷,人民出版社1963年版,第444页。

　　③　[俄]尼·别尔嘉耶夫:《俄罗斯思想》,雷永生等译,三联书店1995年版,第105页。

　　④　殷海光:《中国文化的展望》,中国和平出版社1988年版,第121页。

文化中心主义抱有宽容的文化心态,能够与其他文化和谐共处;"恶性的"文化中心主义不仅鄙夷和排斥其他文化,甚至强行在其他民族中推行自己的文化,历史上不乏以坚船利炮为其文化开路的行径;在当代,"文化霸权主义"、后殖民时代的"文化殖民主义"等等都是其实例。如果放在文化交往过程中来看,这两者的界限往往是模糊的,"良性的"在一定条件下可以转化成"恶性的",反之亦然。交往中文化的这种性质变化取决于相互交往的两个文化的价值观及其在交往实践中的相互影响的能力。

　　文化的自我中心主义,显现于文化交往过程中。在与其他民族文化的交往中,文化中心主义依文化性质、文化发展历史阶段特别是在相互交往中的地位和能力而有不同表现。一般地说,当一个文化处于强势时期或强势文化地位时,表现为扩张主义,即以自己之"文"去"归化"其他民族,企图以自己的文化一统天下。关于文化扩张的性质,自从地理大发现以后,西欧在海外到处建立殖民地,都被认为是出于经济和政治的原因,如市场开辟、商品输出、原材料掠夺、矛盾转移等等,应该说这些确是历史事实,但文化本身也确有扩张的"本性",而不仅仅是经济扩张和政治侵略的副产品,反而可能是经济和政治扩张充当了文化扩张的工具。当然,在实际的历史过程中,倘若要泾渭分明地区别经济、政治和文化,只能是一项不可能完成的任务,因为它们总是错综复杂地交织在一起,尤其是许多文化要素不仅需要经济和政治为其开辟道路,更要以它们作为传播的载体。但是,单纯的政治和经济扩张与文化扩张还是存在一定的区别,如果经济和政治的扩张出于利己主义目的,那么,文化意义上的扩张却是以"利他主义"为出发点的;如果说,政治和经济的扩张是为了占有,那么文化扩张则是为了"拯救"。一般有两种较为普遍的文化心态:一是就像宗教总想扩大自己的信众一样,一种文化总有拓展自己君临之地的欲望,总希望有更多的人"归顺"于它,在自己文化光照之下实现"天下大同",此乃"化成天下"之谓。二是无论一个文化处于何种发展水平,处于什么历史发展阶段,总以为自己高于和优越于别族,别人的文化总是落后愚昧的,"声教不通,沉于恶俗",就像中国清朝人可怜英国人进化缓慢,尚不知"男女有别"、"尊卑有等"一样,并出于"怜悯"动机,希望通过自己的教化,化"野蛮"为"文明"。这种文化心态在世界航路开通以前尤甚。因文化性质不同,文化扩张的方式也不同。有的是以征服的方式,如十字军东征,通过武力征服并强迫异族人皈依基督教文化;再如西方海外扩张时期在殖民地国家对西方文化的强制推行,英语成为世界性语言无疑与英国通过海外扩张建立"日不落"帝国有着密切关联。有的以和平的方式,如阿拉伯—伊斯兰文化,在6—11世纪的帝国征服时期,在大多数情况下,统治者不是通过强制的形式而是通过和平自愿的方式,使被征服民族改信伊斯兰教。20世纪出现了一种新的文化扩张形式,这就是文化软权力。随着殖民时代走进历史,文化软权力成为当今以美国为首的西方国家推行文化扩张的一种主要方式。各种文化形式都成为其推行软权力的工具和手段,风行一时的关于现代化的"社会科学理论",就是它们证明西方文化特别是美国文化优越论的重要工具。这种理论认为,由于人类社会的发展是单线进化的,西方走过的工业化道路就是人类社会发展的唯一路径。"由于变化的法则和自然的法则在时间和空间上的运作是一致的,所以所有的社会都沿着同一条道路行进。于是不同的社会就分别代表了最发达民族历史以往的各个阶段,或者说甚至代表了整个人类社会或文化以往的各个阶段。向西方式的终点运动不仅是有利的,而且是自然进化过程的结果,而各个社会都以不同的速度经历这个过程。"西方的发达是西方文化孕育的结果,那些"非现代化社会"之所以落后或停滞,是由于其落后或停滞的文化"基因"造成的。"由于美国已经抵达现代性的顶峰,由于欠发达社会注定要沿着同一条道路前行,所以美国的历史就显得格外有用",应当是"现在处在奋斗中国家的楷模"。① 弗兰西斯·福山更认为,人类思想演进的终点和作为人类最后的政府形式,就是西方自由民主制的普遍化。这就是说,移植以美国为代表的西方文化是

———————————

① [美]雷迅马:《作为意识形态的现代化——社会科学与美国对第三世界政策》,牛可译,中央编译出版社2003年版,第102、103页。

"非现代化社会"走向现代化的必由之路。"科学论证"仅仅是西方文化软权力的一种手段,实际上它们几乎把社会生活的一切方面都当做文化扩张的工具,加拿大学者马修·弗雷泽所著《软实力:美国电影、流行乐、电视和快餐的全球统治》一书,书名就充分表明西方文化无所不用其极的扩张策略。

　　当某个文化处于弱势文化地位时,文化自我中心主义往往表现为文化保守主义,拒绝外来文化对它的浸染和影响,甚至拒绝一切文化交往,历史上存在的不同程度的闭关锁国就是这种文化保护措施。中国文化自我中心主义的变化突出地表现了这一特征。近代以前,表现为妄自尊大,非我即夷;到了近代,当世界上出现了更高文明的资本主义文化时,不仅变"夷"无望,且有为"夷"所变之虞,于是,清王朝文化政策由开放走向了封闭,拒绝对外交往,实行极端消极的文化保护主义策略,直至排斥"西洋人"进入中国。康熙初年,西人汤若望等为清王朝制定历法,徽州新安卫官生杨光先主张"宁可使中夏无好历法,不可使中夏有西洋人",因为"有西洋人,吾惧有挥金以收我天下之人心,如厝火于积薪之下,而祸发无日"。① 保守之极,可见一斑。当今在强势文化西方文化极度扩张的条件下,许多民族国家采取的民族文化保护主义的策略和行动就反映了这一特点。当然也不乏采取积极主动措施抵制文化扩张的。20 世纪 80 年代初,法国社会党掌权不久,文化部长朗格就号召世界各国投入反对美国娱乐业的"圣战",谴责美国娱乐业从事的是资本主义活动,是"金融上、文化上的帝国主义,这种帝国主义不再或者很少攫取别人的领土,但却攫取别人的意识、思维方式和生活方式"。②

　　文化自我中心主义观对文化的发展进步是极其有害的,无论是傲慢自大,还是自卑后的关门自闭,都会因交往的缺失而失去接纳新鲜文化因

---

① 参见沈福伟:《中西文化交流史》,上海人民出版社 1985 年版,第 379 页。
② [加]马修·弗雷泽:《软实力:美国电影、流行乐、电视和快餐的全球统治》,刘满贵等译,新华出版社 2005 年版,第 65 页。

子的机会,错过发展的机遇。所谓"康乾盛世"是传统体制内的盛世,是纵向自我历史参照下的盛世,如果放眼西欧正在如火如荼进行着的工业革命、科学革命、技术革命、政治革命和思想革命,那么它在正在形成中的世界新格局中盛世不再的危机正在慢慢逼近。这种关门自美的做法令远在欧洲关注世界大势的马克思也扼腕叹息不已:一个曾经辉煌的大帝国"不顾时势,安于现状,人为地隔绝于世并因此竭力以天朝尽善尽美的幻想自欺。这样一个帝国注定最后要在一场殊死的决斗中被打垮"。① 历史验证了马克思的这一论断。而重要的不是一个帝国的被打垮——它注定是要走进历史的——而是闭关锁国对这个民族和民族文化造成的深远影响,那就是近 3 个世纪的闭关自守把这个有着 5000 年辉煌历史的文明古国"搞得贫穷落后,愚昧无知"。②

　　从文化交往方面看,文化自我中心主义观是文化交往的严重障碍,它往往是比文化差异性更重要的文化冲突的原因。文化差异是客观存在的,文化自我中心主义则是如何看待文化差异的文化观。文化自我中心主义与文化冲突有着正相关关系。文化自我中心主义引起文化冲突,而文化冲突又强化着文化自我中心主义情结。假如民族文化没有自我中心主义特性,那么无论其间的差异多么大,也能够相互尊重,和平共处。正是文化自我中心主义,才导致了文化交往中文化之间的紧张关系。如果说文化扩张主义是文化冲突的原因,那么,文化保守主义则是文化冲突的结果。

四、文化冲突与文化交往的深化和扩展

　　文化之间差异的存在只是文化冲突的潜在条件,文化冲突还要以文化交往为充分条件。没有交往就无所谓冲突。文化差异以及文化自我中

---

① 《马克思恩格斯选集》第 1 卷,人民出版社 1995 年版,第 716 页。
② 《邓小平文选》第三卷,人民出版社 1983 年版,第 90 页。

心主义特性是通过文化交往而显现的。首先,正是在文化交往过程中,才有文化异同的比较,才"造就"出文化自我中心主义情结;其次,只有在文化交往过程中,各民族文化才必须直面相互之间的差异和矛盾,文化之间才可能发生碰撞和矛盾。文化冲突不仅是一种历史文化现象,而且成为实践中一个不能忽视的问题。如同文化交往有一个不断发展、扩大、深化的历史过程一样,文化冲突也是伴随着文化交往的发展而日趋发展起来的。但文化冲突不仅不是文化交往的终结;相反,它是文化交往进一步深化和拓展的条件。

(一)文化冲突与文化交往的结构性深化

上一章我们谈到了任何两个民族文化的交往一般都经历从器物文化到精神文化、再到观念文化的三个发展阶段或过程。这三阶段就是文化交往的深化过程。文化冲突也正在这样一个过程中显现并呈现不同特点。

物质文化交往是文化交往的历史起点和逻辑起点。物质文化交往包括满足基本生存需要的生活资料的交往和生产这些生活资料所需要的生产工具和生产手段,即生产资料的交往。就单纯的物质文化交往而言,一般说来,不同的文化之间不会发生文化冲突,其理由是:第一,物质文化交往是由人类最基本的生存需要推动的,物质生活资料需要的满足和不断提高是人类社会发展的原动力,并且一直是人类社会发展的基本动力,生活资料的先进性直接给人们带来方便与舒适;先进的生产资料会降低人们的劳动强度,提高劳动效率,降低生产成本,提高劳动产品质量,这是无论那个民族都努力追求的。有观点认为,由于现代文明的冲击,爱斯基摩人的传统文化已经岌岌可危,说不清楚持这种观点的人究竟是要为爱斯基摩人保护传统文化,还是为自己保留一道景观,"岌岌可危"纯粹是"观众"的惋惜,因为根本没有外部力量要求或强迫他们接受现代文明,而是他们自己从生活需要出发的主动接受。从人类发展的历史来看,不是人适应或满足文化的需要,而是文化适应和满足人的需要,为文化而文化,就会使文化成为异化于人的东西。倘若要保护爱斯基摩人的传统文化,无疑是要其停留于茹毛饮血状况,它唯一的意义是供生活于现代文明中的人凭吊和观赏,这是所谓"文明人"的要求,而不是爱斯基摩人自己的愿望。第二,与制度文化、精神文化不同,人们当下就能对物质文化的高与下或先进与落后作出直观判断和取舍。仅以生活资料中的衣食住行为例,衣:从披挂树叶、兽皮到丝织品、棉织品,到今天的各种合成面料,具有完全不同的身体保护功能和审美功能;食:从茹毛饮血到今天的集营养与美味于一体的各种佳肴;住:从山洞、树杈到草房瓦房、楼房,从利用自然力到人工的各种取暖降温设备;行:从步行到马车,到越来越方便快捷的自行车、汽车、火车、轮船、飞机,所有这些高与下或先进与落后都是一目了然。所以物质文化方面的先进与落后,恐怕连最极端的守旧者也无法否认,无法抗拒其诱惑力。虽然历史上有拒绝物质文明的现象,比如前文提到的叶德辉拒绝用电灯,大清遗老对铁路的愤慨,完全是属于"醉翁之意不在酒"一类,不用电灯和拒绝铁路不过是为了表明对西方文明的一种拒斥态度而已。

尽管在传统社会,物质文化总是会不同程度地反映着制度文化和观念文化的内涵,如中国传统的服饰文化通过面料、颜色、款式、结构等方面的变化,反映社会的等级关系和伦理要求。但总体上看,物质文化之间的冲突一般都发生在制度文化、观念文化发生接触和交往以后,换句话说,只有当一个民族发现这种外来物质文化与其制度文化、观念文化有着内在关联,发现物质文化的交流会或潜在或现实地影响其社会制度和思想观念的时候,物质文化之间的冲突才有可能发生。现代社会,由于生产工具、生产过程、生产标准的趋同,物质文化与制度文化和观念文化的关系相对而言呈现出不断分离的趋势,至少变得愈来愈松弛、愈来愈间接。不仅如此,在一定条件下,由于物质文化的交往有助于提高人们的物质生活水平,反过来有助于巩固一个社会既有的制度和思想观念,有助于加强一定社会制度和意识形态的合法性,这样一来,物质文化交往时文化冲突中的意义将会逐渐淡化直至逐渐消逝。不过在现代,有些物质产品,如电视机、电影机等，本身就是观念文化的传播工具，尤其是互联网更是会对社会产生广泛影响的新事物，它是各种思想观念交互汇集碰撞的"自由市场"，它冲击人们的既有观念，引发人们对原有思想和认知的反思。说其是新生事物，是因为它的社会意义正在展开之中，人们对它的认识以及它对人们的影响尚在深入过程中，在此意义上讲，它对社会生活更为深远的影响现在还难以预料。

当然上述只是问题的一个方面，由于物质文化交往是文化交往最基本的推动力，虽然单纯的物质文化交往一般不会引发文化冲突，但物质文化交往会通过改变人们的生活方式和生产方式，进而影响制度文化和观念文化，促进制度文化和观念文化的变化，尤其是生产方式是社会发展的根本推动力量，生产方式的革命性变革，会给社会带来包括制度和观念在内的全面深刻的变化，人类已经见证了在科学技术革命和工业化浪潮推动下，人类社会发生的天翻地覆的变化，以及生产方式、生活方式和思维方式的革命性转型。物质文化的变化总是在日积月累地影响着社会生活的方方面面，潜移默化地推动着制度文化和观念文化的变迁。

文化冲突主要发生在制度文化和观念文化两个层次上。按照中国近代的说法，物质文化是文化之"用"，而制度文化和观念文化则是文化之"体"，即为一文化之根本。文化之"体"的消解，即为一文化之消亡。在晚清的中西方文化交往过程中，"体用之争"热闹非凡，在守旧派看来，"中体西用"的让步已经不易，"体"、"用"皆"西"是万万不能的。这典型地反映了制度文化和观念文化在整个文化体系中的地位，反映在文化交往过程中，制度文化和观念文化是文化之间主要的"冲突地带"，是文化冲突的"危险区"。蒋廷黻在总结中国近代以来的现代化努力时说，办洋务的这一辈知识分子，虽然是时代的先觉者，但他们的见识也只能限于器物技能的现代化上，"他们对于西洋的机械是十分佩服的，十分努力要接受的，他们对于西洋的科学也相当尊重，并且知道科学是机械的基础。但是他们毫无科学机械的常识，此处更不必说了。他们觉得中国的政治制度及立国精神是至善至美、无须学西洋的。事实上他们的建设事业就遭到了旧的制度和旧的精神的阻碍。"①实际上不是不需学,而是拒绝学。

　　制度文化,从文化结构上看,是介于物质文化和观念文化之间的一个文化层次。它以物质文化为基础,是在人们创造物质文化的过程中形成的人与人之间的交往关系,同时也是由于满足人的更深层次的交往需求而产生的合理地处理个人与个人之间、个人与群体之间的交往关系;从观念文化来看,就制度文化是在一定的观念文化指导下的"设计"而言,可以把制度文化看做是观念文化的"外化",是观念文化的实践,同时也是观念文化的客观社会基础。制度文化不仅是政治制度、法律制度、教育制度、公共管理制度、婚姻家庭制度甚至企业制度,还包括礼仪、禁忌、仪式、风俗、习俗等这些具有制度意义和功能的非制度化的制度。所以制度文化本质上是具体化、实践化的观念文化,它充分表达着一个文化的世界观、价值观、人生观、伦理观和思维方式。中国传统文化是以群体为中心的文化模式(也是当今东亚的文化模式)。在这个文化模式中,家族、国家和社会是高于个人的,强调个人之于国家和社会的从属关系,因此其制度的"设计"就体现着这一文化要求。同样,西方资本主义社会是以个人主义为取向的社会,其社会制度一开始就强调个人权利的优先地位,明确国家与个人是契约关系。在这个意义上,制度文化之间的冲突就是观念文化的冲突,直接地说,就是文化冲突。以美国为首的西方国家之所以在世界上到处树敌,其中一个重要的原因就是他们到处推行西方文化模式中制度文化的恶果。而亨廷顿所说的西方文化普世化的失败,就是这种文化冲突的必然结局。

　　观念文化是一个文化的核心层。观念文化是一个文化的基本价值之所在,是统率一个文化的内在精神。如果说,在各民族之间的文化交往中,物质文化可以相互借用、相互交换,制度文化可以相互采纳、相互模仿,那么,观念文化在交往过程中的相互影响之阻力是最大的。用汤因比先生的话说就是观念文化的抗拒最烈,相互穿越力最弱。在阿拉伯世界,

---

　　①　蒋廷黻:《中国近代史》,香港上海印书馆 1973 年版,第 62—63 页。

不同程度地有了现代化生产,部分地采用了民主制度,但阿拉伯世界中的伊斯兰文化与其他文化仍然界限分明。散布世界各地的犹太人虽历经几千年颠沛流离,但犹太文化依然铭刻于心,以色列建国后的文化引力成为吸引千年游子回归故里的强大磁场。散居于世界各地的华人,历经数代延续,许多方面已经融入当地文化,但外邦的风雨仍然洗不去祖先烙下的"中国印"。观念文化的"刚性"特征,决定了当交往深化到观念层面时,文化冲突就容易产生。但是,观念文化是不可能外在于文化交往过程的。物质文化的交往,如我们前文所说,会带来生活方式和生存方式的变化,促使制度文化的变化,而这些变化,必然要求观念文化作出相应的变化,否则就会在一个文化内部出现"文化脱序"或"文化失调"现象,从而引起社会秩序的失序,只是观念文化本身的地位和特性决定了这种变化绝不是轻而易举的,必然要经历一个相互冲突的过程。

(二)文化冲突与文化交往的普遍化

文化冲突一方面因日益深化而突出,另一方面也因为交往空间的扩大而加剧。实际上,从文化交往的结构性过程说明文化冲突仅对早期人类各民族文化交往有意义,就现代文化交往情形而言,这样的分析无疑是一种抽象,因为现代文化之间已经进入了普遍性交往时代,任何两个民族文化的交往关系都不能等同于人类各民族文化的普遍交往关系。任何两个民族文化的交往可以是一种渐次的交往,而人类文化的普遍交往则有着完全不同的意义,特别是自世界历史开拓以来,人类各民族文化的交往条件和交往环境发生了巨大的变化,形成了完全不同的文化交往景象。所谓普遍交往有两个意思:一是文化要素的普遍交往不像过去那样呈现一个界限分明的渐次展开过程,而是整体相向,全面接触;二是各民族之间的普遍交往,交往不再像过去那样限于相邻民族,不再受交通的阻隔,没有可保持的距离,而是所有民族或主动或被动进入世界性交往大舞台,任何一个民族在是否交往和交往对象方面没有选择的余地。毫无疑问,普遍交往条件下的文化冲突要比单个或少数几个民族文化之间交往复杂得多。

历史上,在文化交往的舞台上,各文化出场次序的不同和交往角色的差异,使伴随交往而出现的冲突表现出错综复杂的状态。欧亚大陆各文化之间交往早、历史长,文化之间互动关系发生也就早,而美洲玛雅文化、阿兹特克文化和印加文化直到15—16世纪才与欧亚大陆文化发生接触。澳大利亚是世界上最与世隔绝的大陆,其与世隔绝的程度比南美洲南端和非洲南端的与世隔绝更加严重,直到18世纪后期,首批英国人的到来,才使当地第一次接触到外面的文化。在欧亚大陆内部,以中东为中心的各文化之间的交往互动频繁,在这块土地上,古埃及文化、古巴比伦文化、古波斯文化、古希腊文化、希腊化文化、古罗马文化、拜占廷文化、古印度文化等等先后在此汇集,犹太教、基督教和伊斯兰教在此诞生。各大帝国的征战征服活动无不伴随着文化的冲突。阿拉伯—伊斯兰文化(伊斯兰教)与西方文化(基督教)之间冲突的历史可以追溯到1300年以前的6世纪。中国文化自西汉时期即与西方有了交往,但由于这种交往一直停留于表层上,没有发生真正的文化冲突,中西方文化真正冲突的发生是在基督教传入中国之后,而在中国近代历史开辟之后全面展开。中国文化与印度文化冲突早在东汉以佛教为代表的印度文化传入中国时就发生了。文化交往的起始与历时之于文化冲突的意义在于,一般地说,文化相互交往历史越长,相互之间发生冲突也就越早,但随着交往历史的发展,相互冲突的可能和冲突的程度也就逐渐降低。文化亲缘关系实际上有两种情况,一种是同一文化分蘖出来形成的母文化与子文化的亲缘关系,另一种就是长期交往相互涵化产生的亲缘关系,相对而言,具有亲缘关系的文化之间产生冲突的可能就小。由于地缘关系,欧洲各国文化接触时间早、历史长,交往频度和深度都非其他大陆文化之间可比,因此相互之间文化冲突可能小。塞缪尔·亨廷顿认为,是因为欧洲大陆国家都实行民主制度的缘故,实际上它们除了有同样的文化源流外,更多的是相互交往涵化产生的亲缘关系,民主只不过是其中作为结果的文化要素之一。当然这种亲缘关系不是一成不变的,而是随着历史发展和文化主体的选择而变化的,从而文化冲突的方向也是变化的。日本文化与中国文化有着直接的血缘关系,但在明治维新后,日本"脱亚入欧",从而使这个东方民族与西方文化之间产生了更加"亲密"的关系,拉大了与中国文化的距离,这就使得日本文化与曾经有恩泽之惠于它的中国文化冲突的可能性反而大于它与西方文化之间。

历史发展到 17 世纪后,随着资产阶级政治革命、科学革命和工业革命等一系列革命性变革的实施,文化交往的性质和范围也发生了颠覆性变化,就交往范围看,相临民族之间文化交往和地域性文化交往被全球性交往代替;就交往之文化性质看,多种性质文化交往被一种文化(资产主义性质文化)与多文化交往所替代——数百年间资本主义文化在全球横冲直撞;就交往本身性质看,对于大多数非西方民族来说,主动交往为被动交往所取代。在这之前,除了民族迁徙、征服活动、帝国的建立等形式形成的强制性交往外,各民族文化之间的交往基本上是民族之间主动的交往,这种交往随着民族文化之间对交往的需要而进行,或者能够通过回避交往避免文化冲突,因而文化冲突发生的几率小、程度相对要弱。工业革命以后,由于资产阶级把"一切民族甚至最野蛮的民族都卷到文明中来了",以至于"过去那种地方的和民族的自给自足和闭关自守状态,被各民族的各方面的互相往来和各方面的互相依赖所代替了",每个民族的文化都处于全面的交往关系之中,而且每个民族文化的每个层面都处于全面交往之中,形成了世界文化的多方位、立体式的网络式交往关系。另一方面,由于文化发展的不平衡,或曰文化之间的时代性差异,在交往过程中形成了强势文化和弱势文化的不平等交往。这特别表现为一个民族被"强行"卷入全面交往之中,不仅面临着多重性质文化的影响,而且面临着不同时代特性的文化冲击。当西方国家推行工业化时,非西方民族尚处于封建时代甚至奴隶社会;当西方发达国家已经走入后现代时,许多国家和民族还处在努力实现现代化的过程中,更有诸多国家和民族现代化进程刚刚起步或尚未起步,如此历时代的交往汇集成同时代的交响,把渐次展开的过程变成必须同时应对的四面冲击局面,比如许多民族尚未走出前工业化时期的文化阴影,正遭受现代性文化的冲击,后现代文化又接踵而至。这种多重交错的交往环境,使许多文化经受着被撕裂的痛楚,也必然使文化冲突空前凸显出来。这就是我们前面所说的文化交往悖论——文化交往愈发展,文化之间的交往却变得愈困难,文化冲突愈来愈频繁,冲突的程度也愈来愈严重——产生的重要原因之一。

工业革命在世界范围内产生的影响不同于历史上任何一次区域性活动。工业化具有强烈的扩张性,要求以世界市场作为自己的活动舞台。"大工业便把世界各国人民互相联系起来,把所有地方性的小市场联合成为一个世界市场,到处为文明和进步做好了准备,使各文明国家里发生的一切必然影响到其余各国。"①"单是大工业建立世界市场这一点,就把全球各国人民,尤其是各文明国家的人民,彼此紧紧地联系起来,以致每一国家的人民都受到另一国家发生的事情的影响。"②"随着贸易自由的实现和世界市场的建立,随着工业生产以及与之相适应的生活条件的趋于一致,各国人民之间的民族分隔和对立日益消失。"③世界市场的形成,把全球处于不同发展阶段的各民族都摆在了同一个活动平台上,一方面,"资本按照自己的这种趋势,既要克服民族界限和民族偏见,又要克服把自然神化的现象,克服流传下来的、在一定界限内闭关自守地满足于现有需要和重复旧生活方式的状况"④;另一方面,许多民族国家是被"强行"纳入工业化进程的,是在毫无历史准备的情况被抛入全面交往之中的,文化发展程度相对较低,各个方面的准备都显得不足,其文化必然受到强烈的挑战和冲击。文化的民族性差异和时代性差异相互交织在一起,既构成了交往之网,也构成了冲突之网。

如果说马克思当年说的世界性普遍交往和普遍联系还只是普遍交往的初级阶段的话,那么,20 世纪中叶以后这种普遍性的交往和联系则是

---

① 《马克思恩格斯选集》第 1 卷,人民出版社 1995 年版,第 234 页。
② 《马克思恩格斯选集》第 1 卷,人民出版社 1995 年版,第 241 页。
③ 《列宁全集》第 23 卷,人民出版社 1990 年版,第 332 页。
④ 《马克思恩格斯全集》第 46 卷,人民出版社 1995 年版,第 393 页。

切切实实变成了现实。全球化进程日益推进,文化交往关系更加紧密。全球化的本质就是人类的生产活动和生活活动的全球性联系和互动,作为不同民族的共同活动的联系纽带和条件,文化的统一性要求程度加大了,从而使各民族文化之间的摩擦、碰撞和冲突空前凸显出来。全球化之于民族文化的一个重要结果就是每个民族都来不及品味、认识、理解相互之间的异同,无法选择交往的对象和交往的性质,不能控制交往的范围和程度,而被"抛入"全面的交往之中,这也必然使文化冲突在各种层次和不同程度上全面发生,本来仅仅属于民族国家内部的事现在已经不再"内部",而是成了文化冲突的原因。比如,人权与主权问题,以美国为首的西方国家一直以人权问题责难包括中国在内的发展中国家,无视别国的历史和现实国情,片面强调人权高于主权,插手别国内部事务;而第三世界民族国家则有不同的人权观和主权观,认为人权是具体的,主权高于人权,主权的完整是人权保障的前提。以美国为首的西方国家对其他国家和民族的粗暴干涉,固然是从自身利益出发的,但也不能完全否认这与西方文化有关。再比如,"全球性问题"是世界上任何一个民族和国家都无法回避并且是亟待解决的问题,同时这些问题的全球性性质本身决定了需要各个方面的共同努力,任何局部的努力都无济于事,但恰恰就是这种整体性要求与各种各样的地方性诉求之间存在着矛盾和冲突,因为不同文化对这些问题的认识和理解不同,因而对解决问题的方式、方法自然也有不同的观点。求同存异是人类惯常的有效的处理矛盾和分歧的方法,但在全球化普遍交往条件下,"求同"艰难,"存异"亦不易。

从世界历史的开辟到今天的全球化,在交往方式上的一个重大变化就是跨民族活动在文化交往中越来越占据主导地位。这就是随着各民族实践活动领域的扩大,在民族之间的相互交往过程中,出现了民族实践活动的相互交叉和重叠,形成了不同民族主体共同进行的实践活动。历史上跨民族活动交往曾经有过多种形式:古代的民族迁移;民族的扩张活动(历史上的大帝国建立、宗教扩张活动、15—16 世纪以后的西欧海外扩张和殖民活动);区域之间的协作等等,内容上也涉及政治、军事、文化等方方面面,但今天看来,那仍然是区域性交往,而不是全球性普遍交往。活动交往是最高形式,也是最具革命性意义的交往形式。一定意义上,文化产品交往——无论是物质产品还是精神产品——都是文化的间接交往,而活动交往是文化的直接交往。这是因为,一方面,人是最直接的文化载体;另一方面,实践活动是有意识的活动,任何指向共同对象的对象性活动都必须在一定层面的共同认同的世界观、价值观和思维方式一致的条件下才有可能。如果我们把世界观、价值观和思维方式看做这种实践的"语言",那么,跨民族的共同实践活动需要共同的"实践语言",没有"共同语言"的共同实践活动是不可能的。而跨民族活动的参与者恰恰是来自于不同的文化、携带着不同的文化"基因"、"讲"着不同"文化语言"的主体。恰如当年秦始皇"横扫六合"统一了中国,但表面上统一的国家里面却是"言语不通"、规则异样:"田畴异亩,车涂异轨,律令异法,衣冠异制,言语异声,文字异形",这些"语言障碍"严重影响着帝国实现实质性统一。在阿拉伯帝国扩张过程中,出于维护统治和保持各地之间联系交流的需要,即在帝国内部推行了伊斯兰化和阿拉伯化。所谓伊斯兰化就是让各地居民改信伊斯兰教,伊斯兰化运动大约历经 4 个世纪在 12 世纪完成。所谓阿拉伯化就是使阿拉伯语成为各地的官方语言和日常生活用语。阿拉伯帝国建立之初,各被征服地仍然在使用本地语言。在埃及,官方语言是希腊语,日常生活语言是当地的土著语言科普特语;在叙利亚,官方语言是希腊语,日常生活语言是古叙利亚语,即阿拉马方言;在伊拉克及其东部各省区,官方语言是古波斯语,即帕莱威语,日常生活语言为阿拉马语;在北非的马格里布地区,官方语言和日常生活语言分别是希腊语和当地的柏柏尔语、布匿语;在西班牙,官方语言和日常生活语言分别是拉丁语和罗曼方言。语言的阻隔严重影响着帝国内部各项活动的开展。所以,一方面是跨民族实践活动对"共同语言"的要求,另一方面是讲着不同"文化语言"、操着不同"方言"、带着不同"乡音"的活动主体,这对矛盾就是文化普遍交往过程中文化冲突的根源。当今世界的许多冲突,特别是许多针对人类面临问题制定的活动规则脆弱的约束力,以及尽管经过马拉松式会议讨论结果却是协议的最终流产,都是这种"文化语言"冲突的典型表现。当然,从长远的过程看,矛盾产生于共同实践的要求,也将在共同实践中获得解决。在秦帝国,正是统一实践活动对"共同语言"的需要,推动了"一法度衡石丈尺,车同轨,书同文,行同伦"的实现。而在阿拉伯帝国,统治者从7世纪末开始推行阿拉伯化,规定阿拉伯语为官方语言。官方语言和宗教语言的阿拉伯化在10世纪初完成,日常生活语言的阿拉伯化直到12世纪基本实现。阿拉伯化的成功,说明文化交往和融合是实践活动需要的结果,显示了实践活动对文化交往和融合的巨大推动力;而长达几个世纪的努力又说明这种融合过程的艰难,其间无疑是经过了一系列摩擦和冲突的。实际上12世纪以后,一些地方仍然没有接受或没有完全接受阿拉伯语。区域内普遍交往虽然不可与全球性普遍交往同日而语,但仍然有着历史的参照意义。

五、文化冲突是深化文化交往的必要环节

辩证法的机巧在于,虽然文化冲突是文化交往不断深化的结果,但文化冲突却不是文化交往的终结。文化冲突不仅不会终结文化交往,相反它是文化交往进一步深化的必要环节。文化冲突并非是外在于文化交往的现象,它本身就是文化交往的一个环节、一个过程,或者说,就是文化交往的一种形式。如同任何事物都有辩证的两个方面一样,文化冲突当然有它消极的方面,但也有它积极的意义,这就是文化冲突为各民族文化之间的相互认识、相互理解和相互沟通提供和创造了条件,为各民族文化克服自身的片面性和狭隘性提供了历史和现实的语境。文化冲突是文化交往走向进一步深化的必要环节。

(一)文化冲突自我否定的辩证法

首先,文化冲突不仅不是文化交往的阻隔,而是文化交往进一步深化发展的环节。我们之所以说文化冲突是文化交往发展到一定程度而又交

往不足的产物,是因为文化冲突是文化之间由于交往有了一定的相互了解而缺乏深入理解和沟通的产物,进一步加强相互沟通和了解是推动文化交往进一步发展的必由之路。由于对实践智慧的需要,文化主体必然认识到,加强而不是回避各种文化彼此之间的交往,是促进文化交往顺利进行,以在更深的层次上进行智慧交换的必然要求。所以文化交往不会因为文化冲突而停止它的脚步,也正是在这个意义上,我们说文化冲突既是文化交往的结果,又是文化交往进一步深化的前提。

文化冲突发生的一个重要的原因是各民族文化相互之间缺乏深入的认识、理解和沟通而形成的文化宽容精神的缺失。一个民族眼中的其他民族文化形象总是依据自己的文化立场、观点特别是价值观念而建构的,这种其他民族文化形象建构的客观性程度决定于两个文化的交往程度以及通过交往达到的相互之间的认识程度。这本身就决定了文化之间的相互认识需要一个不断深入的过程。当两个文化的相互认识停留于表面时,文化之间的差异往往容易被夸大,甚至被看成是相互对立、相互否定、水火不容的两极。实际上,人类各民族文化的相通性,不仅仅在于它们都是人类实践的智慧,在文化的内容和特质方面也是相通的,因为人类发展的目标或者卡西尔所说的"基本任务"是一致的。交往不深入,使人们不能够深刻地认识到各种文化之间种种内在特质的相通性。文化冲突过程实际上是各民族文化之间——世界观、价值观、思维方式等文化特质的相互展示过程,是文化核心层面的显现和直接面对与交往。通过这种碰撞和冲突,相互交往的民族才能深入了解到各自文化的真实异同,认识到各自的优越方面和不足方面,从而改变从自己文化立场出发的异文化形象。所以文化冲突既是对他民族文化认识的过程,也是文化的自我认识过程。中西方文化交往最能说明这一点。

近代以来,中国人眼中的西方文化,只不过在一些"奇技淫巧"方面胜于我们,而在人文精神方面我们却要高出一筹。直到新文化运动时,中西方文化通过激烈冲突,两种文化都摊开来较量,国人才发现民主精神是人文精神的重要内容,而这恰恰是我们所缺乏的;国人才认识到西方文化中的"人本主义"与我们传统中的"民本主义"之不同;国人认识到"社会契约论"与"君权神授"之高下。"科玄论战"实际上就是中西方文化的冲突,通过这种冲突,人们开始认识到,把"科"、"玄"对立起来并看做是中西方文化的分野至少是片面的,没有看到"科"中有"玄"。"全盘西化"固然不能被接受,"中体西用"的保守方案至少在思想上打开了文化交往之门。在西方人眼里,如前所述,文艺复兴时代的中国是一片繁荣发达的景象;到了启蒙时期,更是掀起了"中国文化热"。19世纪之后西方社会获得了迅速的发展,原来那种令人仰慕的中国文化形象在西方人眼中暗淡下去了,此时的中国是经济贫困、政治腐败、道德堕落;是"瓜皮小帽、旗袍、水烟袋以及两千年来的专制政体加几百年的缠足习俗"。经过近百年的交往、碰撞和冲突,不仅中国人眼中的西方已大为改观,并痛感自己的落后;西方人眼中的中国文化也不是如他们想象的那样原始,更有一些有识之士在无奈于"西方的没落"的同时,看到了中国文化内涵的世界未来价值。

表面上看,马克思主义的共产主义理想与中国传统文化所理想的"大同社会"有相通和契合之处;但在实践上,马克思主义及其所设计的社会蓝图、社会道路在总体上与中国传统文化理想是完全不同的,它是建立在对人类社会发展规律科学地把握的基础上的,依照马克思主义指示的道路就意味着对中国传统文化某些要素的否定。中国人最后之所以在各种思潮中选择了马克思主义,就是因为通过相互冲突,认识到了只有马克思主义才能指导中国走向新生。传统中国文化与马克思主义差异之大以及冲突之烈,从传播马克思主义的先驱们和马克思主义实践者们历尽艰难困苦甚至为之献身始获成功,即可获得经验的认知。冲突之后才有比较,才有更深的认识,才能促进进一步交往。马克思主义并非是对中国传统文化的彻底否定,更确切地说是在新的基础上实现了进一步的交往和融合,所谓马克思主义与中国实际相结合之"实际"就包含着中国文化的实际。

一些西方人曾认为,伊斯兰社会的"宗教价值、道德理想和社会结构至少同工业主义的价值和实践相异化,有时还相敌对",因此,"穆斯林只有一个选择,因为现代化要求西方化……伊斯兰教没有提供可供选择的实现现代化的方法……所以必须学习承认西方文明的主导地位以便能够学习它。欧洲语言和西方教育体制是不可避免的,即使后者鼓励自由地思考和随意地生活。只有当穆斯林明确地接受西方模式时,他们才可能实现技术化,而后才可能发展"[1]。这种看法并不代表西方普遍的伊斯兰文化观。另有一些人认为:"伊斯兰的高级文化形式带有若干个特征:一神论、规则伦理、个人主义、经文至上、宗教与道德的清纯和排斥调和与等级的平等主义倾向,以及少量巫术。这些特征大概与现代性或现代化要求并行不悖。"[2]这种认识的转变无疑是在长期的文化冲突过程中获得的。

文化冲突不仅通过冲突加深了文化相互之间的认识,促使了文化相互之间的理解,即所谓"不打不成交",而且正是冲突提出了进一步加强和深化对异文化认识的要求。文化人类学作为以异民族文化为对象的一门学科在西方的率先兴起,正是西方殖民者扩张过程中为了尽可能减少或降低与殖民地的民族文化冲突的需要推动的。当今世界范围内的异民族"文化热",也是由于文化交往的日益深化,文化冲突的频仍,各民族出于降低文化交往"成本"的实践需要的产物。

其次,文化冲突将达到对文化自我中心主义的解构。文化自我中心主义情结是引发文化冲突的重要原因之一,但也恰恰是文化冲突将弱化或消除文化自我中心主义情结。诚如马克思指出的:异化和异化的扬弃走的是同一条道路。前文已经指出,引发很多文化冲突的并不是因为文化之间存在着真实的或不可逾越的差异,而是文化之间各自奉行的文化自我中心主义观念。正是这种观念使一些民族在文化交往过程中,往往

---

① 转引自塞缪尔·亨廷顿:《文明的冲突与世界秩序的重建》,周琪等译,新华出版社2002年版,第65页。

② 转引自塞缪尔·亨廷顿:《文明的冲突与世界秩序的重建》,周琪等译,新华出版社2002年版,第65页。

会夸大民族文化的互不相容性,从而在交往实践中采取互不宽容的态度,甚至挤压他民族文化的生存空间,引发各种各样的文化冲突。然而,恰恰又是文化冲突能够达到对文化自我中心主义的解构。正如战争教会人们珍视和平一样,文化冲突让人们学会文化宽容,学会文化之间的相互尊重,平等交流。

如果说文化自我中心主义解构的前提是狭隘世界观的消除,那么,世界性普遍联系的形成就为这种狭隘世界观的解构提供了历史条件。世界性普遍联系产生了文化之间的普遍冲突,说明这种世界性普遍联系正在形成深化过程之中。文化冲突使各民族认识到,任何一个民族文化既不是唯一的,也不可能是普世的;任何民族文化都是在一定的时间、空间中发展起来的,都有它的民族的、地域的、历史的局限性。作为人类创造的一部分,作为人类智慧,任何民族文化都具有它世界性因素和民族性因素。更重要的是,世界性的联系,世界性的实践活动,为解构和消解形形色色的民族文化自我中心主义论提供了时代语境。任何形式的民族文化中心主义都是与全球化时代的全球整体化历史发展趋势的文化发展格局相悖的。全球化的历史进程,各民族之间包括文化在内的利益相关性,客观上要求各民族超越狭隘的、民族的、地域的立场,放弃文化自我中心主义的偏执,以宽容的心态对待其他民族文化,客观公正地评判各民族文化价值及其相互之间的关系,以正确的态度对待文化交往和文化之间的差异。

总之,文化冲突是实现文化之间的相互认识、理解和沟通的过程,同时是各民族文化的宽容精神的培育过程。文化的狭隘性作为文化交往不足的产物,只能在文化交往中得以克服。

(二)文化冲突与文化交往关系对象化实践

在前言中我们提到,文化交往问题不仅为众多思想家所关注,亦被众多学科领域所涉猎,可以这样说,对文化交往现象本身的研究已经构成一种文化或文化历史现象,这也为文中引用的大量前人时贤的论述所印证。

文化交往成为认识和研究的对象,与其说是出于对文化交往现象本身的兴趣,毋宁说是文化冲突引发了人们对文化交往的关注。所谓文化交往关系的对象化,就是把文化交往本身作为对象来认识,特别是认识、了解文化冲突的原因和规律,探索消除或化解文化冲突对文化交往的影响。文化冲突的对象化,是文化交往从自发走向自觉的深刻表现。作为一种民族智慧的交换,文化交往是实践活动的需要,文化交往的动力或推动者是实践而不是文化自身,正是实践活动的需要,人类才把文化冲突作为一个现象来研究,在文化交往的进程中才克服了一个又一个障碍,使文化交往不断深入地持续下去。历史地看来,文化交往总是伴随着文化冲突,只是在不同的发展阶段、不同文化之间冲突的程度不同而已。但是文化交往并没有因为冲突而中断,而是在摩擦、碰撞和冲突中不断地发展,从单个民族文化之间的相互交往,到区域文化之间的多重交往,再到今天全球范围内的普遍交往。伊斯兰文化与西方文化有着1300余年的冲突历史,并没有使伊斯兰文化或西方文化自我封闭起来,回避或拒绝与对方的交往;相反,这种交往连绵不断,并且交往越来越全面,越来越深入。人类文化交往的历史表明,与其说文化冲突是文化交往的障碍,毋宁说文化交往通过文化冲突为自己开辟道路。

当今文化冲突空前凸显,文化之间的关系空前紧张,但实践对文化交往的需要也空前突出,非克服文化交往的障碍,将严重影响各民族的发展、人类社会的进步,人类面临的许多共同的问题将不能解决。人类创造了文化,但绝不会让文化异化成为人类自己前进发展的障碍。人类实践对文化交往的需要,必将使人类认真审慎地对待文化交往和文化冲突,寻找解决冲突的途径。加强文化的深度交往无疑是克服交往障碍的根本路径,于是种种谋求克服文化冲突的途径被付诸实践,其中"文化对话"无疑又是各种举措中最有深度的文化沟通方式之一。

文化对话的被倡导和付诸实践,表明人类已经把文化交往关系对象化,建立起了对交往关系的对象性关系。自从有文化交往特别有文化摩擦和冲突以来,人类就一直在寻求建立更为合理有效、能够促进文化交往进一步发展的交往关系和交往形式。历史上,交往形式的革命,交往方式的变革,都是这一探索的结果。在交往关系方面,对战争、殖民主义活动等交往方式的唾弃,对文化霸权主义、文化帝国主义的拒绝,对建立在公正、公平、平等交往关系基础上的文化交流、文化对话的倡导和追求,都是交往关系对象化的产物。如,1983 年,在蒙特利尔举行的世界哲学大会上,把"哲学与文化"作为主题;联合国接受伊朗总统建议,确定 2001 年为"文明对话年"。再如,中国与许多国家之间在对方举办"文化年"活动;近年来在世界许多国家设立"孔子学院",既是传播中国传统文化,更是为了加强世界其他民族对中国文化的理解和认识,消除各种误解和别有用心宣传的影响;中国组织西藏文化专家到世界各地进行座谈和交流,增进世界对西藏文化的了解,特别是对中国政府对发展西藏和保护西藏文化方面的种种努力,克服一些国家因为缺乏了解而产生的误解和偏见。联合国教科文组织通过了一系列旨在促进文化公平公正交流的宣言和原则,强调:"文化是对话,是交流思想和经验,是对其他价值观念和传统的鉴赏;文化将在孤立中死亡"。"不向世界开放,不经常与其他文化联系,就不可能有积极的或产生好结果的认同感。""文化合作……是加强社会之间相互容忍和理解并最终确保世界和平的理想工具。"①当代著名哲学家哈贝马斯呼吁:"不同的文化类型应当超越各自传统和生活形式的基本价值的局限,作为平等的对话伙伴相互尊重,并在一种和谐友好的气氛中消除误解,摒弃成见,以便共同探讨对于人类和世界的未来有关的重大问题,寻找解决问题的途径。这应当作为国际交往的伦理原则得到普遍遵守。"②确保没有偏见的文化交流,促进没有担心的文化对话,消除文化交往过程中的文化焦虑,使文化成为世界在多样性中统一的相互理解的纽带,正是这种种努力之宗旨。

---

① 转引自［美］欧文拉兹格:《多种文化的星球》,戴侃等译,社会科学文献出版社 2001 年版,第 205 页。

② 转引自《国际文化思潮评论》,中国社会科学出版社 1999 年版,第 240 页。

　　再进一步地说，与其说是文化冲突才使人们严肃地审视不同文化之间的交往关系，毋宁说是对文化交往的需要才使人们认真地对待文化冲突。文化冲突是文化交往过程中产生的问题，没有交往就无所谓冲突，文化冲突也只能在文化交往的深化过程中不断获得解决。当然文化冲突的消除将是一个艰难漫长的过程，但文化交往不会因之而停止其脚步。人类文化交往的历史已经而且正在证明着这一点。

第五章　文化交往与文化融合

尽管文化交往过程中文化冲突不可避免,有时甚至非常剧烈,但文化交往的总趋势是走向文化融合。文化交往的历史也就是各民族文化不断融合的历史。当今人类历史进程中的最重大变革是全球化进程的日益加速,全球化意味着世界各民族关系的日益密切和文化交往的更加普遍。文化的普遍交往必然带来文化的全方位融合,因为民族的普遍交往是人类实践推动的结果,实践活动的融合既是文化融合的基础,又以文化融合为前提和条件。

一、文化融合是文化交往的必然趋势

"当今世界文化的发展需要文化的多元化,需要保护不同的文化群落和文化生态;因为只有不同文化的互识、互补、互证,才能促进人类文化的发展,这已为历史所证明。然而,在经济体制和科学技术不可避免地实现全球化的进程中,各民族文化是否也会趋同? 文化多元是可能的吗?另一方面,文化多元会不会导致封闭落后的文化部落主义? 在多元文化并存的局面下,如何尊重他种文化的基本理念? 是否需要建构共同认可的最低行为准则? 如何形成这些准则,又如何避免这些准则成为强加于人的文化霸权? 这些问题无论对于东方还是西方都十分重要,已经引起许多人的关注和思考。"这段文字摘自由中方主编乐黛云先生和代表西方的法国主编阿兰·李比雄先生共同执笔的《跨文化对话》第二辑(本辑可视为讨论全球化与文化问题的专辑)的卷首语。关于全球化进程中世界文化的走向问题一度成为学界热门话题,尤其是 20 世纪 90 年代讨论得最为热烈。在这场讨论中,《跨文化对话》邀请了中国和西方著名学人发表了来自不同文化视野、触及层次深入的观点。尽管没有结论——也不可能有,因为只有客观的历史进程才能权威地告诉我们结论是什么——但对于拓展和深化人们对问题的认识可谓功不可没。中西方文化的对谈实际上是隐藏着某种隐语的,即面对如同全球化一样高歌猛进的西方文化的四面出击,中国文化被挤压得难以喘息和十分焦虑。毫无疑问,在全球化迅猛推进情况下的文化"较量"中,中国文化具有典型性意义,因为她有着5000年辉煌的历史,为世界文化格局中最为厚重的一极,如果中国文化未来尚且堪忧,遑论其他文化群落? 全球化确为人类文化所遭遇的亘古未有的"大变局"。在全球化洪流汹涌澎湃的呼啸声中,发源于不同山脉有着相对独立流域的河流,海纳百川地被汇入同一河道,纳入了同一流向,那么,多姿多彩的人类文化的未来走向是否如生产、科学技术和金融一样走向一体化,变成单质的水流? 诸多论者认为文化不同于生产、科技和金融,仍然会保持多元化态势,论者甚至从生物多样性构成生物世界的丰富性来说明文化融合之不可能。很显然,这里涉及什么是文化的融合,文化融合是否就是对文化多元的消解等学理问题。但用生物多样性来说明文化发展趋势,与其说是科学规律的证明,毋宁说是美好的愿望,且不说文化发展规律是否等同于生物学规律,而是因为言者所说均为"应当",而非"必然"。实际上人类文化交往产生的文化融合现象早已经是感性的经验事实,文化正在不断冲突中走着一条融合的历史道路。一方面,我们看到的文化实际上都是多文化融合的结果,尽管我们不能也不可能细数各文化融合的具体历程,但可以肯定的是,世界上并不存在从萌发开始一直保持着自身,既未为他文化影响也未影响过他文化的"纯正"文化,因为"文化全球化有着极其悠久的历史,这是毋庸置疑的……在相当长的时期内,人口、实物和思想一直在全世界不断流动和循环"。①

---

① ［英］戴维·赫尔德等:《全球大变革——全球化时代的政治、经济与文化》,杨雪冬等译,社会科学文献出版社2001年版,第463页。

另一方面,由于交往,人类各民族相互联系的实践,无论在广度还是在深度上都是一个不断拓展和深化的历史过程,这种联系和合作无疑是建立在一定程度的文化融合基础之上的,并且这种文化融合已经成为各民族文化进一步交往的条件。换句话说,各民族之间越来越广泛且不断地加强着的相互联系、相互合作之所以成为可能,就在于他们的文化实现了不同程度的融合。文化发展史上的"文化区"或"文化圈",就是文化因交往而融合的产物。

(一)文化交往与文化融合

在全球化条件下,文化是保持多元还是相互融合的争论涉及一个重要的概念,这就是何为"文化融合"。文化融合,在文化人类学中有着特定的含义,它是指两个不同文化系统的特质融合在一个模式中,成为不同于原来的两个文化的第三种文化系统。在这个新文化系统中,先前的两个系统已不存在,但可以从这个新的系统中看到它源于前两个系统。这个新系统既是一个融合系统,又是一个新的文化体。在马克思主义文献中,民族融合既是指历史上民族之间长期相互交流影响,形成一个新的族体;又是指当人类社会发展到共产主义社会之后,各民族的民族特征和民族差别逐渐消失,形成一个没有民族界限的人类整体。恩格斯就曾指出,英吉利民族就是由德意志人和罗马人融合构成的,其形成的时候正值这两个民族刚开始彼此分离,刚刚开始向对立的两极发展。德意志因素和罗马因素并立地发展,最后形成一种具有不调和的两极民族特性。西欧的法兰西人、意大利人等都是不同的族体融合而成的。[①] 中华民族就是一个多民族融合而成的民族大家庭,而其中的许多民族特别是汉族又是民族融合体。民族与文化的一体性,民族融合也就是文化的融合;反过来,文化融合也就是民族的融合。无论是民族还是文化的融合都是民族或文化的个体特性的消失。

---

① 参见《马克思恩格斯选集》第1卷,人民出版社1995年版,第19页。

不难看出,文化人类学和马克思主义文献的"融合"范畴指的是作为结果的融合。我们这里所言的文化融合当然包含这一含义,但主要不是指这种融合现象。文化完全融合形成一个新的文化体,就意味着原文化主体民族的消失,即唯有两个民族合二为一体,文化才能完全融合成为一个新文化体,这种情况历史上固然不乏其例,但相对于文化交往的总体情况而言不具有规律性意义。至于共产主义实现以后的文化融合是遥远的未来,对其融合情形的揣测亦不具有实际意义。我们所论文化融合现象主要是指,第一,在文化发展历史上,由于交往,文化之间相互影响,相互汲取,形成你中有我,我中有你的这样一个文化特征,前面说历史上没有哪一个文化能够在长期交互影响下依然固守自身、保持其"纯正血统"即是此谓。第二,文化的某一方面或某些要素相互融合形成了超然于民族文化之上的世界性文化。在世界上,由于实践活动的需要,在很多领域都形成了共识,或者说已经形成了超越民族文化的世界文化,最具典型意义的就是体育文化。当今的体育文化是超越民族性的普世文化,其根本特征是形成了世界性的体育语言,即真正成为所有民族共识的体育精神和竞赛规则。任何一个单项体育活动都发端于民族文化之中,然后逐步被纳入世界性体育序列,成为全世界各民族共享的体育赛事。一些大的运动会,如奥运会既是世界盛会也是各民族的盛会,就在于它已经成为各民族文化的一部分。奥运会等大型世界性运动会举办权的竞争和体育项目参与权的竞争都说明这一点。其他如艺术、科学技术、经济金融活动等方面,也都在不同程度上形成了既内在于民族文化之中又超越其上的世界性文化。实际上在区域层面上这种文化融合方面的情况更多。当然在诸多世界"共识"中也有很多是脆弱的,缺乏约束力和导向力,比如环境保护、降低温室效应等尽管攸关人类生存和未来发展,但却很难达成一致,说明这些"共识"并没有真正成为一种文化。历史地看来,无论哪种意义上的文化融合都不是一蹴而就的,而是经历了一个漫长的融合历程,是一个由"点"到"面"、由"面"到"体"的渐次发展过程。具体地说,它是通过个别文化要素、个别要素的个别方面、个别层面的文化内容的融合而逐步实现的。作为一个历史趋势,文化总是走向融合的,绝不可能回到文化最初发源那样相互隔绝孤立的状态。从过程来看文化融合,文化交往过程就是文化融合过程,文化交往的历史就是文化融合的历史。文化融合就是各民族在相互交往过程中,通过各民族文化之间的相互学习、交流、吸收和相互交换,一个民族把其他民族的文化或文化要素纳入自己的文化模式或文化体系之中,变成自己文化的要素,形成人我相间的民族文化。这种交往的日益发展的结果是,各民族文化中共同的因素越来越多,这些共同因素既存在于民族文化之中,又超越于民族文化之上;即它不仅仅是属于哪一个民族的文化,而是具有普适性特征的世界性文化。因此可以说,文化融合的过程,也就是世界文化的建构过程。

应当指出的是,我们这里讲的文化融合,毫无疑问包括文化要素的直接移入。文化要素的直接移入对于丰富民族文化、促进民族文化的发展有着重要的意义。但从文化交往历史来看,文化直接移入主要是物质文化和科学技术,而制度文化,尤其是观念文化的直接移入,除了像民族大迁徙和文化殖民这样的文化交往形式外,情况并不多见,特别是在民族国家形成之后。制度文化和观念文化的融合主要是通过对文化精神的相互吸取实现的。一定意义上,这种形式的文化融合在人类文化交往史上尤具重要的地位。因为文化精神的汲取,对于促进各民族文化之间的相互理解,促进各民族文化的更新和变革,培养各民族文化的宽容精神和开放心态,改善各民族之间的交往关系,反过来,促进文化交往的深化和更大程度的文化融合,具有特别重要的意义。

文化融合是人类文化发展历史中的一个重要现象,也是人类文化交往发展中的一个重要规律。也可以说,各民族文化通过交往达到文化融合的规律进一步突出了文化交往的历史意义。我们说某某民族传统文化或文化传统,绝不意味着一个民族文化完全是土生土长的文化,而是融合了大量的外来因素的文化。谁也不能说自己民族的文化纯粹是自己民族的创造,而是融合了大量异族文化创造于其中。仅以中国文化为例,在物质文化方面:现在人们常吃的黄瓜、菠菜、茄子、西红柿、玉米、西瓜等都是舶来品,棉花、椅子、床、琉璃瓦、园林中各种各样的塔都来自于异文化,更不用说现代科学技术与现代工业。事实上,我们今天的日常生活一刻也不能离开其他民族的创造;在制度文化方面:现代生产企业制度、一些社会管理模式都是由外部引进,社会主义制度也是马克思主义与中国实际的结合;精神文化方面,被我们视为民族乐器的胡琴、琵琶实际上来自域外,戏曲文化的相当部分移植于西域,自汉魏以后的章节文体来自印度,外来的佛教、天主教、伊斯兰教丰富了中国宗教文化。① 近代以降,"西学东渐"科学精神和民主精神,特别是马克思主义、社会主义,更是给传统中国带来了新生。中国文化如此,各民族文化无不如此。文化融合是由实践推动的文化交往的必然产物。实践活动是文化融合的推动力。我们前面已经说明,文化交往首先是各民族生存和发展智慧的互换,是智慧的相互学习、交流、吸收和借用,而这种智慧的交换或互换是民族实践的要求。一个民族要发展,要跟上时代的步伐,就必须学习吸收各民族所创造的优秀文化成果,一个封闭自守、孤芳自赏的民族总是落在时代的后面,这是被历史所证明的真理。当今世界纷纷开放的潮流,充分地说明了各民族国家对文化交往的重要意义的深刻认识。各民族之间通过相互学习、相互吸收,各取所长的交往过程就是文化的融合过程。

　　文化融合的另一个重要意义是保存文化。由于历史变迁,沧海桑田,许多民族衰落了,其所创造的文化也在其原创地消失了,但由于文化交往和文化融合,一个民族的文化精华却在另一个民族那里保存了下来。马克思说:"某一个地域创造出来的生产力,特别是发明,在往后的发展中是否会失传,完全取决于交往扩展的情况。发达的生产力,即使在通商相当广泛的情况下,也难免遭到彻底的毁灭。关于这一点,腓尼基人的例子就可以说明。由于这个民族被排挤于商业之外,由于它被亚历山大征服以及继之而来的衰落,腓尼基人的大部分发明都长期失传了。再如中世

---

　　①　参见刘志琴:《开放:国运兴盛之道》,《学习时报》2000 年 4 月 10 日。

纪的玻璃绘画术也有同样的遭遇。"①古埃及文化与美索不达米亚文化、爱琴文化很早就开始了交往和相互融合,当古埃及文化在本土衰落后,在其周围世界里获得了保存;阿拉伯文化形成过程中受惠于古希腊文化颇多,但阿拉伯对西欧文化的回报是丰厚的,古希腊文化衰落后,是阿拉伯著名的"百年翻译运动"保存了古希腊文化,然后这些文化又传回到它的老家。所以文化融合就像接力赛,一棒一棒地在各民族中间相互传承,使各民族文化香火不断,使人类文化日渐丰富。

(二)人类文化融合的历史进程

文化交往的历史进程就是文化融合的历史进程。正是这种文化交往中的融合,民族文化中的地域的民族的狭隘性越来越少,世界各民族文化之共性越来越多。同人类各民族文化交往的历史相一致,人类各民族文化融合也已经走过了漫长的路程。

人类文化最早在几个相对独立的地区发源,因此人类文化的最初的交往与融合也仅限于这几个发源地的周边地区。地中海周围的几个文化发源地,实现了可能是人类文化最早的融合和融合后的创新。美索不达米亚文化、古埃及文化和爱琴文化相距较近,交往接触频繁,相互影响、相互融合,在它们中间都可以找到彼此的文化要素。古埃及象形文字中类似字母的24个单音符号是腓尼基字母赖以产生的基础,而腓尼基字母又是希腊文字之源。美索不达米亚文化对其同时代的埃及、伊朗和印度文化产生了影响;古埃及文化经过腓尼基、叙利亚、犹太、克里特、希腊、罗马人的传递,早已变成人类文化遗产的一部分。19世纪以来盛极一时的西方文化的源头古希腊文化和古罗马文化就是当时埃及文化、两河流域、印度文化等多文化的一种融合。

当人类文化发展到古典时代,文化交往的广度和深度都增加了,人类文化实现了初步的融合。这时候文化融合已经不再是几个发源地之间的

---

① 《马克思恩格斯选集》第1卷,人民出版社1995年版,第107页。

交流和融合,而是形成人类较早的几个文化区之间的交往和融合。主要是东方文化(包括中国文化和古印度文化)和西方文化(包括古希腊文化和古罗马文化)之间的交流和融合。这时候的西亚和中亚成为东西方文化的汇聚点,中国文化、古印度文化和古希腊化文化、古罗马文化都汇集于此,相互交融、相互影响、相互渗透、相互吸收,蔚为壮观。著名的"丝绸之路"就在这个时期"开通",成为中国文化和西方文化互通互流的"文化走廊"。

人类文化密切交往和进一步融合是在中世纪。在中世纪以前,尤其是在古代,各民族、各地区和国家间的文化联结和交往主要是通过战争与殖民、商业与贸易、宗教与朝圣的方式进行的。到了中世纪,随着人类文化的发展,这些方式获得了进一步的发展,新的交往方式的出现,大大推进了各民族、各地区文化交往和文化融合。如交通工具的日益改进,商业和贸易往来的更加频繁,宗教的更广泛的传播,以及各种形式的扩张活动的扩大,如阿拉伯人的扩张、十字军东征、蒙古西征等等。实际上这些方式既是文化交往和文化融合的结果,又是文化进一步交往和融合的条件,同时还是文化交往和融合的动力。在这期间,除了物质文化的交往规模越来越大外,精神文化的交往和融合尤其令人瞩目,如伊斯兰教传入中国,成为影响中国文化的第二大外来宗教,伴随伊斯兰教进入中国的还有科学技术,其中有天文历法、代数、几何、三角学、历算的知识;同时四大发明也传入到阿拉伯,并经过阿拉伯传入西方。

伴随着15—16世纪西欧的海外扩张,特别是工业革命以后世界市场的开拓,人类文化交往和融合进入了一个划时代的全新时期。这个时期的最大特点是文化交往超越了民族和区域界限,逐渐形成了世界范围的交往网络,结果是文化交往日益深化,文化融合程度也愈来愈高。"美洲的发现、绕过非洲的航行,给新兴的资产阶级开辟了新天地。东印度和中国的市场,美洲的殖民化、对殖民地的贸易、交换手段和一般商品贸易的增加,使商业、航海业和工业空前高涨,因而使正在崩溃的封建社会内部的革命因素迅速发展……资产阶级,由于开拓了世界市场,使一切国家的生产和消费都变为世界性的了……过去那种地方的和民族的自给自足和闭关自守状态,被各民族的各方面的相互往来和相互依赖所代替了。物质的生产是如此,精神的生产也是如此。各民族的精神产品成了公共财产。民族的片面性和局限性日益成为不可能,于是由许多种民族的地方的文学形成了一种世界的文学。"①正如马克思所言,这时期主要是欧洲文化伴随着欧洲世界性经济活动融入到其他民族文化之中,非欧洲文化在生产方式、生活方式和思维方式等方面都受到欧洲文化的深刻影响。欧洲人带来许多坏习惯,如"那种狂妄的只顾自我追求的个人主义",但它们也带来许多好东西,科学技术、工业、管理方法、医疗卫生、教育制度,等等,都不同程度地实现了与非欧洲社会文化的融合。

而在刚刚过去的最近 100 年里,人类文化的融合更是达到史无前例之高峰,一些文化要素获得了世界各民族的普遍认同,成为几乎所有民族文化的一个有机组成部分,成为名副其实的普世文化。"从百年来的世界大势来看,一种普世性的'大文化'并不只存在于理念之中……而是人类随着时代的发展,世界各民族有先有后地、自觉地或不自觉地、主动地或被动地逐渐认同的普遍规律和价值。这种'大文化'有三端可述:第一,是'经济文化'已有了全人类认可的标准。市场经济规则,无论某国姓资,某国姓社,是谁都不能反对的。第二,'科技文化'的普世性更加不能否认。现在每天都在谈论'上网',就非常有说服力地表明,科技文化早已冲破民族界限,渗透到世界各角落了……第三,'民主和法制',作为制度,同时也作为时代精神,没有人能公然地拒绝了。诚然,它比前两端复杂得多。但作为专制制度的对立面,尊重和扩大人民所应享有的各种民主、自由权利和以法治代替人治,又有谁能说个'不'字呢?"②实际上,自 20 世纪以来已有三次民主化高潮:第一次世界大战之后是第一次,第二次世界大战之后是第二次,冷战之后是第三次。尽管存在少数倒退现

---

① 《马克思恩格斯选集》第 1 卷,人民出版社 1995 年版,第 276 页。
② 陈乐民:《能否创造出世界性的"大文化"》,《瞭望》1999 年第 52 期。

象,但民主国家的数目的总趋势是在增加的,当今民主国家已经超过全世界国家总数的2/3。周有光先生写了一篇文章叫做《什么叫做全球化》,记述了经济、政治、文化三方面的全球化历程以及人类文化全球化所取得的成果。法国度量衡已经为全世界所普遍采用,基督教的历法不仅已经全球化,而且是人类生活全球化的一个条件,这与秦始皇统一度量衡一样都是共同实践活动需要的产物。今天,全世界大多数国家用拉丁字母作为文字。国际标准化组织给每一种非拉丁字母文字审定一种拉丁字母的标准转写法,作为国际文化交流的纽带。在国际互联网上,拉丁字母占据了文字符号的99%,拉丁字母已经全球化。在语言方面,英语经过300年的国际传播,成了事实上的国际共同语。"罗马帝国衰亡,留下一份遗产:拉丁语。大英帝国瓦解,留下一份遗产:英语。英语全球化便利了整个世界。英语全球化已经是不可逆转的局面了。"①被人们视为最难获得共识的价值观念也不是如想象得那样水火不容,实际上人类已经在许多方面取得了一致,形成了共同的文化,在包括民主、法治、人道主义、和平与发展等方面获得的不同程度的共识。实际上,如果人类各民族在价值观念上互不相容,没有一致的认同或进一步认同的趋势,那么这个世界一天也不能存在下去,更不会有可持续的发展。

　　文化全球化是过程,全球性文化是结果。文化交往的历史就是文化融合的历史,也就是世界文化的建构过程。世界文化是既存在于民族文化之中,又超越于民族文化之外。世界文化的形成不仅是从区域化到全球化的空间发展过程,在内容上,也是一个逐步深入的发展过程。随着全球化进程的日益发展,人类各民族生产活动和生活活动相互介入程度的日益加深,实践不仅要求也必然创造出越来越多的共同文化。关于文化融合的历史趋势,我们仅仅从当前的文化讨论中就可以看出其客观必然性。阿尔君·阿帕杜莱说:"现代世界,在某种全新的意义上,已经成为一个互动的体系,而我们对此却知之甚少……全球互动的中心问题是文

---

① 周有光:《什么叫做全球化》,《群言》2001年第1期。

化同质化与异质化之间的紧张关系。"①如果真的存在这种文化融合与文化分化、同质化与异质化、一体化与多元化、全球化与本土化之间的紧张关系,那么,在这种紧张关系中,融合、同质化、一体化、全球化就是矛盾的主要方面。一个简单的历史事实是,没有交往就无所谓冲突,没有融合就无所谓分化,没有同质化的要求就没有异质化的诉求,没有全球化的趋势就没有本土化的运动。可以肯定地说,在当今围绕民族文化命运的讨论中,多元主张更多地出于对民族文化的情感和眷恋,全球化观点则主要是基于经验事实。因为民族文化的命运成为"问题"以及多元化主张(主要表现为多元化诉求)的提出,本身就证明着全球化趋势的客观实在性。一种既有的文化特征备受关注,无疑是因为它的存在受到了威胁。多元文化、保护民族文化的呼声四起,本土化文化回归运动的风起云涌,无疑是由于全球化对多元文化和民族文化或本土文化的消解;文化异质化的诉求,无疑是因为全球化有推进文化向同质化方向发展的趋势,民族文化和本土文化受到威胁,因为文化本来就是以民族文化的形式存在,换言之,世界文化本来就是本土的、多元的和异质的。

(三)关于文化分化

与文化融合一样,文化分化既是文化人类学的一个重要概念,也是人类文化交往发展史上的一个重要历史文化现象。在文化人类学视野中,所谓文化分化,就是在文化交往过程中,由于不同文化的相互融合而分化出来的一种不同于原来文化的新文化,即继承了原有文化的某些要素或精华的新文化。所以文化融合并不是两个或几个文化的简单相加,而是不同的文化通过文化要素的优胜劣汰而实现的文化创新。不难看出,文化分化和文化融合实际上是同一个问题的两面,如果说文化融合是过程,那么文化分化就是结果。但这里不应当简单地理解为两个或两个以上文

---

① 阿尔君·阿帕杜莱:《全球文化经济中的断裂与差异》,汪晖、陈燕谷主编:《文化与公共性》,三联书店1998年版,第521—527页。

化融合产生第三个文化,更多情况是,相互融合的文化都实现了自身的创新。比如前述体育文化就是这种情况,每项体育活动都是民族的创造,但当它成为世界性体育活动时,无疑是经过"洗礼"后的创新,至少其规则必须进行大多数民族认可的改进。事实上,两个或两个以上的文化全面的相加式的融合是不可能存在的,任何形式的文化融合都包含有分化于其中。在这个意义上,文化融合过程就是文化分化过程。文化分化既是文化交往的产物,又是文化融合的结果。文化分化是人类文化发展和不断丰富的最重要的形式。人类文化的发展,各民族文化的发展,都是通过文化的融合和分化实现的。

可以这样说,在人类文化发展史上,除了最初的几个原生文化外,所有的文化都是文化分化的产物。作为中世纪西方的主流文化,基督教文化就是罗马天主教、古罗马文化、古希腊文化和日耳曼文化相互冲突和融合而分化出来的一种新的文化类型。基督教文化的另一个分支拜占庭文化同样是文化融合与分化的产物。拜占庭文化的渊源除了古希腊文化和古罗马文化、基督教文化外,由于其地处原罗马帝国东部的希腊语地区,加上长期以来该地区东西方各民族及其文化的相互融合,东方文化也是其重要的渊源之一。阿拉伯—伊斯兰文化也可以说是文化交往过程中文化融合而分化出来的文化类型。前文已述,相对于人类发展较早的几大文化而言,阿拉伯—伊斯兰文化是晚出的文化。在西亚这块土地上,曾经汇集过古埃及文化、巴比伦文化、波斯文化、古希腊文化、古罗马文化和拜占庭文化,阿拉伯—伊斯兰文化正是这些文化经过交往、融合而分化出的新文化,或者说是这诸多文化的融合创新。伊斯兰教东传中国后,其教义逐渐与汉、蒙、维吾尔诸民族的生活习惯、信仰、风俗融为一体,并在中国产生了一个新的民族——回族。唐代出现了一种既保留中国传统舞蹈的特点,又带有西域舞蹈色彩的舞姿形象的壁画,这便是佛教艺术文化及佛教理论和汉唐文化相互融合的结果。

在人类文化交往的历史上,类似的例子举不胜举。当代中国文化既是中国传统文化、马克思主义、西方文化等相互融合的结果,又是它们相互交往分化出来的全新文化。作为当代中国主流文化的中国化马克思主义，又是马克思主义在中国文化土壤中，在与中国革命和建设实践相结合的基础上分化出来的马克思主义文化或中国文化。马克思认为，随着世界历史的发展，未来人类或世界文化将是扬弃了民族的和地域的局限性的、由各民族文化转化成为"公共财产"的文化。这种文化无疑就是在世界历史的进程中，各民族文化交往、融合而分化出的新型文化。

在论及当今世界文化大势时，有观点认为，在文化交往过程中，文化融合与文化分裂并存。不难看出，这里的"分化"概念有着完全不同的含义，当其与文化融合并列时，其含义为"分裂"，主要指已经被融合于同一个文化的民族又回归到原来的文化认同。从辩证观点来看，在人类文化发展史中，交往与冲突相伴，融合与分化（分裂）并存，应当说是没有问题的。客观的历史事实好像也支持这个观点。在人类历史上曾经建立了许多大帝国，如亚历山大帝国、罗马帝国、拜占廷帝国、奥斯曼帝国等等，这些帝国都是跨地区、跨民族、跨文化、跨宗教的，甚至同一个地区，如中亚和地中海沿岸，曾经先后被好几个帝国纳入自己的版图，随着这些帝国后来消失在历史的烟尘之中，原来同属一个帝国的各民族随之发生了分裂，回归了原有的文化认同。比如阿拉伯—伊斯兰帝国横跨欧亚非三大洲，帝国解体后，欧洲部分归属了基督教文化。在当代，随着殖民体系的解体，民族国家取得独立后，纷纷回归原来的民族文化认同；冷战结束后，原来统一的国家发生了分裂，如苏联和南斯拉夫，一些加盟共和国相继独立，重新确立了自己的文化认同。

然而，我们认为，这个问题是需要讨论的。实际上这只是形式上的分化，或者说，这种形式的文化分化不同于文化分裂。应当把多民族形成的统一国家的分裂与所谓文化的分化区别开来，换句话说，不能把民族的独立或统一国家的分裂就视为文化的分化。第一，各帝国分裂后形成的对文化认同的回归，只能表明原有的这种文化认同是脆弱的，直接地说，并没有真正地实现认同，因为这种"文化认同"是武力的强制或是某种其他历史原因强制捏合而成的，一旦这种维系强制或半强制的认同的力量出现失缺,人们自然会回归原有的文化认同。多民族国家的形成,往往伴随着文化的强制同化和民族压迫,所以这种同化的基础本来就是脆弱的,不坚实的。文化上强制或非强制的认同是各帝国加强和维护其统治的重要措施。历史上"所有帝国都不可避免地要面临一系列相互关联的结构问题或矛盾,尤其是这样一些问题或矛盾,即不是完全依靠或主要依靠强制武力的反复实施就可以获得其管辖范围内的合作与服从。最基本的问题就是集权和分权。因为当帝国完全由中央来控制时,它们实施统治的能力经常会受到限制。中央不断发出并实施命令需要时间、资源和有效的基础设施。因此,帝国需要尽可能远地将权力授予周边地区,但是如果这样做,后者就会威胁到自己的完整。规避这个两难困境的一种途径就是采取文化的方法:一个帝国可以试着建立一个受到血缘关系、信仰和宗教联系约束的全体统治阶级……成功的帝国肯定就是这样一个帝国,即军事和政治权力的广泛扩展已经因文化强权的传播而得到加强。"①一方面,文化发挥着政治和军事的功能;另一方面,政治和军事为文化扩张提供力量。在文化统一的表面之下,掩盖着文化的心理界限和精神鸿沟,而且由于这种文化扩张的目的和方式的影响,不同文化之间的界限和鸿沟不仅不能弥合,还将使界限变得清晰、鸿沟更加拓宽。第二,真正实现了文化认同的民族一般不会发生文化的分化。1500 年前雅利安人与印度文化的认同,西欧各民族对基督教文化的认同,中国古代匈奴、鲜卑、突厥对汉民族文化的认同,埃及等北非国家、中东各民族对伊斯兰文化的认同,等等,都实现了真正认同和融合而没有出现分化,尽管在这些文化圈内部也存在着各种各样的冲突。第三,帝国的解体和民族国家的分裂并不等于文化的分化。帝国解体了,多民族国家分裂了,但它们播下的文化种子却保留了下来。关于历史上帝国带来的文化交往的贡献,我们在第二章已经做了简要的叙述。古罗马帝国在通过军事征服实现帝国统治之

---

①　[英]戴维·赫尔德等:《全球大变革——全球化时代的政治、经济与文化》,杨雪冬等译,社会科学文献出版社 2001 年版,第 466 页。

后,"将许多地方精英留任于原职位,使这些地方精英从文化上和政治上融入罗马帝国和统治阶级之中……通过专门的和有组织的教育,罗马统治阶级,不论男人和女人几乎都普遍识字。帝国西部的拉丁文和东部的拉丁文与希腊文成了政治和文化上共同的官方语言。罗马帝国有意在各省修建剧院和圆形剧场,戏剧和诗歌在整个帝国非常普及。最后,地方宗教信徒都松散地皈依罗马万神殿。""从建立帝国的角度来说,即使在那些策略最终归于失败的地方,它仍可留下一种不同的文化遗产。例如,亚历山大大帝统治的短命的马其顿帝国对于希腊语和古希腊科学、哲学和文学在近东的传播起了一定的作用。罗马帝国开始为希腊文化后来又为基督教能够渗入到北非、西欧和北欧提供了制度环境。中国的汉朝为汉字、文学、礼仪、科学和技术的传播提供了类似的基础。"①我们在前面曾经引述过马克思论述的英国侵略者在印度"不自觉"地创造的使印度获得新生的基础也充分地说明了这一点。第四,不能把文化分化等同于文化分裂,虽然文化分化在形式上表现为从原文化中分裂出来,但它继承融合了原文化之精华于其中,所以是扬弃而不是分裂。苏联解体与其多民族之间的文化差异没能很好地弥合无疑有着重要的关联,但苏联存续期间各文化之间的相互影响以及共同实践中形成的"苏联文化"的影响肯定是难以磨灭的。文化融合与分化是人类文化发展的必然过程,融合中的分化,分化中的融合,相同或相近的东西总会随着人类各民族文化交往而积聚起来,各民族共同认同的价值越来越多,人类各民族文化交往和发展的历史已经经验地证明这一文化变迁趋势。

二、全球化条件下的文化交往与文化融合

　　之所以把全球化作为一个特殊的历史阶段专门讨论,是因为文化交

---

① [英]戴维·赫尔德等:《全球大变革——全球化时代的政治、经济与文化》,杨雪冬等译,社会科学文献出版社2001年版,第467—468页。

往和交往过程中的融合是一定历史条件下的交往和融合,不同的历史条件形成不同的文化交往形式、交往强度,形成不同的融合范围和融合深度。全球化就是这样一个不同于以往的全新的历史条件。另一方面,对全球化现象的讨论虽然始于 20 世纪下半叶,但真正成为热门话题却是不久以前的事,而对全球化进程的文化影响的讨论更是近几年的事,目前尚处在观点纷呈的"初级阶段"。因此,讨论文化交往和文化融合,就不能忽视当下人类文化交往和融合的现实条件及其对文化交往和文化融合的影响。

(一)全球化的实践本质及其文化影响

全球化的演进将对民族文化、世界文化产生怎样的影响,首先是必须弄清全球化的历史本质以及全球化进程对文化的影响和要求。当前,关于全球化条件下文化的讨论之所以观点纷呈,莫衷一是,很大程度上是由于"全球化"概念的模糊性造成的。

"全球化"概念,虽然没有一个被认可的统一界定,但各种界定的一个共同特征是仅止于对作为结果的全球化现象的描述,而没有对这一结果或现象的历史必然性作出说明。尤其是到目前为止,人们对于全球化的看法大多仍然停留于经济全球化上面,即认为所谓全球化就是指世界各国在生产、分配、消费等方面的经济活动的一体化趋势,主要表现在生产、贸易、投资、金融等领域全球性的自由流动,或指生产要素的全球配置与重组及世界各国经济高度的相互依赖和融合的表现。当全球化被单纯地看做一个经济现象——即经济全球化——的时候,就容易忽视从社会有机体方面对经济全球化将给社会生活各个方面带来的影响作出正确的估量,从而,对全球化及其对整个世界未来各方面的影响也仅能止于缺乏历史深度的理论分析和可能性揣测。实际上,到目前为止全球化还仅仅是指全球性现象,作为一种现象,它本身需要被说明。全球化概念本身缺乏深度,决定了它不能成为解释全球化现象的基础性范畴。现在人们开始认识到,如同全球化进程不是什么新的现象,对全球化进程的认识和把握也不是始于今天,马克思早就以"世界历史"范畴揭示了这一发展趋势和过程。但是,人们对"世界历史"思想的重要性认识还很不够,认为马克思未能预见到全球化的复杂性,言外之意是"世界历史"无以涵盖全球化的丰富性和全新性。其实,全球化与"世界历史"是根本不能相提并论的两个范畴。

与全球化概念不同,"世界历史"是一个根本的基础性范畴,是一个历史哲学范畴,它不仅概括了作为历史发展结果的"世界历史"现象,同时揭示了产生这一结果的本质、动力、规律、发展过程和历史联系。换言之,它所言说的不仅仅是作为结果的"历史"的"世界",更强调的是"世界"的"历史"。马克思指出,世界历史的形成并不是什么神秘东西的"漫游",根本上是生产和生产力发展的结果。马克思指出:"大工业创造了交通工具和现代的世界市场,控制了商业,把所有的资本都变为工业资本,从而使流通加速、资本集中。它首次开创了世界历史,因为它使每个文明国家以及这些国家中的每一个人的需要的满足都依赖于整个世界,因为它消灭了各国以往自然形成的闭关自守的状态。"①普遍性和全面性是生产和生产力发展的本性。因为"已经得到满足的第一个需要本身、满足需要的活动和已经获得的为满足需要而用的工具又引起新的需要"②,从而推动着更先进的生产工具的产生。生产力水平的不断提高,导致分工的扩大,要求克服民族生产和民族分工的狭隘性、片面性,突破束缚着生产力发展和分工进一步扩大的"以往自然形成的各国的孤立状态",实现全面的交往,以同整个世界的生产(也同精神生产)发生实际的联系,获得利用全球的这种全面的生产(人们所创造的一切)的能力。所以,生产力与交往形式的矛盾是"世界历史"形成和发展的根本动力。生产力是一种革命性力量,它必然会以自身的运动冲破一切狭隘的交往形式的限制,"消灭"各自孤立的状态。正是生产力的发展对交往形式的不

---

① 《马克思恩格斯选集》第 1 卷,人民出版社 1995 年版,第 114 页。
② 《马克思恩格斯选集》第 1 卷,人民出版社 1995 年版,第 79 页。

断突破,使"过去那种地方的和民族的自给自足和闭关自守状态,被各民族的各方面的互相往来和各方面的互相依赖所代替了。物质的生产是如此,精神的生产也是如此"①,从而使每个文明国家以及这些国家中的每一个人的需要的满足都依赖于整个世界,使一切国家的生产和消费都成为世界性的了。人类的生产实践不断地突破地域性限制,交往的范围不断地扩大,把整个世界都纳入交往的过程。这就是全球化形成和发展的基本过程。

其次,"世界历史"思想把人类社会看做一个有机整体,把人类社会的发展看做社会各个层面、各个活动领域的整体推进。社会是个立足于经济活动的"一切关系同时存在而又互相依存的社会机体"。生产力与交往形式的矛盾是全球化的根本动力,经济活动是全球化直接的推进器,但把全球化单纯地看做是经济活动的全球化是不恰当的。"世界历史"不单纯是经济活动的发展历史,而且是整个人类社会的发展历史。经济活动"孤军突出",而文化的其他要素如政治、社会等原地不动、一如既往是不可能的。脱离了文化其他要素跟进的"孤军深入"的经济也不可能走得太远,今天世界面临的种种由经济问题引发的波及政治、军事等方面问题的事实已经实践地证明了这一点。经济全球化必然带来政治、文化的全球化。全球化的经济活动不仅发挥着"带动"作用,而且也要"被带动",即要求社会的各个方面顺应全球化的历史趋势和发展方向,作出相应的满足经济活动要求的变化和变革。所以马克思指出,"世界历史"的形成和发展,不仅创造贸易和交换的世界市场,而且是变革整个社会生活的"社会革命",是"市民社会中的全面变革"。由此决定了全球化必然是全面的、深刻的,它不仅把每一个民族,而且把人类活动的每一个领域,都纳入全球化或者"世界历史"的发展进程。在全球化进程中,那些民族性特征显著因而是民族独特性身份认同的最主要标识的文化要素,虽然对全球化"拒抗"力最大,但也难以游离于全球化进程之外,因为不仅"世界

① 《马克思恩格斯选集》第 1 卷,人民出版社 1995 年版,第 276 页。

历史"将"把自然形成的性质一概消灭掉",而且如同任何形式的生产都
需要相应的文化支撑一样,全球化条件的生产活动和经济活动同样需要
与之相适应的文化支持。不仅如此,在全球化的潮流席卷下,文化还可能
先于经济而受到全球化的影响,文化保护主义呼声本身就说明这种影响
已经到了不容忽视的地步。在开放条件下,人们的生活方式、价值观念认
同都不可能再如过去那样保持自身的同一性,民主化浪潮甚至波及到像
尼泊尔和不丹这样传统的国家。实际上,"也许很少会有人怀疑,最直接
感受到和经历的全球化形式是文化全球化。尽管 3000 年前社会之间的
文化互动已经非常复杂,但是,形象与符号的剧烈运动以及思维模式与交
流模式的广泛传播是 20 世纪晚期和新千禧年的独有特征……文化交流
在全球范围覆盖的区域以及文化交流量在历史上都是空前的"①。总之,
立足于马克思世界历史的理论高度,而不是局限于现有的全球化概念,才
能把全球化作为一个历史过程来看待,才能了解全球化对于文化意味着
什么。

(二)全球化与全球文化

　　至少从理论上看,全球化实践要求并创造着一种普世性的全球文化,
换句话说,全球化进程必然会促进各民族文化的进一步融合,这就是全球
化对人类文化以及人类各民族文化的影响。必须从相互联系的两个方面
来看,首先是全球化作为人类历史发展阶段对文化的要求;其次是全球化
作为一个历史过程对人类文化以及人类各民族文化的影响。

　　关于全球文化的融合,人们做了很多研究,但一般都把全球化文化的
形成归之于文化传播媒体的功绩,特别是全球互联网络的结果。的确,传
播媒介在文化传播中的作用是不可轻视的,从纸质媒体到有线电缆、无线
广播、地球卫星、可视纤维光缆,应当说都是适应文化传播的需要而发展

---

① ［英］戴维·赫尔德等:《全球大变革——全球化时代的政治、经济与文化》,杨雪冬等
译,社会科学文献出版社 2001 年版,第 456 页。

起来的。今天的网络媒体在文化传播的密度、速度和对时空的跨越上，又是传统的纸质媒体和广播电视无法相比的，可以说，网络媒体的出现是人类文化传播手段上的一次革命，它使文化时空日益缩小，对文化在世界范围的传播起了重要的推动作用。但是，与任何其他传播媒体一样，网络只是文化传播的工具和传播手段，文化内容的选择和接受则是另外一回事。文化的选择、吸收和认同，根本上决定于一个民族的实践活动的需要，而这种需要又是和一个实践所达到的水平相一致的。实际上，文化传播媒介和传播工具的发展和革命性创新，本身就是人类实践活动的需要并由之而推动的。同样，全球文化的孕育和生长，本质上是由人类实践活动和活动方式的全球化推动的。

全球化的实践活动不仅不同于以往各自孤立的状态，也不同于一般的国家之间的关系。"世界历史"的运动，交往关系的深入发展，开辟了使各民族的实践活动跨越地域界限而相互联结在一起的世界市场，从而使任何民族的实践活动因相互影响、相互依赖而具有全球性质。世界市场，在最广泛的意义上，就是"把一切民族甚至最野蛮的民族都卷入到文明中来"的实践活动"场"。文化既是人类实践活动的创造物，又是实践活动的支撑物。全球化的实践活动必然驱动文化朝着全球化方向发展。就像真正的语言"只是由于需要，由于和他人交往的迫切需要才产生的"一样，文化就是全球化实践的"语言"，是各民族相互理解、相互沟通的工具。共同的实践需要"共同的语言"。日本学者三好将夫说："话语和实践互相依存。实践需要遵循话语，而话语则产生于实践。"[1]没有"共同语言"的共同活动是不可能的。价值观念一致性的缺失、思维方式的彼此互异，从而不能相互理解和沟通的共同实践活动是不可思议的。没有共同的文化的支撑，任何实践活动都不可能开展。前述秦始皇之所以要一统天下文化，就是因为当时文化形形色色，差异很大，书不同文，车不同

---

① 〔日〕三好将夫：《没有边界世界？从殖民主义到跨国主义及民族国家的衰落》，汪晖、陈燕谷编：《文化与公共性》，三联书店1998年版，第484页。

轨,度不同制,行不同伦,地不同域,法令不一统,没有文化的统一不是真正的统一,"焚书坑儒"固然是文化专制主义,是对文化的摧残,但从秦始皇角度看则是为了统一文化的需要,更准确地说,是共同实践的需要。自17世纪中叶威斯特伐利亚和约以来,由于跨民族活动的日益发展,世界上产生了一系列条约和规则,内容几乎涉及人类行为和活动的一切方面。这些为共同活动而制定的条约、规则,之所以能够发挥效力,就在于条约或规则的制定方形成或接受了关于活动的共同理念。随着交往的日趋频繁和紧密,人类共同实践领域的扩展和实践活动融合的加深,国际间关系日趋复杂,人类面临的超越民族国家界限、具有全球性特性的问题越来越多,如经济危机的防范、生态环境的保护、温室效应的控制、艾滋病的防治、打击恐怖主义等一系列全球性问题,这些问题的解决由于要采取一致的行动,就需要对问题本身有共同的理解和认识,需要对人类未来的生存发展的各个方面取得共识,于是"全球治理"应运而生。全球治理就是通过制定具有约束力的国际规则,以维持正常的国际政治经济秩序。全球治理的前提是全球认同一种普世价值,并接受实现普世价值的规则体系。费孝通先生说得好:"世界各国既然现在都属于一个地球村,这个'村'里就应该有一套'乡规民约',大家认同,自觉遵守,否则就要乱套。'乡规民约'与法律不同,是习惯化的、自动接受的、适应社会的自我控制,是一种内力。"①这种共识当然是在共同的实践活动中相互磨合的结果,对于不同的民族来说,"共同语言"就是要求各民族放弃文化的偏执,相互妥协,达成共识,尽管其间会经历摩擦、碰撞和冲突。总之,尽管民族文化最初总是与它赖以产生的地理生态环境和民族实践联系在一起,但随着生产力的发展及其对地理生态环境和民族实践的超越,与其相联系的民族文化也将被扬弃。在全球化的进程中,如同生产的发展要求扬弃民族分工的狭隘性而实行世界范围的分工一样,全球化的深入发展也将扬弃民

---

① 费孝通:《经济全球化和中国"三级两跳"中的文化思考》,载《光明日报》2000 年 11 月 7 日。

族文化的狭隘性和片面性,使之成为世界性文化。因此,"尽管在它的各种形式中存在着一切的差别和对立,然而这些形式都是在向一个共同目标而努力。从长远观点看,一定能发现一个突出的特征,一个普遍的特性——在这种特征和特性中所有的形式都相互一致而和谐起来。"①

其次,我们在前面曾经说过,传统文化及文化交往是文化创造发展的条件。全球化进程之于各民族文化最重要的影响是改变了民族文化生产和再生产的条件和环境。这被许多文化论者所忽视。作为文化创造的文化条件包含两个方面的内容:其一是以往文化的积累,这是新文化创造的基础和出发点;其二是不断变化着的人的文化世界,即人们文化创造的实践条件。如果说前者是人类文化创造的历史前提,那么后者则是文化创造的现实基础。"历史不外是各个世代的依次交替。每一代都利用以前各代遗留下来的材料、资金和生产力;由于这个缘故,每一代一方面在完全改变了的环境下继续从事所继承的活动,另一方面又通过完全改变了的活动来变更旧的环境。"②文化也不例外,但以往我们总是把这个"环境"狭隘地理解为我们自己的创造和积累,而没有把整个人类的创造和积累都视为我们的活动环境,就像我们总是把生产关系用国家的边界圈起来,而没有把世界性的交往关系纳入其中一样。世界总是处于不断地变化之中,一代一代人总是只能在不断变化之下的环境中进行创造、创新和发展。全球化即是与以往文化创造完全不同的新环境、新条件,这个新环境就是全球文化的空前规模和空前频率的相互流动。阿尔君·阿帕杜莱用"人种图景"、"科技图景"、"媒体图景"、"金融图景"、"意识形态图景"五个角度做的长镜头、全景式描述,给了我们这种全球互动的"直观"景象。"所谓人种图景是指人的景观,我们居住的这个变动不居的世界就是由他们构成的:旅游者、难民、移民、流放者、外籍劳工,以及其他流动的群体和个人,他们成为这个世界的一个本质特征,而且以前所未有的方

---

① ［德］恩斯特·卡西尔:《人论》,甘阳译,上海译文出版社1985年版,第90页。
② 《马克思恩格斯选集》第1卷,人民出版社1995年版,第88页。

式影响着各个国家（和国家之间）的政治"；"所谓科技图景是指技术的全球型结构及其不间断的流动状态，不管是高技术还是低技术，不管是机械技术还是信息技术，现在都快速地跨越各种以往被认为是牢不可破的界限流动着"；所谓"金融图景"是指"现在全球资本的配置已经成为一越来越神秘的、变幻莫测的、而且比以往任何时候都更加难以把握的景观了"；"媒体图景是指生产和传播信息的电子能力的分配（报刊、杂志、电视台和电影制片厂），现在遍布全球而且日益增长的私人利益和公共利益都可以利用这些电子能力；另一方面，媒体图景还表示这些媒体所创造的世界形象。""意识形态图景的构成要素是启蒙主义世界观，其中包括许多观念、术语和形象，如'自由'、'福利'、'权利'、'主权'、'表象'，当然也少不了'民主'这个元术语。"①这就是全球化条件下的文化环境，每个文化都面临着全球化带来的挑战和机遇。挑战是全球化环境中的挑战，机遇是全球化条件下的机遇。迎接挑战并不是怎样回避、怎样拒绝和封闭，而是怎样在新的环境中创新和发展，即所谓与时俱进；机遇则是变化了的外部环境创造的适应潮流、更新传统、发展创新的条件。当然机遇同时也是传统文化适应时代需要的优秀因素发扬光大的机遇。文化的创新和发展离不开现实的社会生活，前文说过，文化发展和变迁来自两个推动力：一是民族内部社会发展的推动，即民族内部的实践活动推动文化的创新与发展；二是民族外部环境和条件的影响，即文化交往引起的文化变迁。如果说在以往的时代，这两种力量之间虽有联系，但性质不同、界限分明，那么，全球化的日趋推进则日益模糊着这两种力量的界限和性质。因为人类社会发展的根本动力——生产力和生产关系的矛盾，不再局限于民族共同体内部，而是越出民族界限，与整个世界的生产力和生产关系的运动联系在一起。生物体的进化是适应不断变化着的环境的产物；文化是人的自觉的实践活动的创造，当然不能等同于生物体与环境之间的

---

① 阿尔君·阿帕杜莱：《全球文化经济中的断裂与差异》，参见汪晖、陈燕谷主编：《文化与公共性》，生活·读书·新知三联书店 1998 年版，第 529—533 页。

被动适应关系,但对每个民族来说,人类创造的、变化着的社会环境既是其文化创造和创新的条件,又规范、导向着它的文化创造和创新活动。概言之,全球化进程不仅为各民族创造了一个共同的文化创造平台,在一定程度上,更是为之设定了文化创造的轨迹。各民族的文化传统对其文化创造的规范和导向作用当然是不可忽视的,但现实的力量更是每个民族都无法摆脱的。韩国前总统金泳三针对全球化趋势指出:"我们的文化和思想行为方式必须适应全球化。我们必须重新发掘我国传统文化的内在精髓,并且将它同全球文化交汇融合。我们必须以一种对自身文化的自豪感和对其他文化的尊重兼而有之的开放态度迈向世界。"①

因此,无论人们对传统文化生态是多么的偏爱,由于现实的要求和文化创造环境的改变,全球化都必然会创造出适应全球化实践需要的全球性文化。如果我们把全球化文化理解为多民族文化由于交往而形成的共同的文化,至少是在共同的社会实践或生活实践层面上共有着同一种理解世界的方式、同一种处理人与自然以及人与人之关系的规则,共同的行为模式和思维方式,那么,人类实际上已经在许多活动领域不同程度地形成了共同文化,如市场经济、科学技术、民主法制等。而历史地看待全球文化的生成与发展,应当说,如果说现代意义上的全球化,特别是经济全球化是直到 15 世纪地理大发现以后才开始的话,那么,文化全球化从民族文化交往以来就历史地的存在了。全球化就是世界各民族活动的互动关系,"凡是在那种关系建立起来的地方,我们就可以将文化全球化看做是文化关系和文化实践的延伸和深化"。②

(三)从区域化到全球化的历史进程

如果我们辩证地看待"全球"概念,那么全球化和全球文化都不是什

① 韩国前总统金泳三 1995 年 1 月 25 日在韩国全球化委员会会议上的讲话,转引自《国际文化思潮评论》,中国社会科学出版社 1999 年版,第 67 页。
② [英]戴维·赫尔德等:《全球大变革——全球化时代的政治、经济与文化》,杨雪冬等译,社会科学文献出版社 2001 年版,第 460 页。

么全新的现象。如同历史的发展有一个从简单到复杂的丰富过程一样，全球化的形成和发展也经历了一个从小到大的过程。罗马不是一天建成的，"世界历史"不是一天成就的，它本身就是历史发展的结果。从空间上看，作为结果，全球化是民族、国家、区域的世界性连续统一体；从时间上看，全球化同样经历了一个从民族或国家之间的联结、到区域之间的联结、再到全球性的普遍联系这样的连续发展过程。换句话说，这个空间上的连续体在时间上也是"连续"的。从实践和认识过程来看，对任何一个民族来说，"全球"或"世界"都是在他们改造生存环境和创造发展条件的实践过程中逐渐"显现"的。"世界"当然是个地域概念，但对于从事着生产和生活活动的各民族来，它根本上是个实践的概念（感觉上，"全球"侧重没有缝隙的整体性，而"世界"侧重整体为部分之和，内中存在着纵横交错的界限。所以这里用"世界化"概念比"全球化"概念或许能更好理解我们所阐述的问题）。所谓实践的概念，就是这个地域概念的大小和样式是决定于人类各民族的实践活动的——虽然各民族关于世界的概念也影响和规范着他们的实践活动。对单个民族来说，它的"世界"就是它对象性活动的对象世界，这个"世界"是随着它自己克服自然屏障能力的提高，实践活动领域逐渐扩大，而变得越来越大的。一个民族的"世界"，首先是它自己，然后是它所交往的民族；实践活动领域的扩展，交往范围的不断扩大，它的"世界"也随之"变得"愈来愈大。在马克思所说的"世界历史"形成以前，各民族的"世界"大小是不同的，这当然取决于自然条件，但根本上取决于它的实践活动能力。四大文明古国的"世界"就是当时各自的发源地本身；在地理大发现以前，欧洲人的"世界"就是欧洲及其所交往的地中海周边的北非和西亚地区等实践所及地区；美洲印第安人的"世界"就是美洲；中国人的"世界"是从黄河流域逐步向四周扩大的。当欧亚大陆由于交往连接成为一个大"世界"时，美洲和澳洲还在欧亚大陆人的"世界"之外，他们各自生活在自己的"世界"中。直到15—16世纪以后，一个真正意义上的世界才开始出现。而全球性世界出现得更晚，因为全球化不仅是地理上的概念，它意指着全球性的交往和联系。换句话说,虽然有真正意义上的世界,但这个"世界"对许多民族来说,还只是个概念的存在,因为它们并没有通过交往与互动而参与其中。

与世界的逐步"被发现"同步,文化的融合也经历着同样的过程。文化交往是随着各民族的生活世界的扩大而不断扩大的。文化交往一开始只在相邻的民族之间发生,后来扩大到区域之间的交往,区域与区域之间的交往,最后是世界范围内的交往。无论是哪个空间的文化交往,都会交往得日益频繁,民族文化之间的相互借取、相互涵化,最终实现了不同层次、不同程度的融合,甚至形成了一定程度的共同世界观(对世界的理解)、共同价值观和共同思维方式,如各大宗教的传播形成跨民族跨区域的宗教文化。这在今天看来不过是一种区域化文化,而在当时的民族视野中就是一种"全球性"文化。古希腊的民主制,为各个城邦所接受和遵守,即使那些"蕞尔小邦也顽强坚持其独立的主权和直接民主制度"。所谓希腊化时代,就是指古希腊文化撒播到亚历山大帝国的广泛地区形成的古希腊文化区域化时代。古罗马帝国时代的文化、阿拉伯—伊斯兰帝国的文化等古代大帝国的文化、当代西方文化或基督教文化、以中国文化为底蕴的东方文化、多民族文化融合而成的传统中华文化等,都是一定时代的"全球化"文化。费孝通先生把中国由多民族文化融合而成的文化称做"多元一体"格局,这种多元一体化文化实际上就是中华大地上的"全球化文化"。实际上这种"多元一体"格局不仅仅适用于中华文化,大多数民族国家和区域文化都呈现为"多元一体"格局。换句话说,大凡多民族国家都是一种"全球化"文化。全球化文化不一定以多民族聚合的方式出现,其另一种表现形式为,单一民族或国家通过交往大量吸收其他民族文化,集诸多民族精华于一身而形成的全球化文化。日本就是这方面的典型。日本文化可以说就是全球文化在日本岛的综合和浓缩,它先吸收了中国文化,通过中国和朝鲜吸收了印度文化(佛教),而后"脱亚入欧",后来又吸收了美国文化。文化人类学家所说的"文化圈"或"文化区"就是这种不断扩大的区域文化存在形式。这些文化圈是从小到大不断发展的,它们就如水中涟漪,一波一波向外扩展开去,圈圈相连,形成越来越大的波圈。全球化文化就是由许许多多文化圈扩展、重叠而成。

三、全球文化民族化和民族文化全球化

全球化的动力和条件都要求并创造全球性文化,那么在全球化条件下,全球化文化与民族文化是个什么样的关系,全球化文化的形成过程是否同时就是民族文化的消失过程,即所谓同质化、一体化;或者,全球化文化就是保留现有文化生态格局下的各民族文化的总汇? 我们认为,这两种情形都不可能存在。未来世界文化的格局将是全球文化的民族化和民族文化的全球化。

(一)全球化文化资源

在如何看待全球文化发展趋势和形成过程的问题上,现有的讨论中存在着很大的片面性:首先是把未来全球文化看作是"一体化"(这本身是个需要讨论的概念),然后把所谓全球"一体化"文化的形成仅仅看做是西方文化的普世化,即西方文化将取代一切民族文化成为世界性文化。以至于每当讨论全球文化的可能性时,就会转换到西方文化的普世性问题上,确切地说,转换到对西方文化普世化观点的批判上去。解剖这种行为,隐隐可见这一批判话语背后的潜台词,就是如果不切实保护民族文化,不对西方文化霸权进行抨击和抵制,西方文化的普世化将终成事实。这与其说对西方文化普世化的批判,毋宁说是对西方文化普世化观点的认同,以及对强势西方文化咄咄逼人的态势以及由此带来的民族文化命运的忧虑。现实也似乎证明着这并非杞人忧天:摇滚乐唱上了曾经神圣的舞台,布满大街小巷的麦当劳、肯德基、星巴克,吸引着熙熙攘攘的食客,播放美国大片的影院前不计票价的人们争先恐后,对西方大多是宗教节日的狂欢和对民族传统节日的遗忘……照此以往,西方意识形态、价值观和宗教信仰等文化的"整体移入"将不再是神话。实际上,全球化文化就是世界文化西方化这一说法,本是西方制造的文化霸权主义话语,非西方文化在实施反对这一霸权主义话语的行动的同时,也不自觉地承袭和认同了这种话语。这样便把民族文化与西方文化霸权主义的对立转变为民族文化与全球化文化的对立,在否定文化霸权主义的同时也否定了全球化文化的可能。实际上,全球化是全世界一切民族共同参与的历史进程,是包括发达国家和发展中国家、资本主义社会和非资本主义社会在内的全体参与的世界历史进程。由世界历史主体的多样性、民族性和文化的多样性决定了,无论是在理论上还是在实践上,都不可能是哪一个文化取代所有其他文化而君临天下。民族文化仍然是全球化文化的资源,民族仍然是文化创造的主体。如果说保持传统民族文化生态已不现实,那么完全脱离民族文化的全球文化建构也无可能。未来世界文化发展的趋势将是全球化文化的逐步形成和民族文化全球化的不断推进的双向互动。

首先,全球化文化不是也不可能是对民族文化的否定,全球化文化不可能是撇开民族文化的凭空创造,而只能是对各民族文化的全球化改造和整合。离开了各民族文化,所谓全球化文化将是无源之水、无本之木,不过是个空洞的概念。因此全球化文化的形成不是各民族文化发展史的断裂,而是各民族文化从而也是世界文化的创新性发展。作为一种生存智慧,每一个民族在其适应和改造生存环境的实践过程中都创造了优秀灿烂的文化,对人类的进步和世界文化的丰富都作出了独特的贡献,也不同程度地蕴涵着人类未来发展的普遍意义。马克思指出:"凡是民族作为民族所做的事情,都是他们为人类社会而做的事情,他们的全部价值仅仅在于:每个民族都为其他民族完成了人类从中经历了自己发展的一个主要的使命(主要的方面)。"①全球化条件下的文化将是各民族文化中优秀因素的融合。民族仍然是文化创造的主体。民族文化是全球化文化的基础。

其次,世界是丰富多彩的,世界的丰富性不仅是地理环境和地理条件

---

① 《马克思恩格斯全集》第42卷,人民出版社1979年版,第257页。

的多样性,而主要是人种、民族、文化传统和社会发展水平的参差不齐,这种丰富性决定着任何一种单一的文化都不可能具有普遍的适应性而独领世界文化舞台的风骚。西方文化在目前的世界上是一种强势文化,其扩张的锋芒咄咄逼人,大有普世化之势,但西方文化——恰如这一概念所指称的——也是一种地域性文化,它与西方的历史、社会、文化密切联系在一起,是在特殊的时间和空间中成长发展起来的特殊的文化。尽管西方文化包含着科学技术、工业化等人类共同的文化要素,但其意识形态、价值观和宗教信仰想要"整体移入"某个另外的民族是不可能的,即使它不遇到任何外在的抵制,也会遭到内在的拒斥。某些非西方民族照搬西方模式的失败教训就深刻地证明了这一点。西方文化如此,任何一个民族文化同样不具有这种全面的普适性。就如同西方认为未来世界是西方文化主宰的单色世界一样,主张"二十一世纪是中国文化的世纪"也是天真的想象。

再次,当今世界面临的共同问题是多样的、复杂的,任何一个文化都不可能提供解决这些复杂问题的灵丹妙药或万能良策。尤其是,一定意义上讲,现实世界面临的大多数问题都与西方文化有关,或者说,就是西方文化发展过程中产生的问题,如环境污染、温室效应、军备竞赛、核武器扩散、消费主义、个人主义、工具(理性)主义、西方殖民遗留的问题、西方文化扩张遗留的问题、西方转嫁自身问题于其他民族而产生的民族矛盾,等等,毫无疑问,这都不是单单依靠西方文化自身能够解决的,系铃者未必能够解铃,他山之石方能攻玉。唯集各民族文化之"思"方能"广益"于这种种问题和矛盾的化解。而那些由全球性实践产生的问题更是需要全球性智慧方能解决。

最后,全球化文化是在与民族文化的互动过程中生成的。在全球化进程中,存在着两对矛盾:一是全球化文化的要求与民族文化本土化诉求之间的矛盾;二是全球化过程中各民族文化之间的矛盾,全球化文化只能在这两对矛盾的运动中产生。全球化文化要求的影响修正着民族文化和民族文化的发展方向;民族文化的性质和特征,特别是民族文化之间的矛盾也影响和制约着全球化文化的性质和特征。全球化文化实际上是全球化要求与民族文化以及各民族文化之间相互磨合的产物。文化是民族自身认同的根本所在，它所关切的并非单纯的文化，而是涉及一个民族的方方面面：民族的尊严、民族的凝聚、内部的秩序和稳定、民族的持续性发展等等，概言之，它既关乎民族的历史，又关乎民族的未来，更关乎民族现实的安全。由之决定，在特定的条件下，民族文化对于民族的意义是高于一切的，特别是当民族文化之间发生冲突的时候。任何企图以一己文化君临天下的努力都将使世界文化回到前全球化时期各自孤立的状态。历史上，为保持文化的独立性而不惜牺牲发展机遇、拒绝交往的事例屡见不鲜。昔日中国近 300 年的闭关锁国政策，从另一个角度来看，实际上就是一种民族的文化保护策略，尽管从社会发展方面来看它是极其消极的策略——"把中国搞得贫穷落后，愚昧无知"（邓小平语）；而历史上许多民族因外族文化的入侵"香火"难续而中落于遥远的历史深处也一定融进了各民族文化的记忆，并警醒着当世的人们。当今世界上许多民族冲突和民族战争的发生尽管有着种种原因，文化应当是其中非常重要的一个因素，所谓国家主权的背后隐藏着的实际上就是民族利益和文化的生存权。所以，一方面是全球化和人类社会发展的普遍性要求，另一方面是各民族要保持其文化的特殊性诉求，全球化文化只能在这样一个矛盾运动中为自己开辟道路。恩格斯指出："历史是这样创造的：最终的结果总是从许多单个的意志的相互冲突中产生出来的，而其中每一个意志，又是由于许多特殊的生活条件，才成为它所成为的那样。这样就有无数互相交错的力量，有无数个力的平行四边形，而由此就产生出一个总的结果，即历史事变，这个结果又可以看做一个作为整体的、不自觉地和不自主地起着作用的力量的产物。"[①]全部人类的历史如此，人类文化发展的历史也必然如此。

　　日本学者星野昭吉精辟地表述了全球化文化与民族文化之间的关

----

① 《马克思恩格斯选集》第 4 卷，人民出版社 1995 年版，第 697 页。

系。他说,正在出现于世界全球化进程之中的一种新型的全球文化体系,
"既是民族的、地方的,同时又是超越各种文化,建立起的一种共同的、跨
国文化或世界主义的文化"。"民族与种族都寓于全球化之中,并以全球
化为条件。"①所以,全球化文化的形成过程同时就是民族文化的全球化
过程,对此,马克思所说尤为精辟明白,他说:"各民族的精神产品日益成
了公共财产……许多种民族的地方的文学形成了一种世界文学"②。全
球化文化是各民族精神产品的"公共财产"化,"世界文学"是民族的地方
的文学的世界化。顺便指出,一些人简单化理解"世界文学",视之为脱
离了民族文学的世界文学,甚至有人认为马克思这里是一种浪漫主义的
空想,这样的观点实在是大大的误解。姑且以狭义的文学为例,文学艺术
总是来自现实生活的,而在全球化条件下构成每个民族生活现实的正是
全世界各民族的交互影响,任何民族都不可能脱离全球性密切交往而
"独立地"生活。所以一方面,世界性相互关联的实践是文学家创作的生
活源泉;另一方面,任何文学家又只能是立足于本民族的实践来观察和提
炼现实生活。因此脱离全球化环境的民族文学创作,与脱离民族在全球
化条件下实践的世界文学创作一样,都只能是凭空的杜撰。反过来说,只
要是真正反映现实生活的文学创作都必然既是民族的又是世界的。这才
是"民族的地方的文学形成了一种世界文学"的本然意义。文学如此,各
民族的各种文化创造无不如此。

(二)全球化条件下的民族文化

　　但是就现实来看,全球化文化也不可能是各民族历史创造的文化的
简单相加,是不加筛选的民族文化的大杂烩。任何民族的文化都是在特
定的时空中创造和发展起来的,各民族由于和整个世界关系的狭隘性,他

---

① 　[日]星野昭吉:《全球政治学》,刘小林、张胜军译,新华出版社 2000 年版,第 199、203
页。
② 　《马克思恩格斯选集》第 1 卷,人民出版社 1995 年版,第 276 页。

们的文化不可避免地带有自身的狭隘性和片面性,而世界历史的发展将使"民族的片面性和局限性日益成为不可能",换言之,在全球化条件下,各民族文化都要经受全球化的挑战,接受"世界历史"的选择。"毋庸置疑,全球化潮流在很大程度上否定、阐明、限制或修正着地方文化、认同与文化特性。全球文化的形成与发展是多种地方文化的相互联结,以及文化发展超越有限地域的结果。地方特性认同与地方文化涵义被全球文化的同质化所侵蚀。"[1]在全球化条件下,民族文化必然要经受大浪淘沙、适者生存式的选择,可以这样说,在新的历史条件下,各民族文化中凡是能够促进社会生产力发展和人的解放的文化内涵都将被"世界历史"所选择,为其他各民族所学习和吸收;凡是阻碍或不利于生产力发展和束缚人的创造力和人的全面发展的文化内涵都将消失在历史发展的过程之中。当然这是两个最宏观的判断标准,具体地说,有利于人与自然关系的协调,有利于生态环境的保护,从而有利于可持续性发展,有利于人与人关系的和谐,能够促进包容性增长等等因素都会为全球化历史所选择。应当指出的是,短期实践的功利性判断与长期历史的视野是不同的,满足今天实践的要求未必就代表着未来的价值取向。比如认为以家族性、情感性、忠诚性和求稳性为特征的中国传统企业所孕育的封闭心态、保守心态、结果均等意识、人治和权威等是中国文化的特质,而正在中国方兴未艾地发展着的现代企业制度——股份制,则与开放心态、冒险精神、机会均等、法制和民主等文化内涵联系在一起。换句话说,随着现代企业制度在中国的发展,中国文化中类似这方面的特质都将消失在社会发展进程中。[2] 我们以为,这样的判断可能为时过早,保守心态、人治权威等肯定要走进历史,但中国文化中重视人伦亲情、强调人与自然和谐等价值观念——虽然与目前企业制度有冲突,却未必不会有个历史的回归,因为那

---

① 　［日］星野昭吉:《全球政治学》,刘小林、张胜军译,新华出版社2000年版,第200页。

② 　参见《论股份制与我国文化传统的冲突》,《工人日报》1998年1月7日。

是人的需要,是世界可持续发展的需要。① 换句话说,现代企业制度的要求未必就符合人的发展要求。历史总是由一个个否定之否定过程构成的,呈现为螺旋式发展的。所以历史经常会给人以这样的惊喜:"众里寻他千百度,蓦然回首,那人却在灯火阑珊处。"但美国著名文化人类学家斯图尔特的论断无疑描述了全球化文化在一个相当长的历史进程中的发展图景。他指出:"当一个国家跨入现代社会时,礼俗社会的社会聚集力,即以感情与情绪为基础的社会关系变得松弛,进而形成非个人的社会关系网络,支撑该网络的是经验法理社会特征的一种正式的,甚至是协约式的关系……社会关系基于理性的协议及个人的兴趣之上,并受到法律的制约。社会团体按照具体的目标而形成,并根据特殊的兴趣,或者以技术、教育及职业专长吸收成员。身份与财产分离,公民和国家成员的地位优于社会团体成员的地位。当政治和职业的联系替代了传统的社会联系时,个人享有的地位取决于成就的大小而与出身没有关系。在政治、社会和经济结构层面上的客观文化引起的变化逐渐渗透进人际互动的主观文化后,思想变得理性,标准变得实用,即为法理社会的成员创造了一种客观的现实。"②总之,民族文化的全球化过程既是民族文化的普遍性提升过程,又是对民族文化的扬弃过程。一般地说,在全球化的进程中,对任何民族文化来说,真正是挑战和机遇并存。由于文化发展程度的差异,各民族文化能够在多大程度上被纳入全球化文化,取决于它的发展程度,尤其是取决于它与其他民族文化的交往程度。发展程度愈高,特别是它与世界其他民族文化的交往范围愈广,交往程度愈深,其文化就愈具有普遍性。反之,文化的发展程度愈低,交往愈狭隘,其未来的发展空间就愈小。

当然,未来的世界文化也不可能完全被磨平,成为千篇一律,千人一面。"统一性完全不同于一致性,它不是基于消除各种差别,而是基于使

① "家族性"实际上包含两个方面的内容:一是家族式治理,二是维系成员的情感纽带。两者虽然有内在的联系,但还是有重要的差别,且有着不同的社会意义,笼统地否定似乎不妥。

② 〔美〕爱德华·C.斯图尔特、密尔顿·J.贝内特:《美国文化模式——跨文化视野中的分析》,卫景宜译,百花文艺出版社2000年版,第9—10页。

这种差别在一个和谐的整体中整合。"①文化是个有机的整体,但在不同的活动领域它又具有相对的独立性。在全球化条件下,如果说,与人们的生产和经济活动相联系的文化,将逐步纳入全球化文化的范畴,那么,日常生活的许多领域很大程度上将仍然是民族文化的领地,仍然受民族传统的价值观、思维方式和生活方式的制约和主导。换言之,与人们的生活方式紧密联系在一起、表征着民族特征的文化内涵就将仍保持着民族特色。一个民族文化的基本面貌更多地反映和体现在它的日常生活活动之中。民族的日常生活实践是一个民族文化的最主要载体。不同文化价值的相互共存已经是被经验证明了的客观事实。日本作为一个现代化国家,甚至是后现代化国家,它在经济政治制度上属于西方国家的范畴,但不能说日本文化就是西方文化,文化学者更愿意把日本文化作为一个特殊文化类型来处理。韩国在经济和政治制度上接受了西方文化,但无论在事实上还是在韩国人自己看来,韩国都是个东方文化国家。即使在有着共同的文化基础,而且经济已相对高度一体化的西欧,各个国家文化仍然界限分明。德国人缜于思辨,法国人浪漫有加,英国人保守持重,美国文化虽然脱胎于传统的欧洲文化,但它与保留了更多古文化传统的欧洲文化之间的区别更是一目了然。

在全球化条件下,能够保持鲜明民族文化特征的另一种文化形式,是满足人类高级精神需要的艺术文化。各民族都创造了独特的艺术文化。艺术文化的千姿百态是以人们高级精神需求的丰富性和千差万别为存在土壤的。各种各样、各具特色的艺术文化正好满足各种各样、各具特色的审美需求。因此艺术文化的多样性不仅不会消失,还将得到保护和加强。

不过应当指出的是,就生活活动方式的相对独立性而言,并不就意味着它与人们的生产活动、经济活动之间没有相互的关联和影响,这种区别

---

① 联合国教科文组织国际专家小组研究报告:《多种文化的星球》,戴侃等译,社会科学文献出版社 2001 年版,第 230 页。

是相对的。举一个很小但很典型的例子。服饰是一个民族文化的重要标志之一，中国传统服饰非常丰富，多姿多彩，但繁杂累赘，穿戴麻烦，费时费力，所以在生活节奏越来越快的社会发展过程中被逐渐简化了；到了五四运动前后变成了长褂和旗袍，由于这种服饰在现代生活中会带来许多的不便，特别是不能在工业生产中操作机器，因而也逐渐退出了人们的生活。虽然后来服饰也呈现多样性，如列宁装、干部服、中山装，直至今天的西装和各种简洁的便装、休闲装，从中不难看出，服饰的变化顺应和满足了删繁就简的总趋势。所以服饰文化的变迁不仅仅是时尚决定的，根本上决定于人类的生产实践活动。再如，春节是中华民族的传统节日，过去人们花费很长时间，以拜亲访友、联络感情的方式欢度这个最隆重的节日，民间就有"青草盖牛蹄，正是拜年时"的说法。但是随着人们社会生活节奏的不断加快，这种方式已经成为老一代人的记忆了。"春节不热闹了"是人们普遍的感受。民间信仰和风俗是民族文化最主要的也是最具民族特征的文化内涵之一，也是人们日常生活活动的重要组成部分。现代社会实践的冲击，使那些不合时宜的信仰和风俗走向衰微、淡薄。解放初期，宋庆龄先生在东北旅行时深有感触地说："随着这个时代的前进，生活及思想方面古旧与阻碍进步的习惯就会受到尖锐的打击，最重要的一个例子，就是旧的迷信已经失去了它对人民的控制了。在永贵村，我们看到祭拜各种神佛的习俗已经完全废除了。尤其是再也没有人花钱去买香烛及其他迷信品了，新年的时候也没有人浪费时间去拜偶像了。"①旧的风习在不断演变，一些习俗退出了人们的生活，除了因为政府的取缔和科学思想的教化外，主要应当是与生产方式相联系的生活方式的改变的结果。

---

① 参见李志立：《1949—1956 年中国社会风习的演变及其特点》，《新华文摘》2000 年第 5 期。

结　语

　　总结历史是为了面向未来。探索历史规律是为了提高实践的自觉性和自为性,为了更好地发展。对文化交往规律的探索是因为今天的时代提出了需要。对于我们来说,首先是中国文化建设的需要,即如何在当今的环境中和条件下建设中国文化,振兴中华文化,实现民族文化的复兴。每个民族的文化创造和发展,都离不开现有的环境和条件。当今各民族文化发展的环境和条件就是世界各民族文化之间的普遍联系和普遍交往。深刻阐明、竭力弘扬文化交往之于各民族文化发展的意义是本文终极主旨,而之所以如此高扬文化交往的意义,完全是我们研究了人类各民族文化交往的本质及其规律之后获得的认识。本书对文化交往本质及其规律的发掘、总结和概括是粗略的,尽管如此,人类文化交往的历史及其规律还是让我们受到很多启发。我们认为,要实现振兴中华民族文化的目标,就必须积极正确地应对全球化的挑战,充分利用全球化条件下普遍交往环境的机遇,而要充分利用好这种交往条件,就必须在与其他民族文化的交往的实践中处理好以下几个关系。

一、作为民族智慧的文化和
作为民族身份的文化

　　文化,对于任何一个民族来说,都具有双重的意义。一方面,文化是各民族人民的创造,是各民族人民历史的证明,所以文化就是民族的存在的方式,是民族之间相互区别的标识。因此,文化的差异就是民族的差异,反之亦然;另一方面,文化在本质上是人类各民族在实践地改造对象世界的过程中创造和积累起来的生存和发展的智慧。所以民族文化之间的差异,又是民族实践智慧的差异。这两个方面在本质上是统一的,一个民族的价值不是它创造了文化,而是创造了独特的生存和发展智慧,以及它的智慧对于其他民族、对于人类的贡献。但对文化这两个不同方面的侧重,反映出对文化交往的不同的态度。当侧重文化的民族身份时,往往会对文化交往抱谨小慎微的态度,特别是当一个文化在交往中处于弱势地位时;当侧重于文化的实践智慧时,就会对文化交往采取积极大胆的态度。文化交往是民族之间生存发展智慧的相互交流和交换。这种交换对每个民族的发展来说都不仅是必要的而且是极其重要的。因为现实竞争世界是以民族智慧的高低、以发展的先进程度论英雄的,而不是衡之以哪个民族的文化是多么奇异、多么独特、多么地与众不同、其传统是多么的悠久、文化曾经是多么的灿烂。一方面,文化的独特、辉煌是以生存和发展智慧高超而被世人认可的;另一方面,曾经的辉煌那是属于先人的,是属于先人那个世界所需要的智慧。世界是变化着的世界,新的世界需要新的智慧。因此在与世界上其他民族文化的交往过程中,应当正确处理文化作为民族身份和实践智慧的关系,不能过分强化文化的民族身份意识。因为这种意识的过分强化,会成为文化交往的障碍,不利于文化交往。不应当把由于文化交往而产生的文化某个方面的转型或变化视为价值的断裂,而是有内在历史联系的转换和创新。不能正确对待文化交往是中国文化由辉煌走向落伍的根本原因。中国文化自清朝康熙以后的拒绝交往,既有自视甚高,对他民族文化不屑一顾的一面,更有唯恐“丧失自身”、“国将不国”之忧的一面,这种对文化交往的惧怕和不自信,实际上是意识到自身的懦弱不敌“四夷”之故。于是选择闭关锁国、安于现状。其封闭之严,连马克思都感慨万千:“一个人口几乎占人类三分之一的大帝国,不顾时势,安于现状,人为地隔绝于世界并因此竭力以天朝尽善尽美的幻想自欺。这样一个帝国注定最后要在一场殊死的决斗中被打垮:在这场决斗中,陈腐世界的代表是激于道义,而最现代的社会的代表却是为了获得贱买贵卖的特权——这真是任何诗人想也想不到的一种奇异的对联式的悲歌。"①封闭的实践,强化了封闭的心态。鲁迅先生的剖析更是入木三分:"可惜中国太难改变了,即使搬动一张桌子,改装一个炉子,几乎也要血;而且即使有了血,也未必一定能搬动,能改装。不是很大的鞭子打在背上,中国自己是不肯动弹的。"②其实,身份与智慧并非对立而是统一的。香港是贸易的自由港,也是文化"自由港",各民族文化的大汇聚,促成了香港今天的发达,香港也并没有因此失掉"中国心";中国改革开放以来,发展起与全世界的广泛交往,博采各民族之长,实现了30年的剧变,中国还是以她独特的文化屹立于世界民族文化之林。

二、文化交往与民族特殊性

作为本质上是人类各民族智慧的交换,文化交往之所以可能,是建立在人类实践活动对地域和民族的超越性之上的。人类早期,由于人类实践能力的低下,依赖于自然提供的生产工具,人与自然建立于直接的统一上面,这时由于各民族的生存环境的差异,文化之间的差异也就很大。从智慧的角度来说,这种智慧具有很强的地域性和民族性。随着生产力的发展,人类各民族扬弃了与自然的直接统一性,而把自己与自然的关系建立在活动的统一上面。当人类活动直接依赖于自己所创造的社会条件的时候,文化也就逐步地摆脱了地域和民族的狭隘性和局限性,具有了一定程度的普适性,即具有了可以与其他环境一定的相容性。马克思认为,到了资本主义发展阶段,人类活动的社会性质获得了普遍的形式,摆脱了以往各阶段上文化发展的局限性,"只有资本才创造出资产阶级社会,并创造出社会成员对自然界和社会联系本身的普遍占有。"③因此形成了各民

① 《马克思恩格斯选集》第 1 卷,人民出版社 1995 年版,第 716 页。
② 鲁迅:《坟·娜拉走后怎样》。
③ 参见《马克思恩格斯全集》第 30 卷,人民出版社 1995 年版,第 390 页。

族之间活动的普遍交换。所以一方面,文化的超越性来自于实践活动和活动方式对自然环境和"文化环境"的超越性;另一方面,人类社会有着统一的追求和发展目标,有着统一的发展规律。文化的相通性是文化交往的基本前提。"是为了人类的需要而占有自然物,是人和自然之间的物质变换的一般条件,是人类生活的永恒的自然条件,因此,它不以人类生活的任何形式为转移,倒不如说,它是人类生活的一切社会形式所共有的。"①

在文化交往中应当正确处理文化的普遍性和民族的特殊性之间的关系。文化的民族性差异和时代性差异的存在,各民族在文化交往中从自身的国情(自然条件、文化传统、人民等等)出发,选择那些适合于自己的东西,无疑是明智且正确的,盲目照搬是行不通的。但一定要防止过分夸大和强调民族或国情的特殊性、夸大民族文化的异质性的倾向,避免轻视文化交往的意义甚至拒绝文化交往的情形。

三、文化交往与文化霸权主义

文化霸权主义、文化帝国主义现象确实存在,文化人类学本身就是文化霸权动机的产物。在当今世界,一些西方国家借助其强大的经济实力和发达的信息通信技术,大肆推销其文化,导致一些处于弱势地位的民族文化的内外环境紧张,致使保护民族文化的呼声日益高涨。这是很自然的,也是可以理解的反应。但是应当注意到,弱势文化之受到挑战并非都是文化霸权主义的结果,许多情况下是文化交往过程中文化信息由高向低流动这一普遍规律的产物,更多的情况下是二者结合的产物。普遍的联系条件,开放的国际环境,大流量多方位的商品贸易、大规模的跨国生产和经济活动、网络式立体式传播媒介带来的高密度信息流、人员全球范围的频繁流动,等等,产生了文化之间的广泛、普遍、深入的交往和流动。

---

① 《马克思恩格斯全集》第23卷,人民出版社1972年版,第208页。

文化交往过程中文化信息由高向低流动规律,客观上造成了弱势文化难以抵挡的强势文化的冲击。如果欲免除这种冲击,除非闭关锁国(如果可能的话),拒绝交往。文化霸权主义无疑应当受到谴责和抵制,但是在谴责和抵制的同时应当认识到,文化霸权主义是借助于经济实力实施的,而这种经济实力正是这种文化孕育出来的。因此民族文化尤其是那些处于弱势地位的民族文化,在应对强势文化挑战时应当注意研究的是,强势文化何以能够强势,文化霸权何以可能。文化本身是没有这种力量的,那么这种文化与其所依附的经济关系是怎样的。应当清楚的是,所谓"中心—边缘"文化格局是在历史发展过程中形成的,而不是人为的选择。

因此在文化交往中,必须正确处理文化交往与文化霸权主义的关系。就社会主义国家的情况而言,文化交往的一个重要的障碍是社会制度和意识形态的差异,这就需要区别文化的资本主义性质和实践智慧的性质,"应当把文化在资产阶级社会中获得的社会地限定的特殊形式,和在这种形式中表现出来的文化的一般历史内容区别开来"(苏联哲学家 B. M. 梅茹耶夫语)。邓小平同志在思想理论上最重要的贡献之一,是在处理与资本主义社会的文化交往关系时,解决了"姓资"和"姓社"的关系问题。如果把人类在资本主义条件下的创造与资本主义等同起来,把由特定的社会限定的特殊形式同文化的一般历史内容等同起来,那么,当排斥一种文化时,也就拒绝了文明;当保护一种文化时,也就迁就了落后。

四、文化交往与民族文化世界化

不能把文化交往仅仅看做是学习吸收他民族文化的过程。文化交往是双向过程,既是一个民族学习、吸收、借鉴其他民族文化的过程,也是自己的文化为其他民族学习、吸收、借鉴的过程。我们说文化交往是各民族智慧的交换,是民族智慧的互换,道理正在这里。文化交往既是世界文化民族化的过程,同时也是民族文化世界化的过程,是民族文化扬弃民族形式转化为世界文化的过程。因此文化交往之于民族文化的意义不仅仅是被动地吸收,而且是提升民族文化普遍性的根本途径。我们讲振兴中华民族文化,其中包括发扬中国优秀文化,使之转化成为世界文化价值资源。实际上唯有发扬具有世界文化价值资源的中国优秀文化,才能振兴中华民族文化,因为在普遍联系和交往的条件下,民族文化的振兴不是在文化本土的孤芳自赏,而是要在世界文化之林占有一席之地。闭关锁国,既不能吸收人类优秀文化成果,也不能张扬自己的优秀文化价值,19 世纪以后西方对中国文化的认识发生逆转与此关系极大,而西方对中国文化仰慕的时候,就是中国文化开放的时候。应当正确认识文化交往这种双重意义。每个民族文化都有它狭隘的东西,也都有具有世界性普遍意义的东西,文化交往就是让世界了解和认识民族文化中这种世界性价值。就像一个人只有积极主动参与社会活动,才能提高其社会化程度一样,民族文化只有积极主动参与各民族之间的文化交往活动,才能提高其普遍性程度,才能发掘其世界性意义。否则,民族文化的那些优秀因素就会永远尘封于自身的封闭之中。如果说"越是民族的,就越是世界的"之论能够成立的话,那么,这个"民族的"转化为"世界的"的中介或条件就是文化交往。因此无论是从历史的观点还是从实践的观点来看,振兴民族文化的最有效途径是文化的开放而不是退守自身。中国文化博大精深,内涵丰富。我们相信,随着对外开放的越来越深入,文化交往的日益深化,中国文化中蕴藏的具有世界意义的文化宝藏必然会越来越多被发掘出来。

五、文化与社会

这里我们不是论述文化与社会的哲学关系,而是就文化与社会的一般关系来看待文化交往的问题。文化与社会的关系有两种说法,一是把文化作为社会的一部分,或者说作为社会的构成因素之一,如常见的"政治、经济、文化……"表述形式,这就是通常所说的狭义文化概念,即把文化看做以社会意识形态为主要内容的观念体系,文化领域就是思想、道德、艺术、宗教、哲学等意识形态所构成的领域，也有时候人们把文化等同于精神文明，建设社会主义文化就是建设社会主义精神文明；另一种是把文化定义为人的一切创造，是人在其实践活动中创造的一切物质财富和精神财富的总和，因此，从这个角度来看，文化现象就是社会现象，一切社会存在物都是文化存在物，从而文化的发展就是社会的发展，文化的发展程度就是社会的发展程度。这种文化范畴主要是哲学领域和人类学家所使用的文化概念。两种文化概念一般说是不同情况下有不同的使用范围，通常也不会发生意义不清的混淆。但是，有时候两种不同的概念也反映了不同的文化观念。从文化交往这个角度来说，反映着两种不同文化观念的文化概念的区别并不是不重要的。从什么样的高度看待文化的问题，也就是从什么样的高度看待文化交往的问题。当把文化仅仅看做社会的一个构成要素时，文化交往的意义客观上就被大大地弱化了，"政治、经济、文化……"的排序实际上并非是字面上的习惯次序的表达，而是反映着在思想认识上的重要程度。只有把文化看做与社会同等意义的概念时，我们才能不仅从现实的高度而且能从历史的高度把握文化交往本质的重要的意义。民族文化的发展史就是民族的发展史。一个民族文化发展的程度，不是其社会发展程度的标志"之一"，根本上就是社会发展的程度，反之亦然。如果说，文化交往促进文化的创新与发展，那么，它根本上也就是促进社会的创新与发展。无论是世界文化发展史，还是中国文化发展的历史都无可辩驳地证明，文化的开放与闭锁，一个民族发展的盛衰关系极大。因此，我们应当而且必须从整个社会发展的高度来认识文化交往的意义，而不应当狭隘地看待文化，把文化仅仅看做社会的一个方面，甚至是一个侧面。概言之，不仅要看到文化的社会本质，更应看到社会的文化本质。

主要参考文献

马克思、恩格斯:《马克思恩格斯全集》第 2(1957 年)、3(1998 年)、13(1998 年)、23(1972 年)、42(1979 年)、46(上,1979 年)、47(1979 年)卷,人民出版社。

马克思、恩格斯:《马克思恩格斯选集》第 1—4 卷,中共中央马克思恩格斯列宁斯大林著作编译局编译,人民出版社 1995 年版。

邓小平:《邓小平文选》第二、三卷,人民出版社 1994 年版。

毛泽东:《毛泽东选集》第二卷,人民出版社 1991 年版。

江泽民:《论"三个代表"》,中央文献出版社 2001 年版。

北京大学马克思主义文献研究中心编:《共产党宣言与全球化》,北京大学出版社 2001 年版。

北京大学马克思主义文献研究中心编:《马克思主义与全球化——〈德意志意识形态〉的当代解释》,学术讨论会论文集 2001 年 9 月。

[美]菲利普·巴格比:《文化:历史的投影》,夏克等译,上海人民出版社 1987 年版。

[美]露丝·本尼迪克特:《文化模式》,王炜等译,三联书店 1988 年版。

费孝通主编:《中华民族多元一体格局》,中央民族大学出版社 1999 年版。

[日]福泽谕吉:《文明论概略》,北京编译社译,商务印书馆 1959 年版。

郭嵩焘:《使西纪程》,辽宁人民出版社 1994 年版。

［美］托马斯·哈定等:《文化与进化》,韩建军等译,浙江人民出版社1999年版。

［美］马文·哈里斯:《文化人类学》,李培荣等译,东方出版社1988年版。

［美］罗伯特·福特纳:《国际传播——全球都市的历史、冲突及控制》,刘利群译,华夏出版社2000年版。

［英］戴维·赫尔德等:《全球大变革——全球化时代的政治、经济与文化》,杨雪冬等译,社会科学文献出版社2001年版。

［美］塞缪尔·亨廷顿:《第三波——20世纪后期民主化浪潮》,刘军宁译,上海三联书店1998年版。

［美］塞缪尔·亨廷顿:《文明的冲突与世界秩序的重建》,周琪等译,新华出版社1999年版。

Ronald Dore, "Unity and Diversity in World Culture", in Hedley Bull and Adam Watson, eds. The expansion of International Society, Oxford University Press, 1984.

［美］L. A. 怀特:《文化的科学》,沈原等译,山东人民出版社1988年版。

E. B. Tylor, The origins of culture, Harper and Brothers Publishers, New York, 1958.

黄淑娉、龚佩华:《文化人类学理论方法研究》,广东高等教育出版社1998年版。

［法］德尼兹·加亚尔等:《欧洲史》,蔡鸿宾等译,海南出版社2000年版。

金耀基:《从传统到现代》,中国人民大学出版社1999年版。

［德］恩斯特·卡西尔:《人论》,甘阳译,上海译文出版社1985年版。

［美］菲利普·李·拉尔夫等:《世界文明史》(上),赵丰等译,商务印书馆1998年版。

［美］欧文·拉兹洛主编:《多种文化的星球——联合国教科文组织

国际专家小组的报告》,戴侃、辛未译,社会科学文献出版社 2001 年版。

　　陈筼泉、刘奔主编:《哲学与文化》,中国社会科学出版社 1996 年版。

　　李剑鸣:《文化的边疆——美国印第安人与白人文化关系史论》,天津人民出版社 1994 年版。

　　李鹏程:《当代文化哲学沉思》,人民出版社 1994 年版。

　　李泽厚:《中国现代思想史论》,东方出版社 1987 年版。

　　梁漱溟:《东西文化及其哲学》,商务印书馆 1999 年版。

　　[日]绫部恒雄编:《文化人类学的十五种理论》,中国社会科学院日本文化研究所社会文化室译,国际文化出版公司 1988 年版。

　　衣俊卿:《文化哲学——理论理性和实践理性交汇处的文化批判》,云南人民出版社 2001 年版。

　　裔昭印主编:《世界文化史》,华东师范大学出版社 2000 年版。

　　殷海光:《中国文化的展望》,中国和平出版社 1988 年版。

　　洪晓楠:《文化哲学思潮简论》,上海三联书店 2000 年版。

　　栾文莲:《交往与市场——马克思交往理论研究》,社会科学文献出版社 2000 年版。

　　[英]马林诺夫斯基:《科学的文化理论》,黄建波等译,中央民族大学出版社 1999 年版。

　　[美]萨姆瓦:《跨文化传统》,陈南等译,三联书店 1988 年版。

　　沈福伟:《中西文化交流史》,上海人民出版社 1985 年版。

　　[美]斯塔夫里阿诺斯:《全球通史——1500 年以前的世界》、《全球通史——1500 年以后的世界》,吴象婴等译,上海社会科学出版社 1999 年版。

　　[美]爱德华·C.斯图尔特等:《美国文化模式》,卫景宜译,百花文艺出版社 2000 年版。

　　[英]汤林森:《文化帝国主义》,冯建三译,上海人民出版社 1999 年版。

　　Tillett, Gregory, Resolving Conflict: A practical Approach, Sydney

University Press,1991.

［德］马克斯·韦伯:《新教伦理与资本主义精神》,于晓等译,三联书店 1987 年版。

吴金钟等主编:《近代中国教案新探》,黄山书社 1993 年版。

［美］克莱德·M.伍兹:《文化变迁》,何瑞福译,河北人民出版社 1989 年版。

夏建中:《文化人类学理论学派》,中国人民大学出版社 1997 年版。

萧功秦:《儒家文化的困境——中国近代士大夫与西方挑战》,四川人民出版社 1986 年版。

［日］星野昭吉:《全球政治学——全球化进程中的变动、冲突、治理与和平》,刘小林等译,新华出版社 2000 年版。

于桂芬:《西风东渐——中日摄取西方文化的比较研究》,商务印书馆 2001 年版。

［美］罗兰·罗伯森:《全球化:社会理论和全球文化》,梁光严译,上海人民出版社 2000 年版。

［美］塞缪尔·亨廷顿、劳伦斯·哈里森主编:《文化的重要作用——价值观如何影响人类进步》,程克雄译,新华出版社 2002 年版。

［德］哈拉尔德·米勒:《文明的共存——对塞缪尔·亨廷顿"文明冲突论"的批判》,郦红等译,新华出版社 2002 年版。

严复:《论世变之亟》,辽宁人民出版社 1994 年版。

郑晓云:《文化认同与文化变迁》,中国社会科学出版社 1992 年版。

中国现代哲学史研究会编:《中国现代哲学与文化思潮》,求实出版社 1989 年版。

周蔚、徐克谦译著:《人类文化启示录》,学林出版社 1999 年版。

周毅:《传播文化的革命》,浙江人民出版社 2001 年版。

《学习时报》编辑部:《落日的辉煌——17、18 世纪全球变局中的"康乾盛世"》,中共中央党校出版社 2001 年版。

《文明与文化——国外百科辞书条目选译》,求实出版社 1982 年版。

许全兴:《大胆吸取和借鉴当代西方文明成果——兼谈文化交往的一个规律》,《中共中央党校学报》1999 年第 2 期。

衣俊卿:《论哲学视野中的文化模式》,《北方论丛》2001 年第 1 期。

衣俊卿:《文化哲学的主题及中国文化哲学的定位》,《求是学刊》1999 年第 1 期。

刘奔:《当代科技革命和交往手段的变革》,《中共宁波市委党校学报》2001 年第 4 期。

邴正等:《新世纪中国文化前景五人谈》,《光明日报》1999 年 12 月 30 日。

侯才:《全球化背景下的文化和哲学》,《中共中央党校学报》2001 年第 4 期。

陈新:《巴米扬立佛的悲剧与文化宽容精神》,《学习时报》2001 年 3 月 26 日。

费孝通:《经济全球化和中国"三级两跳"中文化思考》,《学习时报》2001 年 11 月 27 日。

周有光:《拼音化和东西文化交流》,《群言》2000 年第 7 期。

周有光:《什么叫做全球化》,《群言》2001 年第 1 期。

杨耕:《马克思世界历史理论的当代意义》,《北京社会科学》1994 年第 4 期。

叶小文:《怎样观察世界宗教问题》,《学习时报》2001 年 4 月 13 日。

俞可平:《全球治理的兴起》,《学习时报》2002 年 1 月 28 日。

赵有田:《论中国近代以来的三次文化选择》,《吉林大学社会科学学报》2000 年第 2 期。

朱宁:《千年·回顾与展望》,《光明日报》1999 年 11 月 9 日起连载（共 20 篇）。

陈乐民等:《百名中国学者解答 21 世纪百问》,《瞭望·新闻周刊》1999 年第 52 期。

丰子义:《马克思"世界历史"思想的方法论意义》,《北京大学学报》

2000 年第 4 期。

黄楠森:《论文化的内涵与外延》,《北京社会科学》1997 年第 4 期。

乐黛云:《全球化与文化多元化》,《中国文化研究》2001 年春之卷。

乐黛云等主编:《跨文化对话》第二、三集,上海文化出版社 1999 年版。

黎德化:《论股份制与我国文化传统的冲突》,《工人日报》1998 年 1 月 7 日。

李立志:《1949—1956 年中国社会风习的演变及其特点》,《新华文摘》2001 年第 5 期。

李志敏:《全球化对中国文化安全发展的影响及对策》,《社会科学研究》2001 年第 4 期。

李宗桂:《经济全球化与民族文化建设》,《哲学研究》2001 年第 1 期。

栗里、薄洁萍:《跨越千年——从 20 世纪看 10 世纪》,《光明日报》1999 年 12 月 20 日。

刘志琴:《开放:国运兴盛之道》,《学习时报》2000 年 4 月 10 日。

任平:《新全球化时代与 21 世纪马克思主义哲学的走向》,《哲学研究》2000 年第 12 期。

王君琦:《论文化与实践的同构性》,《文史哲》1998 年第 5 期。

王思睿:《现代化与人类文明主流》,《战略与管理》1999 年第 1 期。

卓新平:《全球化进程与世界宗教》,《学习时报》2002 年 3 月 11 日。

后　记

　　本书以 10 年前我的博士论文为基础修写而成。在 10 年前我做博士研究生时期,导师许全兴教授发表于《中共中央党校学报》(1999 年第 2 期)上的题为《大胆吸取和借鉴当代西方文明——兼谈文化交往的一个规律》的文章,引发了我对文化交往问题的注意。许老师在该文中指出,汲取和借鉴全人类文明成果,最主要的是汲取和借鉴当代资本主义发达国家的文明成果。该文以马克思称之为文化交往中"永恒的规律"——文化信息流向由高向低的规律为据,力陈正确认识吸收和借鉴当代西方发达国家文明成果包括精神文明方面的成果,对于广泛存在封建主义传统和小生产习惯势力的我国社会的意义。老师此论,对于时近不惑,经历改革开放前后两种不同生活的我来说,有着深切的感受并深深认同,亦引燃了我浓厚的兴趣。然而,兴趣归兴趣,由于此前没有深入接触文化哲学,把文化交往研究作为我论文的选题,还是诚惶诚恐。是许老师的信任、鼓励和指导,使我选择了这个题目,并从此确立了我学习和研究的方向。拳拳教诲恩,浩浩长江水。

　　人生琐碎,千羁万绊。仓皇间,十载春秋,倏忽而过。10 年间虽然没有间断思考,间或发表若干心得,但仍因学力羸弱,积累不丰,且身处僻乡,信息稀薄,终未成正果。至丁亥年初,再度回京,始有条件在授课余暇,完成书稿。虽曰完成,难言已善,只恨学识所限,浅薄粗陋之处定非鲜见。十年一剑,磨而不光。

　　遥想当年负笈京城,幸得诸多高师指导。邢贲斯教授、张世英教授、刘奔教授、衣俊卿教授谆谆教导之情景,至今历历在目。特别是已故刘奔教授,我不仅促膝聆听过他的教诲,他还在病中通过电话和信函两度指点我应当注意的理论和技术问题。先生不吝提携后生之高风,学生钦敬无限。我的老师韩庆祥教授、李小兵教授、侯才教授,在我学习期间,耳提面命,使我受益良多。然学生不才,虽庶竭驽钝,学业成绩仍与老师要求相去甚远,未得师学于万一,有负诸师厚望。老师们或许早已忘却愚生,但师恩难舍,点点滴滴,未敢须臾疏离于心。

本书顺利付梓亦承人民出版社哲学编辑室主任方国根先生诸多关心和努力,在此谨致谢忱。

年届知命,蓦然回首,始觉数十年间,几度他乡求知,又历工作变动,家里事务,几无顾及,故对作为我坚实无忧之后盾的我的妻子龙云玲心存深深感激。

本书写作,拜读了大量前人时贤之宏论,采英撷华,富养本书。但因年岁已长,几经辗转,许多资料已散失,不复寻觅,故难免引用高识卓见未及注明,在此既表感谢亦致歉意。

桂 翔

2011 年 8 月 16 日于中国矿业大学(北京)